國際學校解碼

從概念、現況、
省思到未來，最完整的
國際學校導覽

邱玉蟾 著

謹以此書獻給

支持我研究國際學校的恩師楊深坑教授

推薦序一

臺灣中小學階段的國際學校和開設國際課程的學校愈來愈多，但是國人常有下列的疑問：國際學校就是外僑學校？國際學校和雙語學校有什麼不同？國際學校適合什麼樣的學生就讀？國際學校是在為外國作育英才？該有什麼樣的政策和治理才能讓國際學校更朝「做對的事和把事做對」發展？這些疑問的層次從簡單到複雜都有，所以要周妥地回答這類的疑問並不簡單。

本書作者邱玉蟾博士已在教育部服務30多年的歷練中，從事國際文教的佔比最高，例如她曾駐美國和澳大利亞代表處多年，也曾擔任教育部中小學教育國際化專案辦公室執行秘書。她為了解決業務問題和增進本職學能，在臺灣師大在職進修博士學位時更以我國境內國際學校開放規範作為學位論文題目。所以由對國際學校和教育學驗俱豐的邱博士，透過本書《國際學校解碼》來為國際學校解碼和釋疑，相當妥適。

本書是臺灣第一本探討國際學校和有關課題的專書。個人認為本書至少對臺灣境內國際學校的發展做了下列3項重要貢獻：

（一）建立多元觀點的境內國際學校分析模型

本書先依秉持理念分析3類國際學校（民族主義者、國際主義者、和

全球主義者的國際學校），再依體制分析2類國際學校（非本國教育體制、和本國教育體制內的國際學校）。這個分析模型非常適用於立足當地國，分析境內國際學校狀況。

（二）展現臺灣教育體制內國際學校的清晰圖像

本書先釐清境內國際學校不限於外僑學校，所以臺灣除了外僑學校還有「教育體制內國際學校」。接著彙整了在本國教育體制內辦理國際課程的學校和非學校教育機構，分成四大類，圖文並茂地介紹四類機構名稱、法規依據、地域分布、國際課程開設種類與占比、開設層級、學生人數、收費、授課語言、外語課程，以及參與國際組織，並以附錄呈現各機構辦學特色。這些詳實的資訊，描繪出臺灣國際學校與課程的清晰圖像。

（三）提出臺灣國際學校後續發展的拐點思考

本書最可貴之處在於面對臺灣境內國際學校問題研提對策。在「Part 4延伸」先延伸到亞洲7國去了解各國如何看待和規範國際學校，再於「Part 5省思」，特別借重拐點（即轉折點）概念，說明要真正解決問題，就必須跳脫國內既有思維網陣，運用完全不同的外部視角才行。於是提出了8項「拐點思考」。這些援引外部視角的思考是跳脫框架的策略。

綜合上述，本書適合：家長們略讀，教師們細讀，政府官員和教育學者們詳讀，辦理國際學校的人員熟讀。本人樂為推薦。

謹序

考選部政務次長、臺灣師大退休教授

國立聯合大學及中臺科技大學前校長

2022 年 6 月

推薦序二

　　本書書名為《國際學校解碼》，內容豐富且深入淺出，除了前言與結語之外，全書主要分為PART1概念：什麼是國際學校、PART2進階：國際學校的發展現況、PART3聚焦：臺灣國際學校的多元面貌、Part4延伸：亞洲7國國際學校翻新頁，以及PART5省思：臺灣國際學校發展的拐點，共有5大部分。此書以前言：國際學校登場作為開端，從全球視野揭開國際學校之神祕面紗，一開始便相當引人入勝，而國際學校之5大部分，內容精采且相當有涵蓋性，能夠由淺至深、循序漸進，逐步進行國際學校之解碼，行文論述不僅具有內在邏輯結構，亦能引領讀者的目光及其對國際學校之逐步了解。本書最後之結語，歸結出幕前與幕後、兼有理想與實用之國際學校，然後據以提出好的國際學校，相當具有說服力。還有歸納國際學校之未來發展，並且特別針對臺灣外僑學校減少或轉型國際學校，以及指出國際學校在臺灣教育法制／體制之第三條路，這對國內外國際學校未來發展均具有很深遠之啟發性。這確實是在臺灣對國際學校有相當完整論述的第一本系統性專書，內容不僅有其學理基礎，行文清晰有可讀性，兼具可供普羅大眾閱讀之用，以及學術參考價值。

　　本書作者為邱玉蟾博士，現為教育部教育參事，我很榮幸在她就讀國立臺灣師範大學教育學系博士班時，跟她有師生之緣，還有藉由一些參與教育部相關會議或活動機會，深刻觀察到她是一位難能可貴之高階公務人

員，不論在為學研究或推動公務上，均非常專注且投入，令人敬佩。

　　欣聞此書即將付梓，特別表達祝賀之意，同時也利用此一機會大力推薦這本邱玉蟾博士植基於她的豐碩研究成果之作品問世。前已提及，邱玉蟾博士在本書結語指出，國際學校在臺灣教育法制／體制第三條路之可能性。以下引用聯合國教科文組織（UNESCO）曾出版之《國際學校：成長與影響》（International schools: growth and influence）書中，在國際學校發展上，對各國政策制定者和規劃者（national policy-makers and planners）提出之建議，與之相互輝映。這些建議如下：

　　（一）監控（monitor）學校的學生人數，以及來自外國和本國家庭之學生人數；

　　（二）透過國家認證體系（nationally-based accreditation systems）或有信譽之國際認證組織（well-respected international organizations），以掌握國際學校之教育品質；

　　（三）對無法提出證明高品質教育之國際學校不予以核准設立；

　　（四）調查本國家庭選擇將孩子送到國際學校而不是國家教育體系之公私立學校的原因；

　　（五）積極提升國家教育體系的品質，以便為整體社會帶來更為廣泛的利益，並可鼓勵中產階級家庭小孩選擇公共教育體系學校就讀；

　　（六）積極在國內學校和國際學校之間建立合作關係（collaborative relationships）或夥伴關係（partnerships），以便同蒙其利。

王如哲

國立臺中教育大學校長

2022 年 6 月 27 日

作者序

　　這本書前後花了10年才完成，所謂「十年磨一劍」，一點都不差。我的博士論文題目為「我國境內國際學校開放規範之研究」。研究動機來自於某些國家要我國政府開放國際學校市場的壓力，到底該不該開放？如何開放？當時天真的想藉博士論文來探究解方。原以為只要研究外僑學校就好，沒想到這個「坑」愈挖愈大，從「什麼是國際學校」、「國際學校如何發展而來」、「其他國家為什麼要開放國際學校」，到「我國該如何規範國際學校之開放」。雖然博士論文獲得了3項博士論文優良獎，但心中惦記的是待答問題。這本書接續了前面的努力，把「我國教育體制內國際學校樣態如何？」、「遭遇什麼問題？」及「如何突破困境？」做了完整的探究。就這樣，整個研究從小蝦米變大鯨魚，從小盆栽變大森林，唯一不變的是要把「國際學校」介紹給國人的初衷。

　　這本書名為《國際學校解碼》，是因為用了3個解碼器，這3個角度是西方學者們研究國際學校時鮮少討論的區塊，卻是瞭解國際學校非常重要的關鍵。

　　第一是「意識型態解碼」。由於身為公務人員，對國家所代表的意識型態，以及與之對立的意識型態特別敏銳，我因此發現了民族主義、國際主義、全球主義三者對國際學校設立、發展，乃至於問題解決，有著強大的影響。簡單來說，3種意識型態的國際學校涉及3套路徑：第一套是

國際學校解碼

「國際化時代—民族主義—國家教育—國家教育法制」。第二套是「國際化時代—國際主義—國際教育—國際法原則」。第三套是「全球化時代—全球主義—跨國教育—教育服務業規則」。有了這個解碼器，當三者在同一個國家境內產生「混雜」時，只要各循各路，都能分辨清楚，合理解決問題。

第二是「國家規範解碼」。國際學校座落於各國境內，其設立與發展完全取決於當地國政府的政策及法令。所以，要瞭解國際學校問題，就必須一個一個國家去看他們的政策與法規。想要瞭解更多，例如找出不同國家有無共同模式、發展趨勢或各自特色等，就要做跨國比較。當然，由於各國語言、教育體制與法規體系都不相同，這很不容易，但卻是真正瞭解一個國家境內國際學校的必要工作。

第三是「區分內、外教育體制解碼」。基於多年從事政策制定與管理規範的實務經驗，我發現要弄清楚各國境內國際學校，最好分為「非本國教育體制國際學校」及「教育體制內國際學校」兩部分。研究國際學校的學者們對國際學校並不如此區分，所以經常引起混淆。亞洲7國政府對國際學校的定義及規範都是屬於「非本國教育體制國際學校」；但實際上，新加坡、日本、南韓及中國大陸已經推展「教育體制內國際學校」多年。「新本土現象」更說明了未來的趨勢就是從「非本國教育體制」走到「教育體制內」。可見，「區分內、外教育體制」是觀察境內國際學校未來發展不可或缺的角度。

歸納我的研究，當代國際學校的開放與管理一般源於2個連貫問題：一是3種意識型態的國際學校在當地國境內產生「混雜」，揪扯不清。二是每個國家都有第一套解決問題路徑，但絕大多數國家都還未制訂第二套及第三套路徑。當然，第一套無法用來取代第二套及第三套，除非中間建立一個連結政策。以我國來說，我國的第二套就是「中小學國際教育白皮書（1.0及2.0）」，十幾年來透過這個政策，已經成功地把國際教育融入國家教育之中，沒有產生任何衝突與對立，這真的是19世紀「實施國際

教育的國際學校」倡議者們作夢都想不到的事。現在，我國「教育體制內國際學校」出現的4類問題都屬於第三套，這是本書在最後建議開拓我國教育法制／體制第三條路的原因。當然，這只是研究結果分享。這個建議及「省思」一章中提出的「拐點思考」，是希望減少國人摸索的時間，以及做為討論的起點而已。

如果讀者問我會如何介紹這本書。我會說，這是一本有關「改變」的書。它講的是時代正如何快速改變，中小學教育也需要警醒，並做相應的改變。個人能力不足，本書一定有許多疏漏錯誤之處，還望讀者多予指導匡正。

我要藉此機會感謝教育部潘文忠部長，因為他指派我擔任「中小學教育國際化專辦辦公室」執行秘書，才讓我有機會更深入瞭解中小學教育國際化的現況與需求。特別感謝我的博士論文指導教授楊深坑老師。對於我這個沒有遵循「小題大作」原則，一心想要「研究報國」的學生，他一直都是那個最懂我、最支持我的人。其次，非常感謝李隆盛次長及王如哲校長，兩位師長不僅學養高深，更具有宏觀國際視野，是我研究路程中的典範。他們願意在百忙之中撥冗為我寫推薦序，給了我極大的鼓勵。感謝所有為這本書提供資料與意見的學校師長們，他們的信任與回饋，是支持我繼續寫下去的力量。感激黎瑋學弟日以繼夜地幫我查證參考文獻及修正引用體例，這本書從頭到尾都有他協助的痕跡。感謝摯友吳季昭老師臨門一腳給予指正。感謝我的先生，他一如既往地挑起所有家事雜務，讓我專心地完成我想做的事。感謝我的兄姊體諒我這些年來家族活動頻頻缺席。感謝我的知音黃春木老師及葉芳吟老師引我進入寫書的世界。最後，我想跟「商周出版社」說聲「謝謝」及「對不起」。謝謝你們願意和我合作出版國內第一本介紹國際學校的書。對不起這本書來晚了3年。

2022 年 6 月 20 日 於臺北

Contents

前言：國際學校登場

PART1

概念：什麼是國際學校

PART2 ────────────────

進階：國際學校的發展現況

PART3 ────────────────

聚焦：臺灣國際學校的多元面貌

Part 4

延伸：亞洲7國國際學校翻新頁

PART5

省思：臺灣國際學校發展的拐點

結語：國際學校的展望

附錄

前言：國際學校登場

一、神祕的國際學校

「國際學校」（International Schools）誕生迄今已經超過200年了，然而，世界上絕大多數的人對它的瞭解卻非常有限。許多人印象中的國際學校學生，可能是隨著父母調來當地國工作的外國人子女，他們通常幾年後就會再跟著父母離開。另一個可能是經年在海外經商或工作的本國人子女，他們隨著父母回國，但因為與母國教育無法銜接，也不得不進入國際學校就讀。

過去東方社會中，對國際學校教師的印象，好像他們都是西方人，現在，國際學校就是以英語為授課語言的學校，則成為一種刻板印象。不論實際情形如何，就讀國際學校的學生人數，相對於就讀當地國學校的學生人數而言，不是「小眾」，就是「小小眾」，一般不太容易引起當地國社會大眾的關注。事實上，國際學校的運作與規範系統都與當地國學校不同，是兩條平行線，即便它們位處當地國境內，實際上卻與當地社會、各級學校或鄰近社區甚少往來，所以常被形容為「海上孤島」（atolls surrounded by the sea）（Allen, 2002）。對當地國居民而言，它就像是蒙上一層神祕面紗，外面的人對於國際學校有什麼樣的學生、什麼樣的老

師，進行著什麼樣的教學活動，總是充滿了好奇與想像。

二、學校教育是各國教育的主流

　　國際學校之所以少為人知，是因為長久以來，在各國學校教育史中，它從來就不是主角。每個國家都有其教育體系，國家透過它培養國家意識，進行建設發展。這個教育體系結構上大致包括3個階段，即初等教育（primary）、中等教育（secondary）及高等教育（tertiary）。其中，初等及中等教育合稱為學校教育（school education）。

　　教育社會學者認為，學校教育是國家教育體制的核心，也是國家社會及政治控制的機制（Apple, 2000; Green, 1990）；同時，學校教育體系也是國家經濟發展所需知識與技能的人才訓練基地（Brock, 2011）。18、19世紀間，歐洲由於工業化需要大量能識字與算術的工作者，遂發展出一套「義務教育」（compulsory education）的國家教育系統，並隨著歐洲殖民主義擴展，傳到全世界，逐漸成為各國現代學校教育體制。義務教育與學校教育系統結合，與國家生存發展成為一種唇齒關係，因而受到各國政策與法制的保護。

三、全球國際學校數量不斷飆升

　　國際學校可說是當地國學校的「外來種」，按理說，在各國擁護自己的學校教育體制的情況下，當地學校教育必然是本國學生及家長的首選，甚至是唯一選擇，國際學校不會有生存或發展空間。不過，奇怪的是，200年來發展的結果卻正好相反，國際學校的數量不但沒有減少，反而一直增加。

　　全球究竟有多少國際學校？這個問題涉及對國際學校的定義，也涉及對國際學校數量的有效調查。在國際學校出現的早期，國際間並無可靠的

統計。直到1964年，倫敦大學與哥倫比亞大學聯合出版《1964年教育年鑑》（*1964 Year book of Education*）一書，記載了當時大約僅有50所國際學校以及一個名為「國際學校協會」（International School Association, ISA）的組織，並提到那時候的國際學校大多由當地國的外國社群所經營。它們成立的目的，除了為學生準備當地國的考試，也同時教授並準備其他國舉辦的國家考試。最有名的例子就是當時遍布世界各地的「法國公立中學」（the French Lycees）。《1964年教育年鑑》也記載，那時候已經出現不少以英文授課的國際學校（Leach, 1969）。

1960年代以後，有一些學術著述提到當時國際學校的數量。例如，Jonietz（1991）在《1991年世界教育年鑑：國際學校及國際教育》（*World Yearbook of Education 1991: International l Schools and International Education*）一書中提到，1970年全球加入「歐洲國際學校協會」（the European Council of International Schools, ECIS）的中小學有290所，總計超過6萬名學生。還有，當時還有7所「聯合世界學院」（United World College, UWC），每年合計約1,500名學生。Hayden（2006）在2006年出版的專書《國際教育導論：國際學校及其社群》（*Introduction to International Education: International Schools and their Communities*）中也提到，1988年時全世界已有約1,000所國際學校，5萬名教師，50萬名學生。

2000年以後，學者引用的國際學校數量統計，幾乎都來自「國際學校諮詢組織」（International School Consultancy, ISC）的研究部（ISC Research）。該研究機構從1978年開始有系統地蒐集及分析國際學校的市場。他們統計的國際學校指的是那些位處於英語非母語的國家中，全部或部分以英語做為授課語言的學校，包括學前教育、小學教育、中學教育階段的所有學校。另外，那些以英語做為官方語言國家境內的學校，如果開設國際認證課程的話，也會被計算進去。例如，位於英國的美國學校，或位於美國、印度、巴基斯坦及非洲國家的英國學校，都被列入其中

（International School Consultancy, 2014）。在這個定義下，2000年時，全球有2,584所國際學校，學生將近100萬人，教師9萬人；2007年已有4,563所國際學校，學生人數達200多萬人；2013年再創新高，國際學校數增至7,017所，教師人數超過33萬人，學生人數已達350萬人（International School Consultancy, 2022）。由於情勢看漲，國際學校諮詢組織甚至預估到2024年時，國際學校數會達14,400校，學生人數將可達890萬人（"The new local", 2014）。國際學校數量成長的速度如此神速，對許多堅守本國教育體制的國家來說，簡直就是難以想像。

四、國際學校與各國學校的競爭關係

國際學校如此快速而大量的成長，令人相當震撼。到底這些激增的學生人數從哪裡來呢？如果是來自當地國的外國僑民及本國回流的海外僑民子女，那麼每年3、400萬人的數字，簡直與世界上留學海外的高等教育國際學生人數差不多了。難道這些小留學生，或小小留學生，現在已經像大學生一樣，在全球各地趴趴走了嗎？事實並非如此。原來近年來國際學校學生人數成長的主力，竟來自於當地國的本地學生。換句話說，國際學生並沒有增加，增加的是本地學生。本地的中小學生不需出國就可以就讀與國外教育銜接的國際學校，這就是讓國際學校數量超快速度成長的原因。

不過，這麼一來，就令人對於國際學校更為好奇了。什麼是國際學校？國際學校到底有什麼好，竟然讓這麼多本地的學生及家長趨之若鶩？還有，國際學校在當地國教育法制的保護傘下，為何能夠招收到如此多的當地學生？各國政府又為何要讓國際學校在境內發展呢？這些都是值得深究的問題。

五、2個時代3種調性的國際學校

從某個角度來看，國際學校就像遠距教學一樣，完全是時代的產物。它的出現與劇增其實並非偶然。它是在特定的時空下，由特定的意識型態及實際需求所激發出來的結果。時代脈絡對於想要真正瞭解國際學校的人是條非常重要的線索。

國際學校出現在國際場域之中，同時存在於兩個重要的時代——「國際化時代」與「全球化時代」。國際化時代衍生兩種主流意識型態的國際學校。一個是民族主義（nationalism）意識型態的國際學校，一個是國際主義（internationalism）意識型態的國際學校。進入全球化時代之後，又出現了另一種不同調性的國際學校，亦即市場全球主義（market globalism）意識型態的國際學校。與其說這3種截然不同意識型態的國際學校，以其特質吸引不同的顧客群，不如說不同的兩個時空環境，創造了3種不同的顧客群，然後，他們又創造了3種不同調性的國際學校。

六、各國政策重寫國際學校篇章

瞭解國際學校的第二條線索，就是各國政府對國際學校的態度和政策。國際學校設立在各國境內，各國政府如何看待國際學校？是否開放國際學校？如何開放國際學校？每一個政策都會影響國際學校的生存與發展。難就難在世界上有190個以上國家和地區，每個國家情況都不一樣，並無一套國際學校制式政策規則，每個國家都有它自己的作法。國家會如何做？保守或開放？邏輯上說，大部分國家為了保護本國的學校教育體制，應該會傾向保守，但事實卻相反；就是因為不少國家採取開放政策，才會讓今天的國際學校從各國教育體制外，走向教育體制內；招收對象也從外國學生，走向本國籍學生。

七、臺灣國際學校何去何從

　　一直以來，我國境內只有外僑學校，但事實上，國際學校從來就不只有外僑學校（民族主義者的國際學校）一類，還有其他類型。那麼，我國缺了什麼？該如何做？這是目前最需正視的課題。

　　生存於這個時代，國家教育就必須適當地回應時代的特質，如果其他國家可以做到與「去國家化」的國際學校共存，那我國是否也能調整自己的作法，找出學校教育系統永續發展之道。看到我國體制內國際學校的多元面貌，才猛然醒悟原來21世紀的20年代的臺灣，早已進入國際學校的波濤之中了。固然臺灣有自己獨特的學校教育體制和國際學校生態，在過去很長一段時間中，有些「維持現況」，有些「緩慢前行」，但在國際化與全球化加速發展的未來就未必可以如此了。在這一波的國際學校的旋風中，跨國教育的塵土飛揚，世界各國幾乎無處可逃。臺灣國際學校何去何從？或許只有瞭解國際學校的真實面貌，瞭解它的過去和現在，才能清楚思考臺灣國際學校的未來走向。

PART I

概念：
什麼是國際學校？

　　什麼是國際學校？它的定義一直是個令人頭疼的問題。Nisbet（2014, PP.72-73）為了釐清國際學校的定義，曾把有關國際學校的描述加以整理，歸納成5種使用情形，包括：1、由國際組織經營，在一個以上的國家設立之學校。2、為招收各種不同國籍學生所設的學校。3、提供國際認證課程的學校。4、為國家的海外孩童而設的學校，通常以母國的語言授課，遵行母國課程及學歷資格。5、依當地國課程架構加強國際課程及經驗教育。這些說法包羅萬象，定義標準歧異，令人無所適從。事實上，國際學校的定義有來自實務界，也有來自學術界。實務界主要係各國政府基於管理需要而下，學術界是各國學者為進行研究而下。不論實務界或學術界，由於觀察的時間點及角度不同，對國際學校的定義也因此相當歧異，到現在仍無共識。本章為了正本清源，因此從國際學校設立的時空背景及原因進行追溯。

一、國際學校的定義

（一）實務界的定義

　　在實務界，國際學校所呈現的面貌非常多樣。不同的國度，國際學校有著各種不同的名稱。有些名稱相同，但意涵不同；有些意涵相同，但名稱不同。例如，新加坡所謂「外國體制學校」（Foreign System Schools）與泰國所稱「國際學校」（International Schools）其實是相同的，其定義內容指的都是非本國體制的學校。然而，泰國的「國際學校」（International Schools）卻與馬來西亞的「國際學校」（International Schools）不同，因為前者是指非本國體制學校，後者卻是指排除外僑學校（Expatriate Schools）以外的非本國體制學校。也就是說，馬來西亞把非本國教育體制學校又分為外僑學校和國際學校，同樣稱「國際學校」，

馬國的意涵與泰國並不相同。有關於此，本書的Part4會以亞洲七國為例進一步說明。

（二）學術界的定義

在學術界，學者們對國際學校的定義不勝枚舉，從方法看，可歸類為以下4種定義方式：

1、從學校的外在條件加以定義

Leggate 和 Thompson（1997）從大多數國際學校課程及董事會條件之相似點來歸納國際學校，認為國際學校主要提供的是「國際高中會考文憑組織」（IBO）課程、IGCSE（International General Certificate of Secondary Education）課程、「美國大學預修課程」（AP）及「美國海外學生大學預修國際文憑」（APID）課程。而且學校必須具有一個相當自主管理的董事會，雖然它們有時也會受到當地需求和國際認證機構的影響。同樣從外在條件加以定義，Richards（1998）認為「國際學校」必須符合4個條件，即以英文授課、依美國或歐洲的學制及標準、學歷資格獲國際認證，並以西方教育為主要特色。

2、從學校功能及目的定義

Crossley 和 Watson（2003）從角色及功能定義國際學校，認為國際學校的角色在協助學生在世界各地工作，瞭解不同國家，以及發展跟不同國籍和語言的人的關係。因此，使用的語言通常是國際社會最常用的語言，如英語、法語等。採用的課程、教材、設備及學制的設計大致分為兩種類型，有些是依據某些國家的教育體系；有些則加入國際教育認證系統。招收的對象應該不限任何國籍。同樣從功能目的加以定義，Gellar（1981）給國際學校下了一個通則性、包容性的定義：「國際學校歡迎多

國籍及多文化背景的學生，認同學生的不同目標，積極調整課程以符合學生需求。」他並強調國際學校要能夠建造跨國間的橋樑，而非築起城牆。

3、以實證方法加以定義

Terwilliger（1972）提出國際學校的4個前提條件來進行檢驗，通過的才算是國際學校：（1）大多數校內學生不是學校所在國國籍；（2）董事會中的外國人及本國人的比例差不多；（3）校內教師都有適應外國文化的經驗；（4）使用的課程是某些國家國內課程的最佳部分，而且該課程能協助學生跟其他國際學校，或母國的教育系統，或其他國家的教育系統相互轉銜。同樣使用實證方法定義，Hayden 和 Thompson（1998）建立一個分析工具來探討什麼是國際學校的關鍵因素，結論是「不同國籍學生混合的程度愈高愈好」，缺乏這項特質就不算國際學校。

4、從國際教育角度定義

在各種混亂的定義之中，不少國際教育學者們的看法卻相當一致，他們都強調國際學校必須具備「國際主義者國際教育」（internationalist international education），強調實質上實施「國際教育」比名義上稱為「國際學校」更重要（Leach, 1969; Bagnall, 2007; Hill, 2000; Hayden, 2006）。這種「提倡國際面向的知識與態度，並促進國家間學生、教師、學校相互交流，增進彼此瞭解與學習的教育。」（Epstein, 1994）才是國際學校與其他學校最不同的地方。

（三）兩個思考方向

當然上述4種定義方式所談的範圍還是相當廣泛，如果進一步整理，這些定義又可分為兩個思考方向：

（1）實用主義導向：第一種及第二種定義認為，國際學校的目的在

於協助學生順利銜接跨國教育，讓學生得以在全球各地任意遊走、讀書及工作。

（2）理想主義導向：第三種及第四種定義認為國際學校最重要的就是培養國際意識及態度，讓學生透過教育懂得瞭解及欣賞不同文化的獨特之美，進而播撒世界和平的種子。

事實上，把實用主義導向與理想主義導向二者加總，可能才是國際學校的最佳寫照，因為任何國際學校幾乎都有其「理想性」，也有其「實用性」，只是二者的成分或比重有所不同而已。

（四）彈性的定義方式

由於1980年代的國際學校已趨複雜，愈來愈難定義，因此Fox與Mattews遂以二分法來進行分類。Fox（1985）提出「理想型」（idealistic）及「現實型」（realistic）二分法。「理想型」指學校能實施並貫徹尊重其他國家文化的國際主義理念。「現實型」則強調讓學生回到自己國家學校中學習的困難降到最低的實用性考量。Mattews（1988）則提出「意識型態型」（ideology-driven）及「市場型」（market-driven）分法。前者指那些是為加強國際瞭解及合作所設立的國際學校，如：United Nations International School（UNIS）、the International School of Washington（ISW）、the United World College（UWC）等；後者則是指那些由個人、社區群體、多國公司或政府機關為特定外國社群的需要而設立的國際學校。

用這種角度來理解國際學校的多樣性，好處就是具備解釋的彈性，可以想像成每一所國際學校都座落於「理想型」與「實用型」兩端之間的某一點，因而每一所國際學校都有其獨特性。不過，這樣的說法仍然非常模糊，無法讓人具體瞭解國際學校的本質。

（五）沒有簡單的答案

從實務界和學術界對國際學校定義的混亂來看，國際學校的意涵絕不是ISC所說「全部或部分以英語做為授課語言的學校」一句話可以涵蓋。事實上，僅從外在某一個條件來概括定義，反而容易造成一般人對國際學校的誤解。Murphy（2000, p. 8）結論說：「定義國際學校最難的地方在於一方面無法排除那些自認為是『國際的』學校；另一方面卻又無法不把那些實際上『沒有國際教育理念的學校』納入。」

於此同時，所謂「國際教育」的意涵受到全球化的影響也正在發生變化。21世紀「國際教育」這個詞其實已經包含了非國家（non-national）、泛國家（pan-national）、外國的（ex-national）、跨國的（transnational）等幾種成分（Mckenzie, 1998）。一個最明顯的例子，許多提供國際移動社群教育的國際學校並不真正提供國際教育，它們實際上提供的是美國式、英國式、德國式或法國式教育系統。

總而言之，這些對於國際學校的定義雖有其獨特角度，但都是屬於「點」的觀察，而非「線」的瞭解，因此欠缺包容性。

（六）從國際學校設立的驅力探源

那麼究竟什麼是國際學校？國際學校並不是憑空出現的，由於它的「國際」特性，其設立主要是受到3種國際理念思潮的影響，即「民族主義」、「國際主義」與「全球主義」。我們從歷史的學習得知，這3種理念思潮對於國際政治、國際經濟、國際社會、跨國文化及生活等方面，都產生了巨大而深遠的影響；我們所不知道的是，他們對國際學校的催生與發展也起了不可言喻的作用。這3種思潮雖各自有其不同的價值主軸，但並非截然分立，而是相互交織、貫穿連動的。接下來，就讓我們從3種國際學校設立的時代背景，逐一解開謎題底下的盤根錯節。

二、「民族主義」理念的國際學校

（一）國際化時代的特質

　　自近代民族國家出現後，在國際場域中，每個國家只有一個對外窗口，也就是各國的政府。每個國家都是平等的，都擁有不容被忽視與挑戰的主權。國家與國家之間講求相互對等，彼此尊重，沒有任何國家能凌駕其他國家之上。國際間逐漸形成一個以國家為運作單位、沒有中央權威、權力分散在各個國家之間的國際社會。傳統的國際關係，一言以蔽之，就是一個以國家為中心，無政府狀態的國際政治系統（李英明，2004）。

　　時至今日，國際社會仍然是以國家為單位繼續運作。最明顯的例子就是2020年以來，新型冠狀病毒在全球肆虐，基於每個國家對其境內擁有完全的管轄權，各國政府紛紛自訂出入境檢疫隔離規定，跨國往來必須尊重彼此的防疫政策，他國不能干預。各國也僅對其國民負起照顧之責，不會管其他國家的國民。病毒的遊走呈現全球化時代的無國界原則，但對「人」的管理卻又回歸到國際化時代的國家平等原則。可見今日即便已經進入全球化時代，國際化時代仍然持續存在。

（二）國際化時代的基本調性：民族主義

　　傳統國際關係的特質傳達的正是民族主義的調性。民族主義可以指是一種對於國家權利、利益及責任的信條（doctrine），也是一種不斷促進這些權利的政治運動（political movement）（Seton-Watson, 1977）。從信條來看，民族主義的核心概念就是國家至上（Breuilly, 1993）。一種人民必須對民族國家（nation-state）負起責任或忠誠的集體性國家意識或覺知，經常蘊含著民族優越感與歌頌特有的民族道德行為（Shibata,

2005）。從社會面向來看，民族主義也是一種意識型態的運動，其終極目的在增進國族的福祉，推動民族的自主、民族的團結與民族的認同（Smith, 2001）。

（三）民族主義的時代脈絡

民族主義是隨著民族國家而來的。民族國家是起源於歐洲1648年訂定之《威斯特伐利亞和約》（*Peace of Westphalia*），因為該條約開創了威斯特伐利亞系統式的國家，國家彼此互相承認主權與領土。不過，也有人認為1789年的法國大革命才是促使民族國家出現的原因（Griffin, 1999）。

在1870年至1880年間，民族主義的狂熱情緒促使歐洲各國紛紛向海外進行殖民擴張。1914年爆發的第一次世界大戰與當時各國在民族主義思潮下的軍備競賽、同盟對立、祕密外交和新帝國主義有關。1939年發生的第二次世界大戰也與民族主義密切相關。大戰結束後，英、法、荷、葡等殖民帝國逐一解體，結束了海外殖民地的佔領，使得亞、非兩大洲的獨立運動如雨後春筍般展開，因而出現了另一波新興的國族（newly emerging nations）（洪鎌德，2003）。

1960年代以後，民族主義仍然持續發揮強大作用。特別是許多新興國家的非殖民化運動。這些國家是先有國家，才有國族，這與歐洲國家先有民族國家（nation-states），再成為國家民族（state-nations）的發展歷程有很大的不同，因為欠缺一個衝撞、協調與融合的過程，因此雖然宣稱獨立自主，但是內部卻潛伏了動盪不安，對外事務亦常捲入國際紛爭。21世紀的今天，民族主義的氣焰仍然瀰漫在國際場域之中。許多的國際爭端，包括北愛爾蘭爭端、巴斯卡分裂活動、魁北克獨立運動、以阿長期戰爭、北非伊利特安內戰、捷克與斯洛伐克的分離、塞爾維亞與克羅西亞的戰爭、波斯尼亞內戰等，背後仍是民族主義在作用（洪鎌德，2003）。

（四）民族主義的教育體現：國家教育

在18世紀中期起至19世紀末期民族主義高張氛圍下，歐洲、美、日等國陸續建置義務教育制度，並透過殖民而傳到世界各地。義務教育的順利運行，需藉由國家所制定有關教育的法律與制度來強制執行，亦稱為「強迫教育」。在教育法制的護衛下，學校教育透過教育和紀律，從小開始培訓忠誠的、愛國的公民，灌輸民族主義及接受國家的合法性（Spring, 2004）。「受教育為人民義務」的教育法制觀念，隨著國家義務教育制度而廣為人們接受。

近代以來各國教育機制一方面呈現高度相似性，如強調學校紀律、國家對學校結構及知識的控制、官方語言及對歷史解釋的一致化等。另一方面在政治、文化上又呈現個別國家的分野（Zambeta, 2005）。

Scanlon在他1960編印的《國際教育的歷史紀錄》（*International Education: A Documentary History*）書中指出，19世紀正是歐洲各國大眾教育系統的濫觴時期，推動大眾教育背後的因素，不論是基於普魯士威廉君王（Frederick William）所主張的君主專制（despotism）或瑞士教育改革家裴斯塔洛齊（Johann Heinrich Pestalozzi）所提倡的博愛主義（humanitarianism），他們共同的主張就是增進國家利益及培養愛國意識（patriotism），講究的是一種對本土的忠誠。

（五）國家早期設立國際學校的目的

國家教育體制如果是各國內部的事，那如何會跟國際學校有關？這是因為國家教育不僅在國家境內實施，也可以在境外設校實施。

《1964年教育年鑑》（*the Yearbook of Education 1964*）提到早期國際學校設立的背景是18世紀中葉工業革命以後，世界強國爭相進行海外殖民。來自各國的軍隊、傳教士、貿易商、移工等，絡繹不絕地前往海外；

為了讓本國的僑民子女在海外仍可接受到母國教育，以便他們返國後的教育能夠順利銜接，遂有「國家海外學校」（national overseas school）的設立（Bereday & Lauwerys, 1964）。

世界上第一本國際學校專書《國際學校及其在國際教育領域的角色》（*International schools and their role in the field of international education*）在提到國際學校分類時曾指出當時有一類「國家主導的海外學校」（nationally dominated overseas international schools），其辦學目的是致力於協助僑居海外的本國學生不論何時回到母國都能很快融入國內生活。學校設立人可能是私人、僑居當地的父母們，或母國政府所設（Leach, 1969）。對學校所在地國而言，這類學校是外國人設立的，就讀的也全是外國人，故將之稱為「外僑學校」（expatriate school）。

設立外僑學校的國家通常是世界強國，屬於民族主義意識型態較強的國家。Yamato 和 Bray（2006）指出法、德、日、韓等國長久以來在上海設立其外僑學校（expatriate schools），主要目的就在提供母國語言與文化，強調國家至上的民族主義，以及讓海外僑民回歸母國學習與生活，而不是在實現講求和平、尊重及瞭解文化差異的國際主義。

這類國家海外學校始於何時並無可考，只知與母國對外拓展的國家政策有關。從當時兩個強國——美、英——海外學校之濫觴推算，可能在19世紀左右。

（六）美國早期的海外學校

18世紀末到20世紀初，美國為了獨立及領土拓展，曾先後發動多次戰爭。例如1812-1815年為美國為了掠奪加拿大領土而發起對英戰爭；1846-1848年與墨西哥因為邊境問題而發起美墨戰爭，戰後取得德克薩斯、新墨西哥以及上加利福尼亞州（Texas, New Mexico, California）的領土。另外，1898年的美西戰爭，使得美國取得了波多黎各（The

Commonwealth of Puerto Rico）等西班牙大部分的殖民領土。1899-1902年爆發的美菲戰爭，又讓菲律賓成為美國的海外殖民地。

那時候隨著政治、經濟及軍事力量的向外擴張，美國赴海外從事外交、經貿、科技與宗教等事務的僑民人口頓時大增。美國政府及海外僑民為了給予僑民子女與境內國民一樣的教育權，便在海外設了許多僑民學校。當時美國的海外學校有兩類，一類是後來美國「國防部眷屬子女學校」（The Department of Defense Dependents Schools, DoDDS）的前身，最早見於1821年；另一類是美國各地僑民自己設立的「獨立學校」（independent school）（蘇玉龍等人，2010）。美國第一所海外私校就是由「美國學校基金會」（American School Foundation, ASF）於1888年設立於墨西哥的首都墨西哥城（Bunnell, 2008）。

不過，「國家的海外學校」從一開始就未必全是政府設立的。「國防部眷屬子女學校」是由美國國防部所設立，具有美國海外公立學校性質，而「獨立學校」則是海外私校性質。

（七）英國早期的海外學校

英國在工業革命後成為強國後，配合海外僑民之需求，於1890年在賴索托（Lesotho）的首都馬塞魯（Maseru）設立了全球第一所英國式學校 ——「馬塞魯英語教育預備學校」（The Maseru English Medium Preparatory School, MEMPS）（Hayden, 2006）。1894年又在葡萄牙設立了當地第一所英國式學校「奧布托英國學校」（the Oporto British School）（Bunnell, 2008）。

除了美、英之外，現在世界上，法、德、日、韓、沙烏地阿拉伯等國，長久以來在政府的大力支持下，也在海外設立了外僑學校。國家的海外學校不論是公校或私校，其實都是母國國民教育的延伸，因為這些僑校

都是採用與母國相同的學制與課程，以母國語言授課，甚至能從母國政府得到財政支持、教師派用及財務方面的種種協助。因此，不難理解外僑學校是具有國別性的，也有其特定的國家立場。

三、「國際主義」理念的國際學校

（一）國際化時代的另一種基調：國際主義

民族主義毫無限制發展的結果，國與國之間的嫌隙、掠奪、爭端、戰爭接踵而來，正好給國際主義帶來發展的機會。俄國的大文豪托爾斯泰（Lev Nikolaevich Tolstoi）轟動世界的名著《戰爭與和平》，以1805-1820年間拿破崙大軍入侵俄羅斯帝國為背景，在細膩描述俄羅斯戰亂時代的親情、友情與愛情的同時，也呈現了那個時代的對俄羅斯民族主義的信仰，以及對國際主義的企盼。

國際主義不同於民族主義，它不關注某一特定國家的利益，而是一種追求普世價值的信念，主張國際間應考量全世界人類的福祉而開展更廣泛合作。對照民族主義的狹隘偏頗，國際主義其實是一種對民族主義過度發展的反動。

（二）國際主義的時代脈絡

國際主義並非始於19世紀，遠在西元前5世紀的希臘犬儒學者Diogenes the Cynic就曾主張世界主義政體。18世紀末Kant在該年出版的《永久和平論》（*Perpetual Peace: A Philosophical Sketch*）一書中，曾提出議制政府與世界聯邦的構想；而歐洲協調運動（1814－1870年）亦於19世紀拿破崙戰爭後開始發展，成為重要的國際合作機制。這些倡議的目

的都在努力維持歐洲安全狀況，以避免戰爭之發生。不僅如此，早期的國際主義思想更促進了國際法律（包括日內瓦公約及海牙公約）的發展，為國際法中的人道主義定下了標準（楊深坑，2013）。

19世紀民族主義發展的結果，各國人民基於對國家的忠貞，面對戰爭固然義無反顧，但是，長久下來，對於戰爭造成的殘破家園、生離死別及身心創痛，無不充滿恐懼與傷痛。因此，第一次大戰結束後，各國有識之士提倡建立一個國際組織，以國際合作的形式共同處理糾紛。1919年，各國簽署《國際聯盟盟約》（*Covenant of the League of Nations*），成立國際聯盟（the League of Nations, LN），正是國際主義理想的實現。

20世紀初，國際主義方興未艾，直至20世紀中葉，由於歐亞非洲廣大地區遭遇第二次大戰的慘痛破壞，國際主義的發展才真正達到高峰。因此，第二次世界大戰後，國際主義在國際間盛行，聯合國及其他相關國際組織如雨後春筍般成立，國際社會冀望以此化解國與國之間的衝突或戰爭。最具代表性的就是1946年成立的「聯合國教科文組織」（United Nations Scientific and Cultural Organization, UNESCO）。UNESCO在它的網頁上宣示「透過教育建立世界和平，期待加強文化之間的溝通對話」，十足展現了國際主義的精神。今日國際主義及依其理想所建立的各種國際組織，仍然是國際間賴以消彌爭端的重要機制。

（三）國際主義的教育體現：國際教育

19世紀之前，Zeno 曾提出「世界之城」（cosmopolis）的理念，Commenius致力推動教育國際化，Kant亦曾倡導世界主義，主張成立國家聯邦來制定國與國之間的規範（國際法），他們都是國際教育的理論先驅（楊深坑，2013）。

19世紀時，西方國際教育思想家如Jullien、Molkenboer及Kemeny等代表人物，相繼從國際主義的觀點提出論述，闡明追求世界和平必須從

教育著手,強調實施國際教育之必要(楊深坑,2013)。受到這些倡議的鼓舞,世界上第一次國際教育會議於1876年在美國賓州費城舉行,揭開了各國參與國際教育論述的舞台。自那時起,如何將國際主義落實到各國之中,一直是國際主義者的至盼。

邁入20世紀之後,國際間為了避免各國政府將偏頗的意識型態融入教育過程中,遂朝著建立常設機構方向努力,終於在1925年成立常設性國際教育推動機構「國際教育局」(The International Bureau of Education, IBE)(Vestal, 1994)。1968年「國際教育局」(IBE)被整併到「聯合國教科文組織」(UNESCO)轄下之單位。1970年再被組改為「國際教育會議」,成為各國政府間推動國際教育的常態機制。

國際教育是國際主義頌揚及嚮往的必然結果。Skelton對國際教育的闡釋相當傳神,他指出國際教育的目的不是在強調疆界(the boundaries between them)的存在,而是在強調培養一種超越疆界、懷抱普世價值、重視自由與國際瞭解、和平解決爭端的「國際心靈」(international-mindedness)(Skelton, 2002)。這種發展國際態度,進行國際瞭解的國際主義意識型態被普遍認為是國際教育的共同點。

(四)國際教育崛起的傳奇

現在提到推動國際教育好像十分平常,但當實施「國際教育」的想法在19世紀初剛被提出之時,卻被當時的各國譏諷為「激進的」、「前衛的」,而且是「烏托邦的」想法。現在看起來,當時國際教育能在歐洲各國巨大的反對聲浪中,異軍突起,以一種「創新」或「實驗」的姿態出現於君主立憲制的英國維多利亞女王(Queen Victoria)時代,實在不得不承認是一種傳奇。

英國在工業革命之後,海外貿易活動日益增多。維多利亞女王為展現大英帝國的雄威,自1847年起每年都盛大舉辦工業產品與工藝品博覽會

（exposition）。博覽會的目的在向英國人民展現工業生產的成績，讓人民以國家為榮，自1851年起更擴大為萬國博覽會（Universal Exposition），或世界博覽會（World's Fair）。

（五）萬國博覽會掀起國際教育熱潮

　　1851年的水晶宮萬國博覽是世界博覽會的重要里程碑，它同時也提供了國際教育及國際學校初試啼聲的機會。博覽會座落於倫敦（London）著名的海德公園（Hyde Park）。會場耗時半年多打造，建材使用大量的鋼鐵、玻璃及木材。看起來晶瑩奪目，美輪美奐，觀眾莫不為之震撼。會場的一半空間展示大英帝國和殖民地的產品，另一半空間則擺設來自34個國家的奇珍藝品。展品除了吸引資產階級的興趣外，也激發的市井小民的購買慾望。水晶宮博覽會持續好幾個月，總入場人數達到600多萬人，平均一天有好幾萬人參觀。這樣的盛況令法國拿破崙三世在1852年即位後欣羨。為了與英國一爭長短，法國分別在1855年與1867年也各舉辦了一場世界博覽會（辜振豐，2003）。

　　19世紀的歐洲正處於一個巨變的時代，在各國充滿了突破現狀的期待之時，萬國博覽會大膽探索的作風，正好對上了這樣的風潮。在英、法博覽會場，主辦單位穿插安排演講會、座談會與論文比賽，讓新發現、新思維及新作法藉此機會激辯。屬於創新思維的「國際教育」也首先在1855年的巴黎世界博覽會所舉辦的論文比賽中被提了出來。當時主辦單位指定的論文題目是：「不同國籍學生共同在一校學習的好處」（the advantages of educating together children of different nationalities）。到1862年的倫敦世界博覽會時，主辦單位以「建立歐洲國際教育的方法」（means of establishing international education in Europe）做為論文比賽題目，讓國際教育議題再度成為大眾激辯的議題（Sylvester, 2002）。

（六）狄更斯的連鎖國際學校構想

當時倡議國際教育的重要人物之一就是英國大文豪狄更斯（C. Dickens）。狄更斯在其1864年主編的一份名為「All the Year Round」的週刊中，曾以「國際教育」（international education）為文，提出了一個「連鎖國際學校」的構想。這個劃時代計畫希望透過在歐洲各國設立一種制式學校，目的在為各國的中上階級提供一種與國內大眾教育不同的國際教育：

> 這個為中上階級而設的國際學校系列計畫，是想在不同的歐洲國家中對應設立一所相同的國際學校，讓孩童能透過人文通識教育課程而習得不同的現代語言，而且在來自不同國家的同學之中彼此互相學習，每所國際學校的班級安排及學習方法都是一樣。（Sylvester, 2002, p. 8）

這種連鎖學校的想法在當時無疑是破天荒的，因為對一般人而言，不論是「國際教育」或是「國際學校」，在當時都是難以想像的。然而，英國不少走在時代前端的商人、政客、學者及冒險家們，由於看到國家教育在支持英國向外發展的問題與侷限，於是便出錢出力，成立了第一所實施國際教育的國際學校。

（七）早期實施國際教育學校的出現

春樹學校（The Spring Grove School）就在這樣的背景下，由維多利亞時代的3位名人，即推動自由商務的政治家科布登（Richard Cobden）、強調科學邏輯重要性的生物學家赫胥黎（Thomas Huxley），以及堅信將不同國籍文化學生放在一起學習能培養文化包容力的文學家狄更斯

（Charles Dickens）共同設立。學校的3位創辦人積極主張將外語教學、創新思維及跨出國家等觀念引進學校，使得該校成為一所有別於當時教育型態的先導計畫（Walker, 2012）。現在看起來，這才是真正的實驗教育。

　　春樹學校於1866年設立於英國現在的希斯洛（Heathrow）機場附近。該校第一年僅招收80名學生。他們雖都來自富有家庭，但不限定國籍、宗教或種族。該校還刻意招收來自法、德、義、西、葡、美等國家的孩童，好能讓不同國家的孩童互相瞭解學習。當時課程教學有3項特色：1、透過物理科學及數學訓練學生推理的習慣。2、加強語文教育。3、推動國際主義。這所學校共營運了23年，後來於1889年關閉（Sylvester, 2002）。

　　除了春樹學校外，Brickman在其1962年發表的《1862-1962高等教育中的國際關係》（*International Relations in Higher Education, 1862-1962*）文中亦曾記載，「法國在1860年代巴黎附近曾設立一所國際高中，但後來因為普法戰爭而停頓」（Sylvester, 2002, p.7）。另一所代表性學校是創立於1893年的英國貝德爾斯學校（Bedales School）。創辦人約翰巴德利（John Haden Badley）的願景是建立一所與他那個時代的公立學校截然不同的學校。巴德利將許多教育理念落實在學校之中，如男女同校寄宿、重視藝術、科學和志願服務，聽取學生意見，並從每一個方面鼓勵學生養成國際友好（international goodwill）情操等，這些教育實踐普遍見於今日的生活教育，但在當時卻是教育的創舉（Sylvester, 2002）。

　　在19世紀以民族主義為主流的時空下，不同於國家教育的國際教育，只有在專設的國際學校中才有實現的可能。這也正是為什麼，後來國際社會許多有識之士紛紛從國際教育理念的推動，轉變成致力於推動國際學校。

（八）第二次世界大戰前的國際學校

在春樹學校之後，全球各地陸續出現一些實施國際教育的國際學校。這些實施國際教育的學校，無不奠基於國際主義，提倡國際理解教育及和平教育。現在看起來，這些學校更像是實施實驗教育的學校。

1、1910年德國奧登瓦爾德學校（Oldenwaldeschule）

1910年德國教育改革家蓋伊布（Paul Geheeb）創立了「奧登瓦爾德學校」。該校有20％的學生來自西歐各國，設立宗者為「培育一個有文化素養的社會人」。學校刻意打破國籍及種族，強調學生不論來自何國都是一家人，這樣的教育理念與當時正在發展中的納粹思想其實是相互對立的。後來，由於希特勒（Hitler）起而掌權，蓋伊布遂離開德國，轉而到瑞士設立一所人文學校（the Ecole d'Humanite）（Meyer, 1949）。

2、1910年國際和平學院（the International School of Peace）

同樣在1910年，美國教育出版商及和平倡導者吉恩（Edwin Ginn）在波士頓立了「國際和平學院」，學校宣示其設立目的在於：

> 教育所有國家的人民都能充分了解戰爭的無益，戰爭及備戰帶來的破壞，以及戰爭對當代社會條件和後代福祉的嚴重影響。努力促進國際正義和人類的友好情誼，透過各種實際方法促進全人類的和平與善意。（World Peace Foundation, 2022）

該校後來轉變為世界和平基金會（World Peace Foundation），上述任務宗旨仍然沒有改變。

3、1921年丹麥國際民俗高中（the International Folk High school）

1921年國際民俗高中在丹麥、英國、美國等國人士的共同贊助下，成立於丹麥的赫爾辛格（Helsingor, Denmark）（Brickman, 1950）。創辦人曼尼奇（Peter Manniche）是一位丹麥教育家，他堅信透過人類的相互瞭解，可以締造世界和平。這所學校特別之處在於它廣收來自世界各國的學生，極盛時一般課程學生有5,000名，短期課程學生也達到10,000名。（Brickman, 1962）該校課程不像其他高中以丹麥語文或傳統為核心，而是以全世界為學習重點。特色課程包括國際關係、語言習得、社會心理學及國際法制。教師也是來自世界各國（kenworthy, 1951）。

4、1921年印度國際大學（the Santinikentan Visva-Bharati）

這是1921年由諾貝爾桂冠詩人泰戈爾（Rabindranath Tagore）（1861-1941）在加爾各答（Calcutta）設立的國際學校。該校印度文名稱為「Santinikentan Visva-Bharati」，中文意為「國際大學」。泰戈爾對於印度從英國移植而來的教育制度很不以為然，他認為學校裡不應該傳授那種灌輸臣服思想、死背書、不接觸大自然的教育，按照他的想法，學校的願景應該是這樣的：

> 我們肩負在印度進行「教育殖民」的重責大任，也就是要創造一種真正國際合作的精神，以及一種追求友愛社會生活的氛圍。讓師生在其中能毫無限制地追求真知，學習與自然和諧共存，並給予每個人自我表達的自由。（Scanlon, 1960, p. 106）

Santinikentan Visva-Bharati是世界上第一所具現代規劃的國際學校，它是以印度大學教育的高度來規劃營運的，未來也希望發展成一所大學。所以，它設有教師培育中心及農村重建系等。而且，在它成立的第一年，就從巴黎第四大學（Sorbonne University）延攬訪問教授前來任教，

校園中並收藏了當時亞洲許多珍貴的文化圖書。

5、1924年日內瓦國際學校（the International School of Geneva, ISG）

日內瓦國際學校於1924年設立於瑞士日內瓦。這所學校主要是國際聯盟（the League of Nations）和國際勞工組織（the International Labour Office）中一些身為家長的駐外人員們，結合了當時瑞士盧梭研究所（the Rousseau Institute）的成員、瑞士教育家費理爾（Adolphe Ferriere），以及德國人權提倡家羅騰（Elisabeth Rotten）一起設立的（Hill, 2001）。

日內瓦國際學校的設校宗旨就是國際主義。學校誓言要打破狹隘的民族偏見，建立一個理解其他國家文化的氛圍。該校成立之時就已經有來自16個國家的學生，和來自7個國家的教職員。該校在國際教育組織推動過程中也十分活躍參與。許多人都認為IGS是一所真正「實施國際教育的國際學校」（Wooton, 1929）。

6、1930年荷蘭基斯博克兒童社區學校（the Kees Boeke's Children's Community Workshop）

1930年基斯博克兒童社區學校設立於荷蘭的比爾特霍芬（Bilthoven, Holland）。這所學校是荷蘭教育家及和平主義者基斯博克Kees Boeke所設立的（Brickman, 1950）。他希望將學校教育擴大到國際面向，不但要廣收來自各界各地的學生，而且主張把學生視為單純個人，不要把學生和他的國家掛勾在一起。在此同時，學校也要試著教導學生保留他的原來國家帶來的特質，因為這是他與其他國家來的同學不同之處（Lengyel, 1951）。

7、1937年瑞士蓋伊布人文學校（the Paul Geheeb's Ecole d'Humanite）

1937年蓋伊布（Paul Geheeb）在瑞士設立了蓋伊布人文學校。這所學校希望透過教育打造出新公民，也就是所謂「世界公民」（citizenship of the world）。它要創造一所未來學校的先導模型，一個師生合作的大家庭。校園內充滿鼓勵國際友好的文化氛圍。學校堅信，只有這樣，民主才有真正實現的一天（Lengyel, 1951）。

8、1938年法國賽維諾高中（the Collège Cévenol）

1938年由法國人 Messieurs Theis 與 Trocmé 所設立的賽維諾高中，是一所位於法國中部的學校。這是一所號稱「建立在世界和平理想基石之上，以學生交流為國際理解的方法」的國際學校（Hill, 2001）。

以上這些充滿理想的國際學校，都是在國際主義理念被高舉的時潮，想要透過設校的實際行動，實現國際教育理想。對照各國體制內那些培育「愛國公民」的學校，這些培育「世界公民」的國際學校，真的算是當時的「異數」。

（九）國際教育的課程實踐：IB課程

實施國際教育的理想性高，但在當時尚難形成普遍價值，因此大部分學校也都難以長久經營。為了實踐國際教育的終極理想，UNESCO乃於1950年創設了「國際學校協會」（the International Schools Association, ISA），委託其就促進國際瞭解的課程與方法進行研究（Hayden & Wong, 1997），希望研發一套為國際學校所用的國際課程及評量方式。

1963年「國際學校協會」（ISA）著手針對各國大學的入學要求，設計了一套共同性課程及考試，並於1965年成立了「國際學校測驗集團」（International Schools' Examination Syndicate），這個集團後來成為

「國際高中會考文憑組織」（IBO）。當時共同合作開發課程的主要單位還包括日內瓦國際學校（International School of Geneva）、威爾斯的大西洋高中（Atlantic College in Wales）以及牛津大學教育研究學系等（Hayden & Wong, 1997）。這個國際測驗組織從1964年起開始辦理實驗性考試。1970年開始發給正式的「國際高中會考文憑」（IB）（Renaud, 1974）為國際認證課程之濫觴。

IB課程的最初目的就是為了實踐國際主義的理想，時至今日，IB課程所揭示的目標仍然具備濃厚的國際主義色彩。在IBO的官方網頁上寫著IB課程的目的在於「培育具思考力、知識廣博的、懂得關懷別人的年輕人，使能透過跨文化了解及互動，創造一個更好而更和平的世界。」（International Baccalaureate, 2021）。無怪乎Leach認為1960年代開始試行IB課程的日內瓦國際學校，才是當時唯一真正的「實施國際教育的國際學校」（Leach, 1969）。

四、「全球主義」理念的國際學校

（一）有關全球化起源的看法

正當各國政府及人民已習慣了這個「以國家為單位」的國際互動規則之時，沒想到接下來，卻同時面臨一個講求「去國家化」的全球化時代。

關於全球化的起源，依照Burbules與Torres的整理，至少有3種不同說法。第一種說法認為它與人類文明有關，可能起源於強調普遍的事實能夠被發現且被理解的「普世主義」（universalistic religions）出現之時，一個大約是從500年前就開始的一個過程。第二種說法影響更大，它運用「世界體系理論」（world-system theory），把全球化跟資本主義的起源連結在一起，在16世紀全球經濟出現時達到最高點。第三種說法是1990

年代最典型的「全球化理論」（globalization theory）。它認為全球化是一種晚近的現象，最早可溯及20世紀中期，或20世紀最後20年（Burbules & Torres, 2000）。

另一位學者Stager認為全球化是在1850-1914年這段時期開始加溫。該時期正逢世界貿易的遽然發展，跨國銀行活動熱絡，資金流及物流在國家之間自由流通量大增。當時的許多歐洲國家為了取得更多資源，開始大舉向外擴張及進行殖民。第一次大戰前夕，這些國家的出口量已達到當時所有工業國家貨品貿易值的12％的水準。貿易持續擴大的結果，導致國與國的競爭更加激烈化。世界工業強權為維持其優勢，必須取得更多新資源，打破地理上的障礙，遂更積極發展全球基礎設施，如鐵道、貨輪及跨洲空運等。這些交通科技翻新轉變帶來的交通創新及電信、大眾媒體科技的加速升級，促使世界各國的互動更加密切。在全球化升溫過程中，歐洲中產階級大量興起，他們傾向於改變現狀、敢於冒險、追求進步，是激發個人、企業或非營利組織在全球更加活躍的重要因素（Stager, 2009）。

不論是哪一種說法，全世界已經見證到，1970年代之後，各國在經濟、政治及文化等政策層面都致力於促進，或加強一個更具全球視野的社會政策。當時的經濟發展，在勞工抗爭要求提高工資，以及外國競爭者迫使降低價格的雙重影響之下，原先資本主義者管理方式可獲得的利益受到擠壓。這些國家的經濟開始遲緩，國家收入無法趕上社會支出。社會福利國家存在價值的共識也開始動搖，不少國家開始重新建構經濟，解除國家管制及建立共同市場，國家的責任也從原先強調分配公共資源，轉變成促進社會公平的責任（Reich, 1988, 1992）。

（二）全球化效應帶來新挑戰

1980年代起，全球化的效應已經全面浮現。在經濟層面，「新自由政策」（neoliberal policies）成為許多國家的一種新政經秩序。在政治層

面，不少國家已經不再是一個主權行使者，而轉型成一個仲裁者，因此只試圖去平衡各種國內外壓力的衝突。在文化層面，全球媒體產業版圖產生巨大變化，如海底電纜（cable），衛星（satellite），有線新聞網路（Cable News Network），網際網路（the internet）。在商業文化層面，出現許多商品全球化經營網絡，如麥當勞（McDonalds），耐吉（Nike）等。於此同時，全球化也帶來更多新的挑戰，例如各國人口移動大幅增加、全球溝通科技的改變、全球影片電視及音樂製造、全球運動的形成等，讓許多國家在處理本土傳統價值與非本土全球化文化之間的衝突時不得不有所妥協（Burbules & Torres, 2000）。

（三）全球化時代的基本調性：全球主義

全球主義是全球化過程中所產生的一種賦予「全球化」這個概念特殊價值與意義的意識型態。Stager認為今日世界上有3種全球主義：第一種是「市場全球主義」（market globalism），主張全球化應追求自由市場規範及新自由主義意涵；第二種是挑戰「市場全球主義」的左派「正義全球主義」（justice globalism），從平等主義的理想以及全球團結和正義分配的視角，建構不同的全球化理念；第三種是挑戰「市場全球主義」的右派「聖戰全球主義」（jihadist globalism），同時反對「市場全球主義」與「正義全球主義」，目的在激發全球的回教徒在世俗主義與消費主義的威脅下群起護衛回教的價值與信念。「正義全球主義」與「聖戰全球主義」的出現，反映了全球化在自由市場及經濟全球化，不是只得到讚頌，而是同時有抵制效應產生。從這個角度看，愈多的抵制效應更凸顯出「市場全球主義」是全球化主流的事實（Stager, 2009），這也是一般人比較熟悉的全球主義。

全球主義重視的是個人或私人公司的自我利益。對照於民族主義與國際主義，全球主義的教育觀有明顯去國家化的思維，因為它強調的是對人

類的忠誠。

（四）全球移動的學齡孩童大量增加

　　全球化時代一個與教育有關的巨大改變就是具備全球移動能力的學齡孩童大量增加。這個改變大大衝擊了各國原有的中小學教育生態，也促使國際學校登上另一高峰。

　　傳統上，絕大多數的各國國民都會在國內出生長大，從小學一路受教育到高等教育，然後進入社會工作，成家立業，甚至終老。因此，各國教育法規無不以此為預設而加以制定。不過，全球化時代這種情況已大為改變。不但在各國境內經常可以看到外國年輕人，就是在各級學校的校園之中，也都出現不少來自其他國家的外國學生，或是想要出國讀書的本國籍學生。以中小學教育階段來看，這些具備全球移動力的學齡孩童主要有兩大來源。

　　第一大來源是所謂「第三文化孩童」（the third culture kids, TCKs）。TCKs指的就是各國境內的外國籍工作者，或是擁有雙重國籍、多重國籍的僑民，或是從事跨國經商及派外工作的本國國民。這些人因為工作的關係必須長期居住在國外，他們的學齡子女自然也就必須隨著到外國就學。有時候不僅轉到一個國家去，而是不斷地轉到另一個國家。這種不在一個國家境內成長、就學或就業的孩童，因為居無定「國」，既不生根於他們的出生地國文化（第一文化），也不太會認定他們暫時居住的國家文化（第二文化），因此被稱為「第三文化孩童」（Useem, 1976; Pollock & Van Reken, 2001）。

　　第二大來源是各國因為全球化過程而大量出現的中產階級，特別是一些從事專業或高端科技工作的人士。這些人是國家菁英，也是社會新貴，他們不但經濟優渥，又具備豐富的國際經驗和全球視野，非常希望自己的子女能夠接受國際化的教育，以便將來能隨心所欲地到任何他們想到的國

度去讀書和工作（Hayden & Thompson, 2013; Phillips, 2002; Yamato, 2003）。他們認為未來孩童必須具備的「帶得走的能力與特質」（the transferable skills and attributes）（Phillips, 2002），並非國家教育系統所能給予的，因此他們也尋求國際學校教育。

（五）全球主義的教育體現：跨國教育

上述兩大來源的動機雖然不同，但是目標卻相當接近，都是尋求跨國教育而非本國教育。但什麼是「跨國教育」（Transnational Education）？「跨國教育全球聯盟」（The Global Alliance of Transnational Education, GATE）將其定義為「參與學習者和教育機構是分屬不同國家的任何教學或學習活動。」（引自 Knight, 2008, p.53）。UNESCO 和歐洲理事會（the Council of Europe）也有類似的定義：

> 跨國教育是以任何類型或模式把教育研究學程、課程或是教育服務（如遠距教學）傳遞給學習者，而這些學習者與頒發學位或證書之教育機構是分處兩國，且跨國提供的教育計畫可能不同於學習者的所在國教育系統，甚至可能獨立於任何國家教育系統。（引自 Knight, 2008, p.83）

從這些定義看起來，跨國教育與國際教育雖然聽起來接近，但實際上調性並不相同。「國際教育」如前所述，是含有特定國際主義意涵的，而跨國教育卻沒有任何要強調的意識型態。或是說，跨國教育什麼意識型態都可以，只要有市場就行。這種價值思維讓跨國教育非常重視那些能在不同國家教育體制間轉換使用的教育資格認證。

（六）全球主義者渴切全球轉銜的教育

　　全球主義的支持者認為教育的價值端視其對經濟成長的貢獻而定，這個看法完全是一種實用利益導向的思維。最好的例子就是全球化過程中出現大量的中產階級，特別是一些專業階級。他們本身具備跨國工作與生活的能力，在全世界暢行無阻，經常居無定所，因此Makimoto與Manners稱他們為「新遊牧時代」（a new nomadic age）的「全球新遊民」（Global Nomads）（Anttila-Muilu, 2004; Langford, 1998）。「全球新遊民」的孩子就是所謂「第三文化孩童」。這些孩童就讀於國際學校，具有全球「趴趴走」的能力，成為未來的新贏家。對他們而言，教育是全球經濟及勞力市場的工具。如何透過教育獲得全球移動的門票才是最重要的。

　　全球新遊民或第三文化孩童的實用需求是可以理解的，因為對於初來乍到當地國的外國家庭來說，在新的國度中如何選擇好的學校是一件非常困難的事。有時加上語言文化的隔閡，以及安頓的時間壓力，要做好選擇就更難了。這時候，認證就像是一個世界通行的教育品牌，不管在那個國家，看到這個品牌，就能產生一定的信任感。一個符合全球認可標準的學歷資格，才能讓學生不管到那個國度，都能暢行無阻（Cambridge & Thompson, 2004）。

（七）市場導向國際學校竄起

　　市場導向國際學校是全球化時代的產物，它顛覆國際化時代兩種意識型態國際學校的思維。如前所述，市場導向國際學校設立的目的與「民族主義者國際學校」或「國際主義者國際學校」截然不同，它主要是回應各國「第三文化孩童」及「本土高社經家庭子女」的跨國教育需求而起。

　　這類國際學校首先出現於20世紀晚期，典型的代表就是創設於1572年的英國哈洛高中（Harrow School）。該校在1990年後期開始在海外擴

張，陸續在泰國曼谷、中國北京、中國上海 及香港設立分校。

　　不過，這些學校並非都是從國外進來當地國境內設立，在某些國家或地區是由當地傳統的國際學校轉型而來，例如全亞洲最大的國際學校協會——香港英基學校協會（English School Foundation, ESF）旗下擁有的22間國際中小學，原來都是為在香港的外國人而設，1997年之後隨著香港政府政策的開放，轉而招收本地學生（Hayden & Thompson, 2013）。

　　市場導向國際學校的型態依當地國政府的政策而有差異。以中國大陸的上海為例，市場導向國際學校在當地形成兩種主要類型，一是外國人經營的以英語為教學媒介語的國際學校，一是本國體制內學校的附設國際部班。兩者相互競爭。英語為教學媒介語的國際學校，例如耀中國際學校（Yew Chung International School）、上海協和國際學校（Concordia International School Shanghai）、上海德威英國國際學校（Dulwich College Shanghai）、上海英國學校（The British International School Shanghai, Puxi）等，都比較國際化，學生及教師具有多元國籍，使用外國或國際認證課程，強調完善教學設施及高品質教育，收費相當高。本國學校附設國際部收費較低，但能提供中文學習環境，主要吸收來自日本、南韓及亞洲的僑民（Yamato & Bray, 2006）。

五、國際學校意涵的釐清

（一）國際學校與國際教育的分辨

　　當代之所以對「國際學校」一詞瞭解產生混亂，有很大原因來自於「國際學校」一開始設立的目的，便是用來實施國際教育。但經過時代的洗禮，現在一所學校能否提供「國際教育」，並不能僅從它是否稱為「國際學校」來判斷。就像Hayden 與Thompson（1995）特別對於「國際教

育必定與國際學校密切相關」這個命題提出質疑，他們認為這個問題必須從什麼叫做「國際的」（international）及學校的實施情形加以檢視。重點不在於是否稱為「國際學校」，而是學生在學校中有無體驗到真正的國際教育。

　　IB辦公室副主任Robert Blackburn亦曾指出許多提供國際移動社群教育的國際學校並不真正提供國際教育，它們提供的是美國式、英國式、德國式或法國式教育系統（引自Jonietz, 1991）。從這些論述可見國際學校並非國際教育的「專賣店」，稱為「國際學校」不代表就能提供國際主義者的國際教育，真正的國際教育也並非只有「國際學校」能夠提供。

（二）國際學校與國家教育的分辨

　　雖然很多人認為「國際主義者國際學校」才是真正的國際學校，但從前面的探討中發現，「民族主義者國際學校」與「國際主義者國際學校」從一開始就是並存的，並且在數量上一直都比「國際主義者國際學校」為多。這個事實相當程度反映了國際主義與民族主義百餘年來不斷辯證、互演的過程與結果。

　　另一個重要的事實是，「民族主義者國際學校」不僅是指如法國海外學校、德國海外學校等「國家的海外學校」，它也包括了「本國教育體制內國際學校」。但在國際學校的研究上，對「國家的海外學校」討論較多，對「本國教育體制內國際學校」卻相對稀少。事實上，早在1960年代，日內瓦國際學校的校長Cole Baker就主張，國際學校和國內學校都可以實施國際教育，只不過國內學校比較欠缺不同國籍的學生（Hill, 1994）。Cambridge 與 Thompson（2004）亦指出近年來除了國際學校外，一些國際組織及許多國家體制內學校也紛紛推動國際教育，他們雖不是國際學校，卻一樣能提供真正的國際教育。

　　反過來看，許多國內教育體制內實施雙語教育、外語實驗教育或自稱

國際學校的學校，卻未必能提供真正的「國際教育」。國際教育有其一定的理想意識型態，不論「國家的海外學校」或「本國教育體制內國際學校」，其本質都是國家教育體制，有其獨特立場，加以國家對體制內學校在設校、教師、課程、管理、招生、升學等方面都有一致而嚴格的規範，要完全擺脫體制的嵌制並不容易。

（三）國際學校與跨國教育的分辨

受到全球化的影響，「跨國教育」有時也被稱做「國際教育」，因而引起混淆。前面提到，「國際教育」是有特定意涵的。因此，當國際教育一詞被指涉為各國招收國際學生的教育市場時，它就已經脫離「國際教育」的核心價值，偏向「跨國教育」那一端了。

跨國教育是全球主義的體現，不是國際主義的體現。全球主義的工具性思維，不同於民族主義或國際主義那種有國家疆界的思維方式，它沒有國家界線概念，也沒有追求世界和平的理念。換言之，「第三文化孩童」雖然跟當地國孩童一樣擁有當地國護照或居留證，在當地接受一段長時間的教育，但是，他們跟傳統定義的本國國民在教育上的需求是完全不同的。因為他們追求的是既不是學習如何在當國生活及工作的「傳統目標」，也不是那種強調國家之間和平相處的「理想目標」，而是為進入全球社會做好準備的「實用目標」。

具體來看，「全球主義者國際學校」提供服務的樣態非常多元，但完全被納於「服務貿易總協定」（General Agreement on Trade in Services GATS）（經濟部國際貿易局，2017）所定義的4種教育服務類型之內。例如：1、跨國提供服務（Cross border）：IB已開始有線上課程，很多外國高中也提供跨國遠距課程。2、國外消費服務（Consumption Abroad）：境內國際學校招收的學生包括來自各國的學生及當地國的學生。3、商業據點呈現（Commercial presence）：當地國境內設立的實體國際學校。

4、自然人呈現（Presence of natural person）：國際學校大部分雇用來自母國或其他國家的教師。總之，「全球主義者國際學校」所提供的服務完全依顧客需要而定，並不侷限到當地國境內設立的實體國際學校（商業據點呈現模式），雖然這是最常見的模式。

小結

　　當實務界與學術界還在忙於定義國際學校之時，歷史的源流已為這場定義混戰指出了「3條認識路徑」。第一條是「國際化時代─民族主義─國家教育」。第二條是「國際化時代─國際主義─國際教育」。第三條是「全球化時代─全球主義─跨國教育」。它說明3種不同的時代理念與脈絡，需要不同的人才與教育方式，因此才造就了3種理念類型的國際學校。

Part 2

進階：
國際學校的發展現況

3種意識型態的國際學校到了20世紀末葉，受到全球化加速發展帶來海嘯般的衝擊，產生了翻天覆地的變化。現在這個時代如果想像能用一個「時代X光機」探照，就會發現各國境內同時存在著兩個時代的特質；也就是在原來的「傳統國際關係」場域外，又增生另一個叫「全球經貿」的場域，形成了兩個主流脈絡交織縱橫的狀態。時代調性的改變讓早期出現的3類國際學校，都有了進一步的發展。

一、國際學校變奏曲

整個國際學校發展的改變是從全球化帶來「去國家化」開始的。

國家在自工業革命以來，一直都扮演強而有力的主導角色，國家的衰亡是難以想像的。安德森（Benedict Anderson）的名著《想像的共同體》（*Imagined Communities*），指的就是國家。他說國家其實是由一群彼此無法立即碰觸得到，或彼此看得到的人，透過想像力而連結在一起的狀態（Anderson, 1991 / 2011）。而國家的教育就是一種培養孩童對國家疆界想像力的設計（Kanno & Norton, 2003），藉此，國家培養一代又一代忠誠的公民。但是，全球化時代快速成長的全球流動人口，卻讓各國境內出現了大量宣稱自己是屬於「全球社會」（global society）的人（李英明，2004）。這種現象就像是在一個大疆界內畫出一個又一個小疆界，每一個小疆界都會削減大疆界的範圍及權限。香港的國際學校就是典型的例子。香港的國際學校因為能夠滿足流動人口的教育需求，儼然形成境內的「小社會」（Yamato, 2003）。這些「小社會」形成的國際社會，與傳統國際關係那種「以國家為單位的國際社會」形成鮮明的對比。不少人認為現在的國家，與多國企業、非營利國際組織、國際組織比起來，重要性已有大幅衰微的趨勢（Reinicke, 1998）。

全球化與國家所賴以生存壯大的民族主義，自21世紀以來衝突不斷，二者的緊張關係被稱為「核心的對立」（the central paradoxes）

（Sabanadze, 2010）。一個是與跨國的經濟與社會活動相互連結（Held et al., 2000），強調所有單位相互依賴；另一個是做為國家的發展方針，把國家（states）和民族（nations）綁在一起，不斷強調本國的獨特性與自主性（Burbules & Torres, 2000）。二者的衝突經常發生在國家的公共政策如何對抗市場機制的引進上。

（一）教育「去國家化」現象浮現

　　21世紀20年代的人們更能深刻感受到全球化的威力與意涵。尤其在智慧型手機問世之後，從3G、4G到5G，資通訊科技（ICT）仍不斷加速進行，生活許多面向的需求與實踐都在急速改變，教育就是其中之一。

　　這個時代的鉅變，急切需要具備這個時代特質的年輕人來配合向前邁進，正如19世紀「實施國際教育的國際學校」出現時一樣。那時候的英國正要大舉對外殖民，想要進行迅速而大規模的貿易輸出，卻缺乏可到海外做開路先鋒的國際人才。一些科學家、金融家及海外探險家等社會前衛人士認為，英國的學校教育根本培養不出國家向外擴張所需的人才，因此轉而提出設立國際學校之議，期許國際學校來培育一批熟稔各國語言、思辨靈活，又能冒險犯難的年輕人。當時設立國際學校之議，雖與當時的民族主義思維格格不入，卻因為符合時代需要而逐漸形成風潮，還在萬國博覽會中以論文比賽的形式進行社會辯論。

　　同樣，21世紀以來，世界快速競爭，人才培育要創新突破，以最快速度培育符合產業發展需求的前瞻性人才，而國家教育體制卻經常被批評受國家意識型態所束縛。不少學者更從後現代的角度，質疑學校課程教什麼，以及如何教的合理性與正當性，並批評各國盛行標準化課程正足以反映出各國政客控制學校知識之不當，以及國家強制實施的知識，將導致學校教育在知識經濟洪流中邊緣化（Coulby, 2000）。這些論點都進一步主張國家必須跳脫國家教育體制及國定課程的侷限性。

（二）從受教權到學習權

　　新舊時代的交織衝擊使得國家教育的維繫面臨了前所未有的挑戰。19世紀之時，各國紛紛建立其自己的義務教育制度，人們普遍認為受教育是國民應負的責任。20世紀初，國際組織大力推廣普世價值（包含人權、性別、種族等議題），使得「受教育為一種權利」的觀念在國際間普遍起來，並且首見於德國1922年的《少年福利法》（周志宏，2012）。第二次世界大戰後，為了避免再犯下像法西斯主義國家那樣，透過教育灌輸特定的政治意識型態的錯誤，許多國家的憲法多已不提「受教育是一種義務」，而轉為強調「教育是人的基本權利而非義務」（周志宏，2003）。

　　1980年代之後，在許多國際組織的倡導下，「教育權」再度升級成「學習權」，對各國教育政策的發展產生了深遠影響。這些劃時代的里程碑包括了1985年UNESCO提出「學習權宣言」，宣示學習權是人類未來發展的必要條件。1996年UNESCO出版《學習：內在的寶藏》（*Learning: The Treasure Within*）報告書，提出人類適應未來社會變遷必須做到4項學習，即學會求知、做事、共同生活、發展。2003年出版《開發寶藏：願景與策略》（*Nurturing the Treasure: Vision and Strategy*），又增加第五項學習，即學會改變。

　　這些重要文件翻轉了各國的教育觀念，促發了教育生態與政策的改變。許多國家開始積極面對全球化帶來的衝擊，紛紛進行學習社會的改革（Coffield, 2000a, 2000b）。除了非洲之外，新加坡、香港、紐西蘭、澳洲等國幾乎一面倒地透過終身學習追求全球競爭力（Preece, 2006）。「學習權」的概念廣被各國接受，甚至納入國內教育法制之中。以臺灣而言，近幾年我國教育法制的大幅鬆綁，包括2014年通過的實驗三法，以及十二年國教新課綱，都是邁向學習權的重要標記。

（三）國家教育與產業培才界線漸泯

　　在學習權掛帥下，各國教育的型態已經逐漸產業化、彈性化、多樣化。在資本主義大本營的美國，大規模的公司建立起自己的教育體系。貝爾及霍威爾公司（Bell & Howell）在1907年設立時就在公司內成立了一個教育集團。該教育集團於1966年創建了Bell & Howell學校。兩年後的1968年，Bell & Howell教育集團收購了俄亥俄州哥倫布市的俄亥俄技術學院，到了1980年代時，該校已經有30萬名學生。另外，美國的國際電話與電報公司（ITT）在那時也擁有25個專屬的後期中等教育機構。1990年代時，漢堡王（Burger King）在全美就已設立了14個類似學校的「專門學苑」（academies）（Levy, 1986）。

　　產學合作的課程模式愈來愈受到當代家長和學生的歡迎。一個最好的例子就是IBM於2011年設立的「科技初階人才養成計畫」（Pathways in Technology Early College High School，簡稱P-Tech）。這個計畫招收9年級畢業到社區大學（community college）的青少年，由IBM公司提供各種職場所需的實務導向資訊課程，搭配IBM員工擔任導師從旁輔導，青少年就可以得到直接進入職場的相關資訊能力。文憑加上就業門票，讓P-Tech計畫大受歡迎，目前已經有超過300個學校及600個企業參與。2018年時，我國3所科技大學的五專部（國立臺北科技大學智慧自動化工程科、國立虎尾科技大學精密機械工程科、國立高雄科技大學模具工程科與土木工程科）也宣布參與臺灣IBM所提供的這個國際平台，成為亞洲第一個導入P-TECH模式的國家（P-TECH, 2022）。

（四）國家教育與跨國教育互為消長

　　隨著全球化的腳步加速，學生對國家教育的需求逐漸朝向跨國教育轉移；國家教育體制的學生數也逐漸向國際學校轉移。

國際學校解碼

國家教育與跨國教育互為消長的現象是漸進的。美國在1970年代曾在國內設立「特殊國際高中」（specialized international high school），允其進行不同國內教育系統的實驗（Starr, 1979），不過，這些實驗後來都無疾而終。荷蘭在1980年代也出現過本國教育體制內國際學校，當時有11所國際學校，其中3所是外國設立的，8所是荷蘭的公立學校，由荷蘭教育部指定實施「國際高中會考文憑課程」（IBDP），以全英文或英荷語混用來進行教學。北歐的挪威於1989年時就允許全國最優的4所學校實施IB課程，並以英文進行教學（Jonietz, 1991）。這些早期體制內國際學校都算極少數，而且多少有實驗教育的性質。

進入21世紀以後，當地國家長對國際學校需求的激增令人驚訝。以IB認證校來說，北美的美國和加拿大是IB認證校的最大來源國，兩國就佔了全球認證校的41％，其中絕大部分是公立學校。以2022年6月的統計看，美國的IB認證校已高達1,933校，其中1,720所為公立學校（89％）。加拿大有380所IB認證校，其中303所為公立學校（80％）（International Baccalaureate, 2022b）。

在英格蘭（England），國際小學課程（International Primary Curriculum, IPC）越來越受到學校及教師的喜愛。2008年的全球IPC認證校就超過500所，其中有300所是英格蘭的公立小學（Bunnell, 2011）。

在中東，阿拉伯聯合大公國（United Arab Emirates）在2017年已有高達478所國際學校。在拉丁美洲，厄瓜多爾（Ecuador）政府在2014年提出要在2017年時達成538所體制內學校完成IB認證的目標。雖然厄國這個目標並未達到，到2019年6月時，全國才269所IB認證校，但在政府的推動下，其中卻有200所（74％）公立學校（International Baccalaureate, 2019）。

在亞洲，馬來西亞政府在2012年取消了多年來國際學校僅能招收40％馬國學生的限制，政策改變後，馬國國際學校的當地國學生人數就馬上飆升，超過50％。後來到2014年，在國際學校名下，就有高達80％的

學生都是馬國籍學生。相較30年前，馬國境內國際學校中只有20％的當地國學生，可謂天壤之別。

　　這些實施數字相當程度顛覆了一般人對國際學校的認知。不僅與國際學校是專門給那些境內外國人就讀的印象不同，連國際學校大多為私立學校的刻板印象也全然被打破了。

二、當代國際學校的數量與類型

（一）全球國際學校數量持續攀高

　　現在的國際學校儼然是一種龐大的市場，是投資人及供應商眼中的重要跨國產業，而且這個產業過去10幾年來一直不斷成長。

　　2000年時，全世界有2,584所國際學校，學生人數為988,600人。主要市場為西班牙、阿拉伯聯合大公國、香港及泰國，當時還看不出有哪個地區是主要市場。到了2006年，亞洲已經冒出來成為主要的國際學校市場。2008年的亞洲國際學校數量達2,361校，佔了當年度全世界總市場的49％。其中，又以阿拉伯聯合大公國、中國大陸及日本3個國家成長最快。2013年的統計再創新高，全世界國際學校數達到7,017所，學生人數達350萬人，專任教師亦達33萬人，亞洲地區仍是最大市場。全世界前五大國家市場為：阿拉伯聯合大公國、巴基斯坦、中國大陸、印度和日本，這些國家境內都有超過200所國際學校（Brummitt & Keeling, 2013）。

　　依據ISC 2022年6月統計資料顯示，全球國際學生人數為573萬人（International School Consultancy, 2022）。這個數字對照UNESCO所發布各國赴海外就讀的高等教育國際學生人數來看，一點都不遜色。依照UNESCO的資料，2019年國際學生（inbound）約為600萬人（UNESCO, 2022）。國際學校學生雖然都是中小學教育層級，但他們成

長的速度可謂直逼高等教育國際學生，無怪乎投資者會認為這是潛力無窮的新興產業。

（二）國際學校重新洗牌

　　Part 1透過歷史的追溯，讓我們清楚看到「民族主義國際學校」、「國際主義者國際學校」及「全球主義者國際學校」各自有其設立的時代脈絡。但是，經過200年時代潮流的洗禮，這3類學校似乎更像是一種「原型」，因為已經很難找到百分之百的3類學校了。每一所國際學校都有其不同成分的意識型態組合，只能說有些偏向「民族主義國際學校」，有些偏向「國際主義者國際學校」，有些則偏向「全球主義者國際學校」，每所國際學校在3種意識型態之間都有其落點。

　　1990年代起，受到全球化加速發展的影響，國際學校長久以來最常被提及的形式條件，只剩下「國際課程」一項是共通的，其餘如多國籍學生、多國籍教師、多國籍的董事會等，都已經不復適用。從當地國的角度看，重新洗牌後的國際學校可歸納為「非本國教育體制國際學校」及「本國教育體制內國際學校」兩大部分，下面可再分為「國家的海外學校（外僑學校）」、「實施國際教育的學校」、「市場導向的國際學校」及「國際認證課程及資格考試」、「獨立的國際學校」及「國內學校採用國際課程」6種次類（詳見圖2-1）。

（三）國家境內國際學校類型全貌

1、非本國教育體制國際學校

　　當地國境內有4類不同於本國教育體制並採用國際課程的國際學校，即「國家的海外學校（外僑學校）」、「實施國際教育的學校」、「市場導向的國際學校」及「國際認證課程及資格考試」。逐一介紹如下：

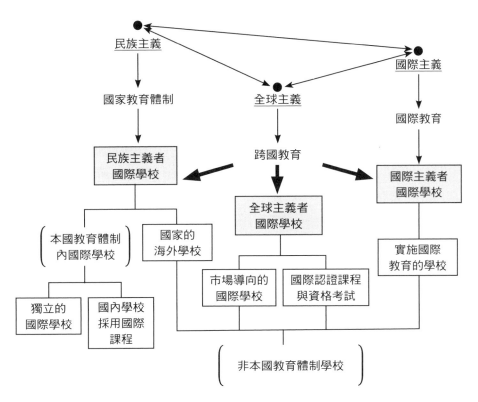

圖2-1　各國境內國際學校理念類型分析模型

●代表3種理念思潮。箭頭代表產生影響的來源及方向，箭頭線條越粗表示影響力越大。標示底色者代表國際學校3個理念類型原型。引自《我國境內國際學校開放規範之研究》〔未出版之博士論文〕（頁82），邱玉蟾，2017，臺灣師範大學。

（1）國家的海外學校（外僑學校）

　　這類學校是外國國民教育的延伸，學校特徵為具有特定國家的學制、課程、語文及教師，目的在提供母國的語言及文化給其海外僑民子女。性質偏向民族主義者國際學校。

（2）市場導向的國際學校

這是以當地國第三文化孩童及本地社經優勢菁英子女為主要招收對象的國際學校，偏向全球主義者國際學校。

（3）國際認證課程及資格考試

嚴格來說，國際認證課程及資格考試（如IB）不是實體的國際學校，而是一種服務商品。國際認證課程及資格考試因為能與任何其他5個類型的國際學校結合，影響力正在擴大，性質偏向全球主義者國際學校。

（4）實施國際教育的學校

這類學校大都強調多國籍學生及跨文化的學習環境，藉由培養學生相互瞭解、尊重、欣賞的態度，以期達到世界和平的福祉，目前僅有聯合世界學院（United World College, UWC）堪稱典型代表，性質偏向國際主義者國際學校。

2、本國教育體制內國際學校

當地國政府為了滿足本國籍家長及學生提升全球競爭力之需要，也會在教育體制內設立國際學校，又可分為「獨立的國際學校」或「國內學校採用國際課程」。介紹如下：

（1）獨立的國際學校

指當地國教育體制內全校辦理國際課程的國際學校。這類學校大部分是私立（如新加坡），但也有公立者（如南韓）。有可能以學校型態（如新加坡）運作，有可能以國際部／班型態（如中國大陸）運作，端視政府規範政策而定，性質偏向民族主義者國際學校。

（2）國內學校採用國際課程

指當地國准許教育體制內中小學採用國際課程。國際課程包括「外國課程」、「國際認證課程及資格考試」及「自行研發國際課程」，可以實施的對象與實施方式，也是視當地國政府規範政策而定，性質偏向民族主義者國際學校。

三、非本國教育體制國際學校

（一）國家的海外學校持續擴增

　　早期國家的海外學校僅為母國的海外僑民服務，現在這些僑民學校成為與當地國教育較勁的前哨站（Hayden & Thompson: 1995），不僅服務海外僑民，更肩負吸收當地國籍學生到母國升學的任務。這類學校有「國家海外公校」及「國家海外私校」之別，以下舉法、德、日、美4國為例說明。

1、法國海外學校

　　法國號稱自己是世界上擁有最大海外學校網絡的國家，而且是唯一選擇大規模在海外投資設立學校的國家，其中公共資金在投資中佔了相當大的比例（AEFE, 2022）。

　　「法國海外學校」設立的目的在提供海外法國人能接受到與法國國內一致的法國教育課程，讓海外學子能為參加國內的「法國中學畢業會考」（the brevet and baccalauréat）做好準備（France Diplomatie, 2022）。

　　法國海外學校由3個團體共同支持（Bagnall, 2007）：

　　一是法國文化協會（the Alliance Francaise[1]）。該協會創設於1883年，是一個以推展法語課程及宣傳法語國家的文化為目的之非營利組織。目前在全球135個國家中設立815個點，這些設點亦同時設有法國教育部認證的法語測驗中心（DELF/DALF）（臺灣法國文化協會，2019）。

　　二是法國入世團（the Mission Laique Francaise, MLF）。該組織也是

1　the Alliance Francaise其收入來源以法語課程收費和場地器材使用之租金為主，並接受法國政府財務上的補助，在臺灣、香港以「法國文化協會」為名，在中國大陸則以「法語聯盟」為名。

国際学校解碼

一個非營利組織，其設立宗旨在於選擇法國公司重要事業所在的海外地區，透過設立私立法國學校的方式，宣揚法語及文化。「入世」一詞是相對於「宗教」而來，因為法國從1905年起就實施「教育」與「宗教」分離，校園內不允許有宗教教育，學生也不允許表現各自的宗教信仰（MLF, 2017）。

三是法國海外教育署（the Agence pour l'Enseignement Français à l'Etranger, AEFE）。該機構成立於1990年，是一個直屬法國外交部（the Ministry of Foreign Affairs）的公立機構，在法國文化與語言的傳播政策上扮演核心角色。AEFE宣稱自己的使命有5項：（1）保障移居海外的法國家庭子女繼續接受公共教育服務的權益；（2）與接待國家在文化、語言與學校機構上保持良好關係，並參與教育合作；（3）透過對外籍學生進行教學，以弘揚法國語言與文化；（4）為特定法國家庭提供教育資助；（5）為法國海外學校網絡內的法籍學生發放獎學金（AEFE, 2022）。

法國海外學校都是經過法國教育部認證，在課程設置、教學宗旨和組織規則上與法國現行標準一致，在這些學校就讀的學生無需通過考試便可轉入其他法國學校。這些海外學校也必須定期接受考核，衡量其是否符合條件（例如招募法籍和外籍學生、協助學生準備法國考試和畢業文憑、雇用法國教育工作者等）。

2022 年AEFE海外學校網絡已經遍及139國，總計有535所學校，370,000名學生，其中60％是外國人，40％是法國人（AEFE, 2022）。535校中，71校為AEFE直接管理（絕大部分位於歐盟及前法屬殖民地國家），155校為AEFE簽約委由協會或基金會管理，另有309校為AEFE的合作伙伴學校（France Diplomaite, 2022）。

2、德國海外學校
德國海外學校是由德國聯邦內政部於1960年設立的「聯邦行政辦公室」（the Federal Office of Administration/Bundesverwaltungsamt,

BVA）轄下的「德國海外學校總署」（the Central Agency for German Schools Abroad/Zentralstelle für das Auslandsschulwesen, ZfA）所負責。

　　德國政府支持海外學校的目的為：「做為展示德國教育與企業優良的國際櫥窗。」德國海外學校設立的目的包括：聯繫當地國文化與社會層面、為德國海外僑民子女提供教育機構、促進德國語言、加強德國的教育與專業領域（Bundesverwaltungsamt, 2013）。為此，ZfA提供其海外學校以下協助：（1）教學及人力；（2）機構與財務；（3）招募及安置教師（德國派赴海外學校任教教師約2,000名教師）；（4）提供海外學校校長教師及行政主管人員各種教育及訓練；（5）舉辦公立及私立學校交流會議及研討會；（6）協助不同教育系統的1,100所學校授予德國教育及文化部認可的德語證書（the German Language Certificate, DSD）（Bundesverwaltungsamt, 2013）。

　　德國海外學校的學生可以取得Abitur證書[2]，或其他相當於高中畢業的資格。跟法國海外學校一樣，學生雖然得到政府補助，但也必須繳交部分學費（Bagnall, 2007）。

　　2013年全世界大約有140所德國海外學校，他們大部分都由非政府組織（如協會、基金會及宗教團體）經營。2013年德國在海外接受政府支持的學生有432,300人，其中，就讀德國海外學校的學生有81,800人，就讀其他國家學校系統中的德國班級學生有350,500人。就讀德國海外學校的學生（81,800人）中德國籍學生只有20,800人（25.4%）（Bundesverwaltungsamt, 2013）。

3、日本海外學校

日本政府的作法與法國政府類似，認為國家有義務要為在海外居住的

2　Abitur相當於國際中學會考文憑IB或英國的A level或法國的中學會考文憑。取得Abitur者即具備進入大學之資格。

學齡孩童提供一個與國內相同標準的學校及課程系統。日本係由外交部補助在海外地區設立日本外僑學校，提供校舍及設備租借的必要協助，以及補助部分當地教師及雇員的薪資。文部省負責整體的規劃及後方支援，包括從日本派遣教師、提供教科書與其他教材，以及學校辦學方針與課程（Bagnall, 2007）。

根據2012年統計，日本在海外有88所全日制僑校，學生人數20,230人。202所「補充型學校」（supplementary schools），學生人數17,261人（日本文部科學省，2012）。這些所謂「補充型學校」主要是為那些週一至週五必須上當地學校的日本僑民而設的，課程都安排在週末，課程以日語及其他輔助性課程為主。大部分的「補充型學校」教師都是日本居民。

近幾十年來日本一直都是世界的主要貿易強國之一，隨著參與國際政治經貿及其他事務的日益增加，日本居住在海外的學生人數也一直增加。政府的統計顯示2012年義務階段孩童居住在海外的人數已經達66,960人，其中41％居住在亞洲，32.4％居住在北美，18.3％居住在歐洲地區（日本文部科學省，2012）。

4、美國海外學校

美國延續19世紀的脈絡，2021至2022學年的海外學校仍有兩個系統。一個是國防部為其派外軍人子女所設的海外學校系統；另一個是其他政府部門及私部門派外人員子女就讀的各式各樣獨立學校（independent schools）。這些獨立學校雖由美國公司、教會團體或個別企業家所設立，但大部分是非營利的、非教會的獨立運作學校，而且許多都受到美國國務院（U.S. Department of State）下海外學校辦公室（Office of Overseas Schools, OS）的協助與支持。

OS設立於1964年，目的在提供美國在海外的公民子女優質中小學教育機會，向世界各國展現美國教育體制的特色及精神。但其實OS成立前，早在1944年，美國國會就撥款協助中南美洲特定的「美援學校」

（American-sponsored overseas schools）實施美式課程。1957年美援學校計畫開始擴大為全球規模，同時協助項目也擴大到教學設備的提升、教師薪資補助、美國海外學生獎學金、促進與當地國進行瞭解及教育文化合作交流等。目前OS的一年預算約1800萬美元，主要用來協助海外學校招聘完成培訓的專業教職員，包括行教育政人員、特教老師、輔導老師、人力專業發展、教材及學生服務等（Office of Overseas Schools, 2022）。

　　2021-2022學年度在海外的美國中小學階段學生預估達25萬人，美援學校（assisted schools）共194所，包括非洲34校、南亞及中亞14校、西半球39校、東亞及太平洋地區26校、中東19校、歐洲及歐亞大陸62校。這些國務院協助學校差異性極大，規模從全校28名學生（American International School of Algiers），到全校4006名學生（Singapore American School）都有。校地校園有租的，也有自購的。學校的營運主要由其家長協會主導，而非美國政府所操控，大部分都以成立董事會的模式來運作。學費是學校經費的主要來源，另學校每年也從OS獲得若干協助。美援學校教育主要在協助學生順利到美國本土各級學校就讀。授課語言是英語，有些學校也輔以當地語言。美援學校提供的課程大多為學術導向的，只有少數學校也提供技職課程。許多美援學校的教師及職員都曾在美國接受教育（Office of Overseas Schools, 2022）。

　　OS將美援學校依國家別公布在官網上，以便美國海外僑民及各國就讀者查詢。近幾年來，由於美國海外學校供不應求，因此OS也按國家別，提供一些非美援學校（non-assisted school）名單，但註明不代表推薦，僅供作海外家長選擇學校參考。

　　美國對海外學校的支持模式與德、法、日不同，它主要係透過產、官、學的合作來支持這些海外學校。國務院早自1967年起就成立了「海外學校諮詢委員會」（the Overseas Schools Advisory Council, OSAC），目的在尋求產業、基金會和教育界的建議，以達到美國海外學校能獲得優質教育的目標。OSAC是聯邦政府中歷史最悠久的諮詢委員會之一，每兩

年更新一次成員，迄今仍運作不輟。OSAC鼓勵美國公司、基金會和個人直接向美國的海外學校提供財務和實際援助。OSAC的教育援助計劃始於1983年，迄2019年為止，OSAC的教育援助計畫資助總額約為390萬美元。資助項目甚多，包括了提供系列錄影帶、手冊、學習指南、學生和教師手冊、透明膠片、課程計劃和教學工具包等（Office of Overseas Schools, 2022）。

從法、德、日、美等國海外僑校網絡之運作，可見當代外僑學校的民族主義本質並未絲毫受到「全球主義」的衝擊而有所停滯，反而有被激化的現象。

（二）實施國際教育的學校落實在UWC

「聯合世界學院」（UWC）是一個全球國際主義運動。UWC的官方網頁上寫著：「讓教育成為結合各種人群、國家與文化，邁向和平及永續未來的一股力量。」（United World College, 2022a），就充滿十足的國際主義精神。

為了推展UWC，被譽為20世紀最有創意及影響力的德國教育家Kurt Hahn在1962年設立了第一所UWC，也就是大西洋高中（Atlantic College）。Hahn是UWC運動之父，同時也是出國遊學（the Outward Bound Program）以及許多有影響力的學校創辦人（Bagnall, 2007）。他堅信把不同國籍、種族及宗教的年輕人放在一起學習可以破除敵意及爭端，迄今所有UWC仍恪遵這個創校信念。

UWC在全世界在四大洲18個國家和地區共設立了18家分校，每年參與的學生超過10,500人（United World College, 2022b）。亞洲地區有日本（輕井澤）、泰國（普吉）、新加坡、香港（李寶椿）和中國大陸（常熟）、印度（浦那）6校。

UWC後來的發展跟IB課程緊密結合。現在UWC提供兩種課程，一

種是提供16至19歲學生IBDP課程，這是兩年的課程，兩年內，學生除了學業外，還必須從事社區活動（community engagement）、國際事務（international affairs）、體育活動（physical activities）、服務學習（service commitments）、及創新研發（creative pursuits）（United World College, 2022c）。另一種是在各國舉辦的短期課程，提供來自世界各地各種年齡層的學生在UWC數週至數月的相互學習經驗，課程內容包括青年領導、永續及國際瞭解等（United World College, 2022c）。

　　UWC透過設立 UWC各國理事會，在 159 個國家進行國內甄選。我國已經設有UWC臺灣理事會（UWC Taiwan），並已執行了幾年的甄選及推薦。UWC 的理念認為，教育不應受到學生社會和經濟地位的限制，所以，透過募款提供學生獎學金，讓大部分的IBDP學生獲得全額或部分助學金。

　　Gellar（2002）認為國際學校與其他學校最大的差異就在於兩個特點，一是課程加強世界歷史、文學與世界文化，而不以單一國家或地區的角度來教導。二是理念上擁抱或支持特定的普世價值，將之融入於學校生活之中，UWC無疑是最好的典範。Peterson（1972）也極為讚許UWC，力主「國際學校」提供的國際教育本質應該與「聯合世界學院」（United World College, UWC）設立目的一樣，不僅提供資訊，而且在於教導學生欣賞外國文化的藝術，養成一種瞭解並能與不同文化國家的人共同合作的態度。

（三）市場導向國際學校出現３種網絡

　　真正的市場導向學校在1995年以後出現（Hayden & Thompson, 2013），這些學校背後通常有其堅強的國際學校網絡支持，基本上可分為3種網絡。

國際學校解碼

1、全球連鎖經營的公司型態

這個型態國際學校的共同特徵就是：（1）全球連鎖經營；（2）依照各地需要提供各式各樣國際課程；（3）為公司經營型態；（4）以特色教育、服務品質取勝。

舉例來說，採用英國教育系統的柯克尼塔學校（Cognita）創設於2004年，從2007年開始在海外設立分校。目前除了英國本地有40所學校外，還在其他7個國家（西班牙、新加坡、越南、泰國、巴西、智利、中國香港）設立33所學校學校，目前已擁有超過43,000萬名學生。這個強調彈性包容、鼓勵正向及國際視野的國際學校系統，依照8個不同國家的需要，現在已開發了8種融合式的國際課程（Cognita schools, 2019）。

又如諾德英吉利學校（Nord Anglia）為英國貴族學校，建立於1972年，從1990年起大幅擴展學校版圖。目前已在28個國家設立了61所國際學校，擁有學生61,000人。學校所在地遍布美洲、東南亞、歐洲、中東、中國大陸，並已成為美國的上市公司。諾德英吉利教育強調個別化學習，並加強許多延伸活動（enrich programs）讓學生透過體驗探索自己（Nord Anglia Education, 2019）。

甘斯學校（GEMS）Gems Education 設立於1959年，到2017年8月為止，在全球14個國家，共有47所學校，學生人數超過114,000人。主要提供4種課程：英國、美國、印度及IB。甘斯教育集團為了提高教師品質，在其下設有獨立的教師培訓機構「泰拉爾」（TELLAL）（Gems Education, 2019）。

塔林姆學校（Taaleem Education）是在阿拉伯聯合大公國積極鼓勵國際學校到該國籌設的背景下，於2004年創設於杜拜，目前已是中東地區最大的學校教育公司。它的旗下有10所學校，超過9,000名學生。塔林姆教育集團依據學生需要提供英國、美國及IB課程（Taaleem Education, 2019）。

2、特定國家教育體系內部的優良學校

國際學校經過200年發展的結果，以英語授課國際學校特別受到那些英語非母語國家的歡迎。這給了那些英語為母語國家的傳統知名高中，進行教育輸出的機會。這類學校最常見的，就是近年來紛紛至海外設立分校的英國國內的文法中學，包括哈洛學校（Harrow School）、達維克高中（Dulwich College）、威靈頓高中（Wellington College）、舒茲伯利（Shrewsbury School）、雷普頓學校（Repton School）及布萊頓高中（Brighton College）等。哈洛學校設立於1572年，是一所歷史悠久的寄宿型男校。1998年它到泰國曼谷開第一家Harrow國際學校，2013年又陸續在香港及北京開設第二及第三家（Hayden & Thompson, 2013）。其他學校也相當類似，都是歷史悠久、許多名人就讀過的貴族學校。

3、單一國際學校擴大發展出全球教育服務產業

單一國際學校擴大發展出全球教育服務產業正逐步在其他國家或地區設立分校會員。最好的例子就是設立於1956年的瑞士的英美學校（The American School in Switzerland, TASIS School）。這是一所標榜國際教育的美國學校，也是歐洲設立最久的美式寄宿型學校。1976年才在英國設校（TASIS, 2017），現在已經分別在波多黎各、瑞典等地設校。還有一個著名例子就是倫敦國際學校（International School London, ISL）在英國建校40年之後，目前已發展到薩里郡（Surrey）及杜哈（Doha）等地（Hayden & Thompson, 2013）。

Part 1提到如果把理想型（意識型態型）與實用型（市場型）分別放在一條線的兩端，每所國際學校都會有其落點，且落點意味著這所學校理想性與實用性的組合情形。從這個角度看，以上3種網絡的國際學校座落點，都非常接近實用型（市場型）頂端了。

（四）國際認證課程及資格考試愈趨流行

前面提到教育的全球主義思維，體現在滿足那些能在不同國家教育體制間轉換使用的教育資格的需求上。對於全球新遊民而言，教育正如貨物商品一樣，如能透過品質保證的程序，來達到全球認可的品質標準，那就再好不過了。正因為如此，國際認證課程及資格考試愈來愈受到各國教育體系的歡迎（Lowe, 1999）。

當代經常提到的國際課程及資格考試組織主有3個，分別是：國際高中會考文憑組織、劍橋大學國家考試組織（the University of Cambridge Local Examinations Syndicate, UCLES）、以及美國教育測驗組織（the US-based Education Testing Service, ETS）。

1、國際高中會考文憑組織（IBO）

1970年代以後，IB課程把國際教育的理想與文憑認證整合，走到市場導向國際學校的路線。

IBO所推行的課程一般簡稱為IB課程，可分別以英語、法語、西語等3種語言授課，少數科目亦有授權以其他語言（日語、中文）授課情形。IB雖然已從單一課程發展至目前的4種課程（IBDP, IBMYP, IBPYP, IBCP），但最受歡迎的還是最早開發的國際高中會考文憑課程（IBDP）。這點可從IB的經費收益來源得到有力驗證。以IB 2012年一年所需經費1億5100萬美金為例，包含授權及評估費（9%），研習及會議（26.7%），出版（3.6%），學校會員年費（36.9%），考試收費（68.9%），其他（0.9%）等項。雖然IB課程本身有很濃厚的國際教育理念，但當全球主義者國際學校採用它時，通常只把IB課程做為一種運用工具，而忽視學生國際心靈（international mindedness）的培養（International Baccalaureate, 2013）。

2、劍橋大學國家考試組織（UCLES）

UCLES所推行的課程目的是為取得兩種資格證書，即「國際中等教育普通證書」（IGCSE）與「國際進階級普通中等教育證書」（AICE）。這兩種證書是英國中學的普通程度考試（GCE 'O' Level）與「進階級普通教育考試證書考試」（GCE A Level，或A Level）的國際版，它是以英國國內16歲學生必須參加的「英國中等教育普通證書」考試（English General Certificate of Secondary Education, GCSE）為基礎所發展出來的，但與英國的國家課程並非完全相同（Lowe, 1999）。

這兩種UCLES課程深具英國的教育色彩，自從英國殖民時代起就開始施行於英國早先殖民帝國及大英國協目前的許多國家中，至今已有150年以上的歷史。由於劍橋大學聲名遠播，英國教育及學術水準又居世界領導地位，因此許多英語系國家的大學都採用UCLES頒發的資格證書。

3、美國教育測驗組織（ETS）

ETS推行的大學預修課程（Advanced Placement, AP）原係為提供美國高成就學生預修大學的一種課程，但後來逐步推廣到美國境外而演變成「海外學生大學預修國際文憑」（Advanced Placement International Diploma for Overseas Study, APID）。學校加入AP學校的審查較為寬鬆，且不需花費太高的認證費用。這項課程認證在一些採用美國學制的國際學校中廣泛受到歡迎（Lowe, 2000）。

比較前述三者，IBO與UCLES這二個組織原先都是針對想進入大學就讀學生而運作的高中畢業會考認證組織，二者的行銷對象相當類似，但彼此之間的理念卻不相同。IBO的理念比較強調完整的全人教育哲學以及國際主義，而UCLES則是強調英語教育所教導的技術專長。至於ETS，主要是針對那些打算就讀美國高等教育機構的人而施行的認證考試。它與IBO及UCLES二者之最大不同點，在於它的服務對象主要是美國大學委

員會（College Board）或研究生入學考試委員會（Graduate Record Examinations Board），本質上是一種測驗產業，本身並不從事課程開發（Lowe, 1999）。

任何國際認證課程及資格考試都有其意識型態，如IGCSE及AP便是。即使是宣稱具備國際主義精神的IB課程，也一直受到外界對其中立性的質疑，甚至IBO內部對於IB課程太過單一化（西方化）的批評亦時有所聞。曾任IBO總裁（1999-2005年）的喬治沃克（George Walker）曾批評IBO的教育哲學基本上就是一種單一文化。除此之外，IB亦常被批評為扮演文化帝國主義滲透的角色，在全球化的衝擊下，IB課程認證校大數幅成長，其課程明顯陷入實用主義與理想主義的兩難局面。加以近年來IB總部決定以商業經營的方式大肆擴展其會員市場，也使得它國際教育的角色逐漸淡化。標榜國際主義的IB，顯然已著上市場全球主義色彩。

值得注意的是，國際認證課程及資格考試雖然是「全球主義者國際學校」所採用的作法，現已廣為「民族主義者國際學校」及「國際主義者國際學校」採用。但是，它們並不等於國際教育，任何學校採用這些課程及考試，都必須小心審視，避免朝向與「國際教育」相反的方向發展。

四、本國教育體制內國際學校

國家教育體制下的國際學校有兩類，即「獨立的國際學校」及「國內學校採用國際課程」。介紹如下：

（一）獨立的國際學校

體制內學校開辦國際學校，由於各國政策大不相同，很難盡數。這類國際學校常見的有私立國際學校、公立國際學校和國際部／班3種型態。介紹如下：

1、私立國際學校

在英語為母語國家的主要教育輸出國家，如英、美、澳、加等，私立學校屬於私部門，政府對於私立學校辦學並不過問，因此私立學校通常得可以自由選擇是否開辦國際學校。

在英語非母語國家，一些基礎教育較強的國家也允許少數符合條件的私立學校辦理國際學校。如新加坡教育部自2004年起已批准3所頂尖的新加坡私立學校（英華國際中學，華中國際學校和聖約瑟國際學校），以私人集資的方式分別設立國際學校（Contact Singapore, 2017）。3校均得到經濟發展局的大力支持，包括協助向政府租借空置學校做為校舍、貸款並取得慈善機構和公益機構資格，讓捐款者能獲得稅務優惠及扣稅。目前這3所學校均提供IB課程。

又如中國大陸政府於2003年發布《中外合作辦學條例》，允許外國教育機構同中國教育機構在中國境內合作辦學，以中國公民為主要招生對象。這些學校附屬國際部，除招收一些符合條件的大陸本地生外，也招收外籍學生及港澳臺學生（趙萱，2015）。

2、公立國際學校

由於涉及當地國教育法制的規範，世界各國開放本國公立學校全校辦理國際學校的例子並不多，如前所述，美、荷、挪等國，早期都以實驗教育方式為之。另一個例子是以特別法方式為之的南韓。2006年南韓政府制定公布《外國教育機構設立營運特別法》，授權各地方政府得依該法訂定施行法規，施行「自由經濟特區」政策，以期趕上國家經濟發展步伐。該項政策大開國際學校之門。以濟州特區為例，除了放寬FEI設置條件及數目外，還允許國、公立學校得以委託外國法人的方式設立及經營國際學校，稱為「公營型國際教育機構」，招收南韓本國籍的中小學生比例從原有30％到50％，再外加5％（邱玉蟾，2017）。

3、國際部／班

當有跨國教育需求，想要修讀國際課程的學生人數不夠多，或有其他特殊理由，無法以一個學校的規模來實施國際課程時，學校也許就會成立國際部／班。跟前面獨立設校的狀況一樣，實施國際部／班的規定與樣態，依各國教育法而有很大差異。

（二）體制內學校採用國際課程

中小學教育一般都是屬於各國教育主管機關的權限，開放體制內學校採用國際課程，依各國政策有很大不同。不少亞洲國家，如新加坡、泰國、馬來西亞、印尼、中國大陸，對於私立學校採用何種課程有嚴格法令規範。至於公立學校，因為負有國家教育的使命與責任，因此各國限制甚多。一般都是以「附加式」為之。所謂「附加式國際課程」，指的是公立學校得在國定課程架構下，依規定在修習應修課程之外，得以選修的方式修讀國際課程。「附加式」可讓學生畢業時同時取得兩張文憑，但前提是當地國的國定課程結構具有彈性選修的空間。

國際認證課程及資格考試：前面已經介紹。在外國課程方面，國際間盛行的「外國課程」以英語系國家的英國及美國為主。還有少數的國際課程是由政府／學校／教育機構自行研發的。

1、英國中小學制及中學資格考試

A.中等教育普通證書考試（General Certificate of Secondary Education, GCSE）

英格蘭、威爾斯與北愛爾蘭小學教育階段5-11歲，中學新制為4年（12-16歲）。中學畢業生會參加中等教育普通證書考試（GCSE）。蘇格蘭地區則另有標準級別證書會考（Standard Grade）。GCSE考試雖然是學生16歲時的考試，但成績在申請大學課程以及師資培育課程時，都是

重要參考資料。GCSE共有超過50個考科，涵蓋傳統學術科目與應用性科目。2009年起，26個GCSE學科將評鑑方式之一的學科作業（coursework）取消，改為「控制評估」（controlled assessment）。「控制評估」是指教師或是外部考試機構定期檢視學生在每個階段完成的課業，各科成績所佔比例不一（教育部，2021a）。

　　B.進階級普通中等教育證書考試（General Certificate of Education Advance Level, GCE A Level）

　　GCE A Level是學生17-18歲預科所攻讀的課程與會考名稱。預科兩年為中六（lower sixth form）與中七（upper six form）。A levels課程與考試是英國學生進大學最主要的依據，成績分為六級：A*、A、B、C、D與E。U表示不及格。考試包含學術性與應用性科目（A levels in applied subjects），可用來升學也可用來就業。2015年改革後，多數科目評量方式以筆試為主，並且是在課程結束後加以評鑑，少數科目會加考技能項目（教育部，2021a）。

2、美國中小學制及中學資格考試

　　美國兒童6歲就讀1年級，12年級時高中畢業。各州中小學各級學制之劃分並不一致，一般來說，小學（elementary school）是從學前至5年級（K-5），共6年；初中（middle school 或 junior high school）為6至8年級；高中（high school）為9-12年級。美國公立中小學的課程規劃與所使用之教材都由地方學區決定。美國由1950至1960年代開始廣設中學，美國中學特色為學習自主性較高、學生依修習學科跑教室、提供多樣化的選修科目（electives）以及沒有能力分班（no tracking）。美國中學生的必修課程有英語、數學、科學、社會、體育、健康教育、美術、外語等基礎科目，再加上多元化的選修課程、大學預備課程（Advanced Placement courses，AP）與大學入學考試預備課程（Scholastic Aptitude Test: SAT & American College Testing: ACT preparation）。美國中學並

無全國性的統一中學畢業檢定考試。各州所實施之中學畢業檢定考試的考試科目、考試題型與方式、考試時間、與考試通過之標準均由各州政府決定。美國 50 州中，大多數州政府教育廳皆設有中學畢業門檻，多數州也實施州政府舉辦之統一中學畢業考試（教育部，2021b）。

前面提到，英、美等國早已將這些國內升學考試及課程轉化為國際版，在海外行銷推廣。換言之，這些國家早將其中小學學制課程轉化為可輸出模式，與國際認證課程一樣，現在都已是全球流通的教育商品。

五、國際學校的新本土現象

（一）何謂新本土現象

對於本土型的國際學校或當地國體制內學校實施國際課程的現象，經濟學人雜誌（The Economist）稱之為「新本土現象」（The new local）（"The new local," 2014）。國際學校的新本土現象，不僅見於發展中國家，也發生在世界上主要的已開發國家；不僅當地國私立學校積極引進，公立學校也熱衷實施。

（二）國際學校學生激增的兩大原因

「國際學校諮詢組織」（ISC）的創辦人，Brummitt 和 Keeling 兩人在 2013 年發表了〈國際學校 40 年的成長〉（Charting the Growth of International Schools）一文，說明與 40 年前相比，今日國際學校的面貌已有極大改變（Brummitt & Keeling, 2013）。他們指出 40 年前的國際學校的主要都是為境內外國僑民所設，實施的是該校僑民的母國課程、學校規模都很小，辦學資源相當有限、大多是非營利機構。21 世紀的國際學校

則大不相同，這些改變包括：學生結構改變（以當地國國民為主）、學生學習方式改變（許多採用國際認證課程）、營運方式改變（愈來愈多以商業模式經營）。這些證據進一步印證了市場導向國際學校激增的事實。

Brummitt和Keeling（2013）發現國際學校數量大增的主要原因在於「英語非母語國家」收入前5％的菁英父母們希望他們的孩子可以經由國際學校進入世界上的好大學。今日國際學校學生的80％都是當地國民，這與40年前的國際學校學生的80％都是外國僑民剛好相反。

他們指出另一個影響學校數量的因素為各國政府對於國際學校的政策。像中國大陸就嚴禁中國籍學生就讀國際學校，只有父母為外國人的中國孩童才可以就讀國際學校。不過，近幾年中國大陸允許民辦學校開設國際課程部，讓國際學校數量大大成長。

（三）本國高社經家庭孩童與第三文化孩童小部分重疊

本土高社經家庭的孩童與前面提到的第三文化孩童兩個群體在一個國家之內，大部分不重疊，但可能有小部分重疊。那就是當本國高社經家庭的孩童具備跨國轉銜的能力和需求，開始他們的跨國教育時，他們就轉變成第三文化孩童或全球新遊民。隨著全球化的進展，二者的重疊會愈來愈多。至於二者的比例多少，每個國家的情形都不會一樣。

（四）第三文化孩童與本國高社經家庭孩童需求不同

第三文化孩童與本國菁英孩童所就讀的國際學校，雖然學制及課程異於當地國，但二者在學校形式條件上卻存在著差異。

以第三文化孩童為對象的國際學校，逐漸發展出共同的特徵，包括設立人為外國（法）人；私立的獨立中學大部分由學生付費，少部分由學校提供獎學金；學生國籍多元化；教師大都從海外遴聘而來；大多以英語做

為教學媒介語（只有少數例外，如日內瓦國際學校教授英語及法語（Hill, 2007）。隨著跨國移動專業人口的成長，這類國際學校在第二次世界大戰以後快速成長。

　　以本土菁英中產家庭的孩童為對象的國際學校，依各國開放政策也有不同面貌。他們有可能就讀前述外國人在境內辦的學校。但如果當地國政府允許體制內學校辦理國際學校或國際課程的話，那麼也有可能就讀本土型的國際學校。本土型的國際學校有可能是私立學校，也有可能是公立學校，同樣以英語為教學媒介語，但收費較外國人辦的國際學校低廉，學生絕大多數是當地國籍，教師大部分從當地國的外國人或本國人中遴聘。由於受到當地家長的青睞，這類本土化的國際學校開始大量出現於1990年以後，而且一躍成為21世紀國際學校的主流（Hayden & Thompson, 2013）。

　　在投資者的眼中，本國菁英孩童更是國際學校的潛在市場，因為當地國菁英中產家庭不僅為數眾多、有送孩子出國升讀大學的強烈動機，更重要的是，他們付得起國際學校昂貴的學費。不少投資者及企業家看到這個商機，紛紛開拓當地國的國際學校市場。

（五）國際認證課程對各國的吸引點不同

　　國際學校新本土現象除了指國際學校增加外，也指本國教育體制內學校採用國際認證課程與資格考試的大量增加。為什麼國際認證課程與資格考試如此受到各國本土學校及家長的喜愛？這個問題事實上沒有單一的答案，各國的立場及看法各不相同，可分以下兩部分說明。

1、英語為母語的國家

　　以美國而言，不少中學認為「國際高中會考文憑課程」（IBDP）是一種適合菁英學生的學術導向特色課程（magnet program），而以此來型塑

學校特色。另有些美國中學認為IB的課程相當具有國際視野，比較不具美國本位色彩，所以較能吸引移民及少數族裔就讀（Spahn, 2001）。研究IB的學術界人士則認為IB在美國成長的主要原因是許多美國的體制內學校，想透過成果導向教育及國際標竿，來提升美國學校教育的全球競爭力（Bunnell, 2015）。

　　在英國，一些私立的寄宿型學校也是以IBDP來招收外國學生。若干公立或私立學校採用IBDP，主要是欣賞它走類似歐洲中學課程的寬廣路線，不像英國中學課程只是為準備「進階級普通中等教育證書考試」（General Certificate of Education Advance Level, GCE A Level，或A-Level，俗稱大學預科考試課程），而過於窄化。此外，國際小學課程（IPC）從2003年第一次引進英格蘭（England）公立學校，兩年後（2005年）它已經超越IGCSE及IBPYP，成為英國實施國際課程的主要類型。英格蘭學校喜愛IPC的原因是多元的，包括認為它能創造社會和諧、培育下一代人才、提供創新課程，且以主題式教學等（Bunnell, 2011）。

　　同樣的道理，蘇格蘭的中學因為學生選課空間大，課程比較廣，因此很少學校認為有必要採用具相同特質的IBDP。不少當地國體制內學校採用國際課程是基於實用的理由，他們認為本國學生如不提升國際能力，未來在全球化的競爭中將居於劣勢。此外，英格蘭有越來越多學校捨棄「中等教育普通證書」（General Certificate of Secondary Education, GCSE），改採用「國際中等教育普通證書」（International General Certificate of Secondary Education, IGCSE）。理由是前者太過強調課程作業，後者不用課程作業，而以傳統的外部筆試來評量學生（Hayden & Thompson, 2008）。

　　值得注意的是，這些英語為母語的國家中，對國際認證課程有興趣的，竟然不只有國際學校，許多體制內的公、私立學校也是同樣熱衷。

2、英語非母語的國家

至於英語非母語國家，情況就不一樣了。學校使用國際認證課程依當地國的法令而異，必須遷就於本地實施國際課程的資源條件，包括可聘師資、課程的認證費用、家長的接受度及學校董事會的看法等。但不可諱言，英語做為教學媒介語是大部分家長選擇國際學校的原因（Hayden & Thompson, 2008）。

（六）國際學校商業經營策略奏效

國際學校的本土化現象之所以勃然興盛，與國際學校進行市場競爭，不斷尋求最佳服務模式有關。國際學校本來就具有市場供需的本質，不論公立或私立，都必須由家長付費（全部或部分付費），所以國際學校本身必須能將自己的課程、教學媒介語、收費、地點及品質等加以差異化，以獲得更多的市場認同。換言之，它們就是商品，必須重視商品及服務品質。許多國際學校加入國際學校組織，或國際認證課程組織，為的就是透過認證來保證其教育的品質。

（七）各國對開放國際學校規範極具複雜性

對當地國政府而言，國際學校是體制外學校，開放及管理都是一大挑戰。明確來說，國際學校的開放包含了開放學校設立，以及開放本國籍學生就讀兩部分。

在開放設立國際學校方面，過去境內國際學校主要是讓那些外國人來本國設立，而且主要是設給外國小孩就讀的學校，規範境內國際學校主要依循國際法及國際慣例中對外國人的管轄權。當地國政府對這些學校有屬地管轄權，可以訂定規則管理國際學校的設立與營運，包括給予何種法律定位、要求如何的董事會組成、招收何種國籍學生、如何聘用外國教師、

採用何種課程等。由於各國對於境內國際學校的立場不同，管理機制也就南轅北轍。有些將國際學校與國內學校加以區隔管理，如泰國、馬來西亞及臺灣；有些則把國際學校納入本國私立學校管理，如新加坡、澳洲及美國。在法律定位方面，有些國家把國際學校定位為私立學校，如新加坡、澳洲、美國、泰國、馬來西亞及臺灣；有些國家則把國際學校為定位為特別法位階，如南韓；中國大陸則給予類似外國使領館的駐外機構地位（邱玉蟾，2017）。

在開放本國籍學生就讀方面，國際學校課程與國內教育體系迥異，而且與各國國民教育的階段重疊，不少人認為開放學齡孩童就讀國際學校，會影響國民的國家認同，茲事體大，必須審慎評估。有些國家嚴禁本國學生就讀這類外國人設的國際學校，如土耳其、新加坡、中國大陸等。有些國家開放本國籍學生就讀，但限制一定比例，如韓國。另有些國家則准許雙重國籍學生就讀，如臺灣（邱玉蟾2017）。

當地國政府是否該開放給外國（法）人在境內設置國際學校，以及給予何種待遇，亦同時涉及中小學教育市場開放的問題。世界貿易組織（The World Trade Organization, WTO）規定除由各成員政府徹底資助的教育活動外，凡收取學費、帶有商業性的教育活動，均屬於教育服務貿易之範疇。國際學校的業務性質不但符合這個定義，其運作也符合《服務貿易總協定》（General Agreement on Trade in Services, GATS）所定義的4個服務業模式（Mode of supply）。因此，近年來，國際學校也成為多邊及雙邊自由貿易協定（Free Trade Agreement, FTA）談判的議題，國際學校市場是否開放也出現在各國洽簽自由貿易協定（Free Trade Agreement, FTA）要求清單上。

小結

隨著全球化時代調性的轉變，各國教育發生了本質的改變，最明顯的

就是教育的用語。過去常聽到「受教育是國民應盡義務」及「培養社會公民」等語，現在則改為「提升個人全球競爭力」、「全球教育排名」、「品質保證」及「資格認證」。這些話語隱含了教育已從一種政府的責任，轉變為一種消費的商品。當人們不以為意的傳達及接收這些詞語時，實際上已經不同程度地接受市場全球主義的教育理念了。3種不同理念的國際學校就在時空的轉換下各自有了進一步發展。

Part 3

聚焦：
臺灣國際學校的多元面貌

國際學校解碼

　　1990年代以來，國際學校經過全球化的衝擊已經有了翻轉式的改變。傳統以來國際學校的形式條件，幾乎只剩下「國際課程」一項是共通的。以這個條件看，各國的國際學校幾乎都必須重新定義過，臺灣也是。

　　目前臺灣境內的國際學校，除了一般人所熟知的外僑學校外，更出現了許多本土型的國際學校。這些本土型國際學校分別依據不同的教育法規，開設英語授課的國際課程，型態多元，各有特色，包括了「私校辦理國際課程」、「公校辦理國際課程」、「非學校型態教育機構理國際課程」，以及「高中辦理附加式國際課程」4類。雖然這些新型態的國際學校受限於臺灣現行法規，無法正式豎起「國際學校」招牌，但實際上卻能提供與外僑學校一樣的國際課程。

　　外僑學校10年來校數及學生人數皆緩慢增加，學生來源主要是那些需要隨著家長跨國工作移居的「第三文化孩童」。2000年以後，臺灣本土型國際學校異軍突起，受到本地家長及孩童的歡迎，增加速度更甚於外僑學校。學生主要來自本地菁英家庭子女。國際學校的「新本土現象」在臺灣同樣得到印證。

一、外僑學校

　　我國境內的外僑學校經常被直接與國際學校劃上等號，事實上外僑學校是我國境內最早出現的國際學校類型。多年來外僑學校校數雖有成長，但與亞洲七國相比僅能算是小幅度、小規模。截至2022年6月，我國境內共有22所外僑學校，學生人數從2,000餘人的到未達50人的都有，落差頗大。我國境內外僑學校有其特殊生態，與亞洲七國都不相同，值得深入了解。

（一）臺灣對境內外僑學校之定義

我國對外僑學校的定義以「招收對象」＋「外國學制」做為基準。現行《私立高級中等以下外國僑民學校及附設幼兒園設立及管理辦法》第7條規定：「外國僑民學校應依該外國教育宗旨、各級學校教育目標及現行法制辦學，並與該外國教育相銜接。外國僑民學校招生對象以該外國籍僑民為優先，並得保留若干名額，提供其他國籍學生申請入學。」由此可知，政府把外僑學校定位為「提供外國人子女教育的學校」，並在管理上與我國學校嚴格區分。

（二）外僑學校發展之3個階段

臺灣外僑學校的設立與經濟發展、國際化、全球化息息相關，依其設立的背景特色可分為以下3個階段：（詳頁91-92表3-1）

1、1945-1975年國際化開展初期（設立9校）

自1945年國民政府遷臺之後，臺灣面臨戰後百廢待舉，外交關係不穩，退出聯合國等挑戰，在維護區域安全的共同目標下，與美、日、韓3國關係較為密切。這個國際關係反映在早期外僑學校上的國別上。這段期間臺灣境內設立的9所外僑學校就是美、日、韓三國的僑民學校。它們設立的原因大致分為兩部分，一部分是西方教會團體為其來華傳教士子女而設；另一部分是外國公、私部門為教育其駐臺人員子女而設。

1945年政府遷臺之後，臺灣教育的管理在法令上，完全承接國民政府在大陸時期的規章。以私立學校而言，主要規章就是1929年的《私立學校規程》，這是國民政府在大陸時期第一部輔導私立學校的法令。該規程明定「私人或團體設立之學校為私立學校，外國人設立之學校亦為私立學校」（張正藩，1981：204）。境內第一所外僑學校——臺北美國學校率先

國際學校解碼

設立於1949年，但直到1961年，該校董事會主席孫樂山才向臺灣省教育廳提出立案申請，後經教育部於同年報呈行政院依《私立學校規程》核准（教育部，1961）。

在那之後有8所外僑學校依據《私立學校規程》第28條陸續設立。依序是：臺北道明外僑學校（1957年）、高雄韓國學校（1961年）、臺北韓國學校（1965年）、高雄道明外僑學校（1969年）、高雄市日僑學校（1969年）、臺中馬禮遜美國學校（1970年）、臺北市伯大尼美僑學校（1972年）、臺北市日僑學校（1981年）。直到1974 年訂頒《私立學校法》才將外僑學校納入規範。

2、1975-1999年經濟起飛期（設立7校）

1975年9月5日教育部訂頒《外國僑民學校設置辦法》，到1999年為止共有7所外僑學校設立。這個階段設校的背景是臺灣的經濟起飛，來臺工作的外僑及本國僑民回流人數增多，子女就學需求隨之增加。他們的背後除了外國駐臺機構及宗教團體外，又新增了一些來臺投資設廠的外商。

7所外僑學校依序是：臺中市日僑學校（1977年）、高雄馬禮遜美國學校（1981年）、新竹荷蘭國際學校（1989年）、臺中美國學校（1990年）、高雄美國學校（1990年）、臺北復臨美國學校（1991年）、恩慈美國學校（1998年）。

3、2000-2022年全球化加速期（設立6校）

2000以後，臺灣國際化及全球化程度再次躍升，地方政府也極力推動國際化，爭取外僑學校籌設。這個階段6所新設的外僑學校都是在地方政府大力支持下設立的，依序是：臺北歐洲學校（2003年）、新竹美國學校（2005年）、亞太美國學校（2007年）、桃園美國學校（2012年）、新北華美國際美國學校（2016年）、新竹康乃薾美國學校（2016年）；另有一校辦理遷校改名：新北市馬禮遜美國學校（2020年）。

表3-1 外僑學校設立時間及法規依據一覽表

序號	校名	設立時間	法規依據
1	臺北美國學校 Taipei American School	1949年	1929年《私立學校規程》
2	臺北市道明外僑學校 Dominican International School	1957年	
3	高雄韓國學校 Kaohsiung Korean International School	1961年	
4	臺北韓國學校 Taipei Korean School	1965年	
5	高雄市道明外僑學校 Dominican International School Kaohsiung	1969年	
6	高雄市日僑學校 Kaohsiung Japanese School	1969年	
7	臺中馬禮遜美國學校 Morrison Academy Taichung	1970年	
8	臺北伯大尼美國學校 Bethany American School （已於2020年改名為新北市馬禮遜美國學校並遷入新北市）	1971年	
9	臺北市日僑學校 Taipei Japanese School	1972年	
10	臺中市日僑學校 Taichung Japanese School	1977年	1975年9月5日訂定發布《外國僑民學校設置辦法》
11	高雄馬禮遜美國學校 Morrison Academy Kaohsiung	1981年	

國際學校解碼

序號	校名	設立時間	法規依據
12	新竹荷蘭國際學校 Hsinchu International School	1989年	1975年9月5日訂定發布《外國僑民學校設置辦法》
13	臺中美國學校 American School in Taichung	1990年	
14	高雄美國學校 Kaohsiung American School	1990年	
15	臺北復臨美國學校 Taipei Adventist American School	1991年	
16	恩慈美國學校 Grace Christian Academy	1998年	
17	臺北歐洲學校 Taipei European School	2003年	2000年4月13日修正發布《外國僑民學校設置辦法》
18	新竹美國學校 Hsinchu American School	2005年	
19	亞太美國學校 Pacific American School	2007年	
20	桃園美國學校 Taoyuan American School	2012年	2008年12月31日修正發布《私立高級中等以下外國僑民學校及附設幼稚園設立及管理辦法》
21	新北華美國際美國學校 New Taipei City Asia American International Academy	2016年	2013年9月9日前述辦法名稱修正為《私立高級中等以下外國僑民學校及附設幼兒園設立及管理辦法》
22	新竹康乃薾美國學校 Hsinchu County American School	2016年	
※	新北市馬禮遜美國學校 Morrison Academy-Bethany School, Taipei （臺北伯大尼美國學校改名遷入新北市並改名）	2020年	

（三）外僑學校設校及招生限制放寬之過程

　　1975年我國教育部訂頒《外國僑民學校設置辦法》，除明確定義外僑學校外，對於外僑學校之設置及管理亦開始有了基本規範。40餘年間，該辦法曾進行6次修訂，其中以1998年及2008年之修訂涉及外僑學校設校及招生限制放寬。從這三次法規之修訂可以瞭解我國政策放寬的過程（詳見下頁表3-2）：

1、1975年《外國僑民學校設置辦法》

　　1975年《外國僑民學校設置辦法》對於外僑學校基本上採取「不監督不管理」原則。除了「不得招收中國籍之學生」（第10條）外，其他規範條文，包括設置董事會、課程、師資、設備、收費等，都是用「得」字。因此外僑學校辦學具有我國學校沒有的彈性。迄今「尊重各校自律校務運作之原則」仍是教育部管理外僑學校的政策。現行《私立學校法》第83條第2項規定外僑學校僅「得」適用《私立學校法》第4章「監督」及第7章「合併、改制、停辦、解散、清算」之規定，其餘規定及其他各級學校法律一概不適用，亦是這個原則的延續。

2、1998年《外國僑民學校設置辦法》

　　1998年教育部在《外國僑民學校設置辦法》修正草案總說明中，提到修正原因為因應社會時空變遷及亞太營運中心，推動我國國際化與自由化，協助解決外僑子女就學，以利吸引外商來臺投資或工作，並配合地方政府實際需要充分授權，以達簡化行政程序等便民措施。

　　該次修法把「外國人在我國境內設置僑民學校，以其本國法律或條約准中華民國人民在該國享受同樣權利者為限。」改為「外國人在我國境內設置外僑學校，以其本國法律未禁止中華民國人民在該國享受同樣權利為限」（第3條），換言之，在臺設立外僑學校的外國人，其母國不需對臺灣

國際學校解碼

提供對等權利的法律承諾，只要他們國家的法律不禁止我國人到其母國設立我們的僑民學校就好。

表3-2　1975年、1998年、2008年外僑學校設校及招生規定對照表

法規名稱 開放項目	1975年法規	1998法規	2008年法規
設校	外國人僑居我國，為教育其子女，得申請在我國境內專設中等以下僑民學校（第2條）。 外國人在我國境內設置僑民學校，以其本國法律或條約准中華民國人民在該國享受同樣權利者為限（第3條）。	外國人僑居我國，為教育其子女，得申請在我國境內專設中等以下外國僑民學校（第2條）。 外國人在我國境內設置外僑學校，以其本國法律未禁止中華民國人民在該國享受同樣權利為限（第3條）。	下列之人得於中華民國境內設立外國僑民學校，專收具外國籍之學生： 一、中華民國人民：指符合國籍法第二條規定，在臺灣地區設有戶籍之自然人，或非營利法人。 二、外國人：指為具有中華民國籍，且在我國具有合法居留權之外國籍人士。 三、依法律認許外國法人：指中華民國法律認許之外國非營利法人（第3條）。 外國僑民學校畢業生續留中華民國境內升學者，依我國相關規定辦理（第35條）。
招生	外國僑民學校不得招收中國籍之學生（第10條）。	外國僑民學校不得招收中華民國籍之學生（第10條）。	

3、2008年《私立高級中等以下外國僑民學校及附設幼稚園設立及管理辦法》

2008年教育部以營造國際化環境為由，將原辦法名稱修正為《私立高級中等以下外國僑民學校及附設幼稚園設立及管理辦法》，條文亦從14條為40條，修正幅度是1975年以來最大的一次，也是最具突破性的一次。

這次關鍵的修正在於中華民國人民得設立外僑學校（第3條第2項），而且招收對象從「不得招收中華民國籍之學生」改為「專收具外國籍之學生」（第3條第1項）。至此，我國具雙重國籍國民得依法就讀外僑學校。於此同時，為了讓雙重國籍學生能留下來升讀我國大學，亦增訂外僑學校畢業生得續留我國升學規定（第35條）。

（四）外僑學校之地域分布

22所外僑學校座落在5個直轄市及2個縣市，由北到南分別為臺北市（7校）、新北市（2校）、桃園市（1校）、新竹市（2校）、新竹縣（2校）、臺中市（3校）、高雄市（5校）。外僑學校的主管機關有中央和地方之別。中央為教育部，地方在直轄市為直轄市政府，在縣（市）為縣（市）政府。教育部負責外僑學校專門法規之訂定，設校及管理則由地方主管機關執行，報教育部備查。唯一例外為臺北美國學校。該校在中美斷交後，依據1983年1月1日起生效之「北美事務協調委員會與美國在臺協會關於臺北美國學校之協定」（Agreements Concerning the Legal Status and Operating Privileges of Taipei American School）明定教育部是其法定主管機關。

從學生人數來看，更能反映各城市對外僑學校的需求。2021年臺北市7校學生人數合計5,745人（61.6%）排名第一，也是超級城市。其次是高雄市，5校學生人數合計1,285人（13.8%）。第三為臺中市，3校學生人數合計811人（8.7%）。第四是新北市，2校學生人數合計492人

（5.3％）。第五是新竹縣，2校學生人數合計489人（5.2％）。第六是新竹市，2校學生人數合計408人（4.4％）。第七是桃園市，1校學生人數100人（1％）。（詳見圖3-1）

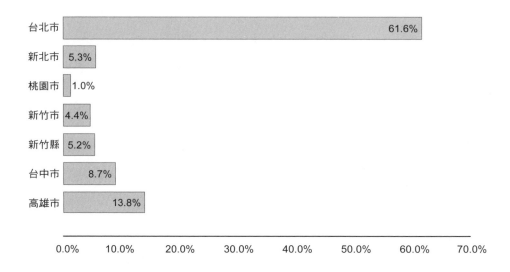

圖3-1　2021年臺灣7個城市外僑學校學生人數分布情形

　　外僑學校及學生分布情形相當程度反映出我國城市的國際化程度。五都位居國際化領先地位理所當然，新竹市及新竹縣則因新竹科學工業園區吸引大批外國高階專業人才，以及返國投資或工作的僑民使然。

（五）外僑學校開設之國際課程

　　外僑學校有國家之別，22校共24個校／部（臺北歐洲學校有3個部），各有其採用的國家課程，包括美、英、德、法、日、韓6國的國家課程。但愈來愈多外僑學校同時提供國際認證課程，總計兼採國際認證課

程者共15校，佔24個校／部的62.5％。這個情形與Part2分析的國際趨勢相符。

　　個別來看，24個校／部中採用單一美國課程者（USA）有臺北復臨和高雄市道明2校（8.3％）。同時採用美國課程及AP課程者有12校（50％）；同時採用美國課程、IB課程及AP課程者有臺北美國學校及高雄美國學校2校（8.3％）；採用日本課程者（Japan）有3校（12.5％）；採用韓國課程者（Korea）有2校（8.3％）；採用德國課程者（Germany）有1校部（4.2％）；採用法國課程者（France）有1校部（4.2％）；同時採用英國課程（UK）與IB課程者有1校部（4.2％）。外僑學校高中畢業生成績及格可獲得其母國的高中畢業文憑。至於同時選修國際認證課程的高中畢業生，如通過考核，還可以同時取得IB文憑、AP學分及考科成績證明。（詳見圖3-2）

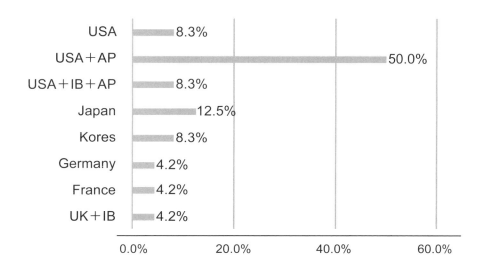

圖3-2　2021年臺灣境內外僑學校開設國際課程情形

（六）外僑學校提供之學制及教育層級

　　22校分屬美國、日本、韓國、英國、德國、法國6個國家學制，多年來幾無改變。其中以美國學制最多，共16校（73％）。除此之外，歐洲（德、法、英）學制1校（4％），日本學制3校（14％），韓國學制2校（9％）。主要授課語言則取決於學制，目前有英、德、法、日、韓5種語言。（詳見圖3-3）

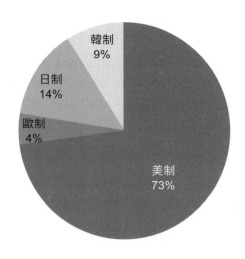

圖3-3　2021年臺灣外僑學校各國學制佔比

　　22校分別提供不同的教育層級，其中，設幼兒園者13校，設小學者21校，設國中者20校，設高中者15校。幼兒園一貫辦到高中者僅有10校。2020學年度外僑學校學生總人數9,330人，包括幼兒園階段學生1,110人（12％），小學階段學生3,656人（39％）及國中階段學生2,299人（25％）。高中階段學生2,265人（24％）。

　　國中和高中階段學生比小學階段少的原因大致有三：1、學生隨父母

親工作調返其母國或僑居地就讀；2、家長為讓孩子打好升大學基礎而提前送返母國或僑居地。3、本地雙重國籍家庭為了提升孩子英語能力及教育品質送孩子到外僑學校小學部就讀，但到國、高中階段仍選擇回到臺灣體制學校。（詳見圖3-4）

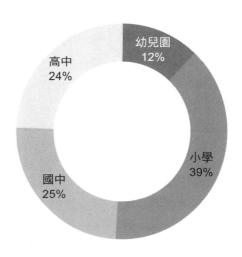

圖3-4　2021年臺灣境內外僑學校各教育層級學生人數佔比

（七）外僑學校之學生人數

自2008年臺灣開放外僑學校招收雙重國籍的國人以來，外僑學校的學生人數不斷攀升，每年穩定成長。從2007年6,468人，增加到2020年9,330人，總成長率達44.2%。（詳見下頁圖3-5）

如進一步分析就會發現，近幾年外僑學校學生中的本地雙重國籍學生愈來愈多，平均大約佔6到7成，有些學校甚至達到8成。顯見外僑學校學生人數成長與政府開放雙重國籍本地生就讀政策有關。這些本地孩童的家長應該大部分都有跨國工作的需求或經驗，即多屬前面提到的「第三文

化孩童」。

　　從2021年各校學生人數來看，學校規模可分為超大型、大型、中型、小型，到微小型，大概呈現一個「尖嘴葫蘆狀」。超大型及大型學校2所都位於臺北。中型學校6所多位於臺中市（含）以北。主要原因在於南部跨國企業較少，影響到外僑學校的招生。另日僑學校及韓國學校學生人數逐年減少則與日、韓大企業在臺灣的駐點減少，人力逐漸撤離有關。（詳見表3-3）

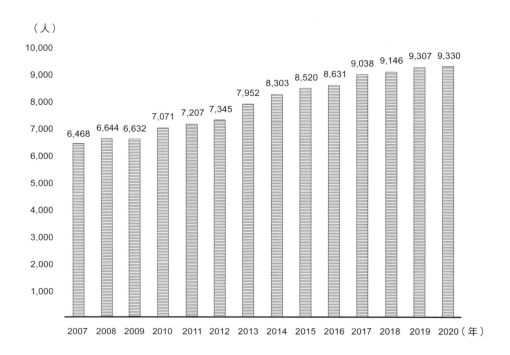

圖3-5　2007-2020年臺灣境內外僑學校學生人數成長情形

表3-3　2021年臺灣境內外僑學校學生人數規模分級表

規模	每校學生人數級距	校數	校名（由北至南排列）
超大型	2,000人以上	1	臺北美國學校
大型	1,000-2,000人	1	臺北歐洲學校
中型	300-1,000人	6	臺北市道明外僑學校、臺北市日僑學校、新竹荷蘭國際學校、亞太美國學校、臺中馬禮遜學校、高雄美國學校
小型	100-300人	9	恩慈國學校、新北馬禮遜學校、臺北復臨美國學校、新北華美國際美國學校、桃園美國學校、新竹縣康乃薾美國學校、臺中美國學校、臺中市日僑學校、高雄馬禮遜學校
微小型	100人以下	5	臺北韓國學校、新竹美國學校、高雄市道明外僑學校、高雄市日僑學校、高雄韓國學校

（八）外僑學校之收費

　　外僑學校之收費得依該外國之規定辦理，臺灣政府只要求收取費用之項目及數額應予公開，並應於學校資訊網站公告或載明於招生簡章。實際之收費則受到學校有無母國政府補助、辦學者資源充裕與否、辦學者經營策略、辦學口碑、學生來源等多重因素影響，落差相當大。以2021年度校註冊費及學費合計，並以每10萬元為一級距，分析各教育層級的收費落點如下頁：（詳見下頁圖3-6）

國際學校解碼

1. 高中學費最高「80萬元以上」（1校），最低「30-39萬元」（1校），大部分落在「40-49萬元」（4校）及「50-59萬元」（7校）。

2. 國中學費最高「80萬元以上」（1校），最低「1-9萬元」（1校），大部分落在「40-49萬元」（10校）。

3. 國小學費最高「70-79萬元」（1校），最低「1-9萬元」（4校），大部分落在「40-49萬元」（7校）。

4. 幼兒園學費最高「70-79萬元」（1校），最低「1-9萬元」（1校），大部分落在「40-49萬元」（4校）。

　　日僑學校及韓國學收費偏低原因在於該等學校皆屬於日、韓政府設立及支持的全日制海外公立學校，學校的人事費、設備費及租賃維護費等大都由日、韓政府補助所致。

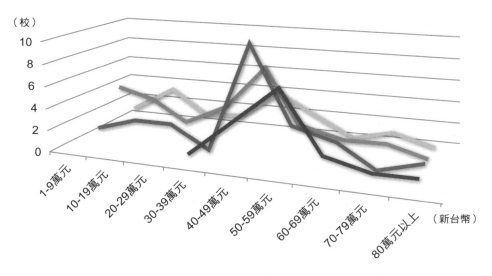

圖3-6　2021年臺灣境內外僑學校各教育層級收費級距落點

（九）外僑學校高中畢業生之流向

外僑學校高中畢業生絕大多數返回母國升讀大學，或赴其他國家升讀大學。以2012、2013、2014年為例，當時外僑學校設有高中課程者13校，其中有高中畢業生為11校。這些學校高中畢業生每年回母國升學比例平均達6成以上，如加上赴其他國家升讀大學人數，平均每年達9成以上，而留在臺灣升大學的只有1至3％。（詳見表3-4）

表3-4　2012-2014年臺灣境內外僑學校高中畢業生流向一覽表

年度	總人數	返回母國升讀大學	留在臺灣升讀大學	赴其他國家升讀大學	其他
2012	513	329人（64％）	15人（3％）	149人（29％）	21人（4％）
2013	535	341人（64％）	13人（2％）	149人（28％）	32人（6％）
2014	554	330人（60％）	7人（1％）	199人（36％）	18人（3％）

二、私校辦理國際課程

在學校結構上，義務教育階段以公立學校為主幹，私立學校數量較少。公立國小普遍辦學品質受肯定，公立國中因受升學壓力影響，讓私立國中有較大發展空間。私立高中情形則有不同。2021年私立高中212校，佔全國高中513校的41％。私立高中營運情況有兩極化現象，辦學成效好的私校受到家長歡迎，入學競爭激烈。辦學成效不理想的私校招生不易，在少子化時代面臨退場的瓶頸。截至2022年為止，我國共有14所私立學校開設國際課程。這些私立學校基本面良好，又有多年辦學口碑，在辦理國際課程方面逐漸獲得本地家長的肯定。

（一）私校辦理國際課程的背景

臺灣私校辦理國際課程主要有以下兩個原因：

1、少子化趨勢促使私校多元發展

依國家發展委員會於2019年發表的「人口少子高齡化趨勢下我國所面臨之衝擊與政策建議」，我國2019年出生數為17.8萬人、死亡數為17.6萬人，粗出生率〔（一年內的活產數／年中人口總數）× 1,000〕與粗死亡率〔（一年內死亡人數／年中人口總數）× 1,000〕曲線於2020年交叉，人口由自然增加轉為自然減少。未來各級學齡人口數均呈現下降之勢。少子化的趨勢威脅中小學的招生甚鉅，條件具足的私校遂轉而開發其他教育市場，開設國際課程是其中一個選擇。

2、家長及學生對國際課程的需求增加

近幾年選擇國際課程的本土學生人數屢創新高，但臺灣學生就讀國際課程的主要動機為何？2019年筆者對辦理國際課程的私校校長進行調查。結果顯示主要有3個理由，只是不同教育階段重點不同。國小的理由多至少依序是：「提升英語能力」（50％）、「決定出國留學」（33％）、「希望孩子接受比較好的教育」（17％）。國中的理由依序是：「決定出國留學」（73％）、「希望孩子接受比較好的教育」（18％）、「提升英語能力」（9％）。高中的理由只有兩個：「決定出國留學」（92％）和「希望孩子接受比較好的教育」（8％）。可見國、高中階段，絕大部分以出國留學為考量；而國小階段大多只是想要把孩子的英語基礎打好一點，還未決定升學進路。（詳見圖3-7）

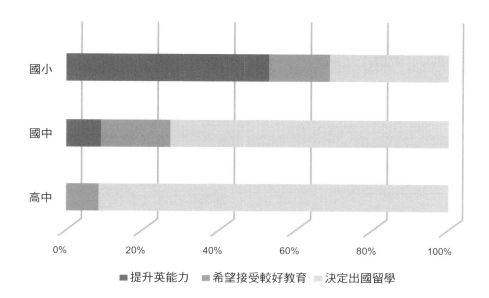

圖3-7　2019年臺灣私校校長對本地家長送孩子就讀私校國際課程的看法

（二）私校國際課程開設時間與法規依據

　　2004年義大國際高中及華盛頓高中首開先河，其餘12校則陸續開設於2005年至2017年間。他們設立的時間印證了臺灣國際學校的「新本土現象」正與全球同步進行。

　　在沒有國家政策引導與支持的情況下，臺灣私校辦理國際課程只能從現行法規去尋求依據。結果各校所援引的法規不一而足，但都與實驗教育或教育實驗有關。這些相關法規共有5個，歸納為兩種情形：一是依據《實驗高級中學申請設立辦法》設立。如復興實驗高中、維多利亞實驗高中及奎山實驗高中3校。一是依據《私立學校法》、《高級中等教育法》及其子法相關規定設立，如義大等11校（詳見下頁表3-5）。

表3-5　臺灣私立學校國際課程開辦時間及法規依據一覽表

序號	學校	國際課程開辦時間	法規依據
1	復興實驗高中 Taipei Fuhsing Private School	2007年	2000年《實驗高級中學申請設立辦法》（該辦法已於2014.11.7廢止），學校續辦國際課程改依據以下法規。
2	維多利亞實驗高中 Victoria Academy	2009年	
3	奎山實驗高中 Taipei Kuei Shan School	2013年	
4	義大國際高中 I-Shou International School	2004年	1.《私立學校法》第57條第3項（私立高中辦理依據）
5	華盛頓高中 Washington Senior High School	2004年	
6	康橋高中(秀岡/青山校區) Kang Chiao Senior High School	2005年	2.《私立學校法》57條第4項（私立國中小辦理依據）
7	常春藤高中 Ivy Senior High School	2005年	
8	明道高中 Mingdao Senior High School	2007年	3.《私立國中小免除法令限制及回覆適用實施準則》第3條（私立國中小辦理依據）
9	裕德高中 Yuteh Private International School	2010	
10	薇閣高中 Taipei Wego Private Bilingual Senior High School	2012年	4.《高級中等教育法》第12條及第35條（私立高中辦理依據）
11	葳格高中 Wagor Senior High School	2012年	
12	普台高中 Pu Tai Senior High school	2012年	5.《高級中等學校辦理實驗教育辦法》（私立高中辦理依據）
13	康橋高中(林口校區) Kang Chiao Senior High School	2017年	
14	弘文高中 Hong Wen Senior High School	2017年	

1、依據2000年《實驗高級中學申請設立辦法》設立

該辦法依《高級中學法》第6條第4項規定訂定，目的在讓公、私立學校得設立從事整合性教育實驗之實驗高級中學。辦理學校需提出實驗計畫書。計畫書有效時間，高中實驗計畫期程3年，附設職業類科者亦同；附設國民中學部計畫期程為6年；附設國民中學部及國民小學部計畫期程為12年。依該辦法規定，全校學生總人數，不得超過1,000人。不過，該辦法已於2014年廢止，學校要續辦國際課程需改依以下法規。

2、依據《私立學校法》、《高級中等教育法》及其子法相關規定設立

（1）《私立學校法》第57條第3項

該法第57條第3項規定，私立學校經學校主管機關評鑑辦理完善，績效卓著者，可辦理「學校型態之實驗教育或學校內之教育實驗」。此為私立高中辦理之依據。

（2）《私立學校法》第57條第4項

該法第57條第4項規定，私立國民中小學校非政府捐助設立且未接受政府獎補助者，也可以辦理「學校型態之實驗教育或學校內之教育實驗」。此為私立國中小辦理之依據。

（3）《私立國民中小學校免除法令限制及回復適用實施準則》第3條

該準則是《私立學校法》的子法。準則第3條規定：「私立國民中小學校非政府捐助設立且未接受政府獎補助者，經報請學校主管機關備查，其辦理前項各款事項，得不受本法及相關法令之限制。但其違反法令或辦理不善，經學校主管機關查證屬實者，應回復受其限制。」此為私立國中小辦理之依據。

（4）《高級中等教育法》第12條及第35條

該法第12條第1項規定：「為促進教育多元發展、改進教育素質，各該主管機關得指定或核准公私立高級中等學校辦理全部或部分班級之實驗教育；其實驗期程、實驗範圍、申請條件與程序及其他相關事項之辦法，

由中央主管機關定之。」第2項規定：「學校全部或部分班級辦理實驗教育者，其課程得不受第43條第1項課程綱要規定之限制；全部班級辦理實驗教育者，其設校條件，得不受第4條第4項所定辦法有關規定之限制。」換言之，得跳脫國家課程的框架，亦得跳脫全國一致適用的校地、校舍、設備、設校經費、師資、變更或停辦要件規定。

同法第35條規定：「私立高級中等學校非政府捐助設立、未接受政府依私立學校法第59條規定所為獎勵、補助，且未由政府依第56條規定負擔學費者，得擬具課程計畫、申請單獨招生之理由、招生範圍及招生方式，報各該主管機關核定後，單獨辦理招生，不受本法有關招生規定之限制。」

這2條規定都為私立高中提供辦理之依據。

（5）《高級中等學校辦理實驗教育辦法》

《高級中等學校辦理實驗教育辦法》是《高級中等教育法》的子法。該辦法詳細規定公私立學校辦理實驗教育的細節，如課程教學、學生學習評量、區域及國際合作、雙語課程、其他各該主管機關核准促進教育優質實驗事項之全部或部分等，這些都是私立學校辦理國際課程的重要規範。

以上各種規定雖都為私立學校提供辦理依據，但私立學校各有選擇，而且，這些規定在實際執行上也因為主管機關不同而存在寬嚴落差。

（三）私校國際課程之地域分布

14所私校分布在6個城市，由北到南分別為：臺北市（3校）、新北市（3校）、臺中市（5校）、雲林縣（1校）、南投縣（1校）、高雄市（1校），總計臺中市（含）以北共佔79%。從學校所在城市來看，臺中市是一級戰區，辦理的學校特別多。整體而言，私校辦理國際課程的所在城市與外僑學校稍有不同，不過都有「北重南輕」的情形。（詳見圖3-8）

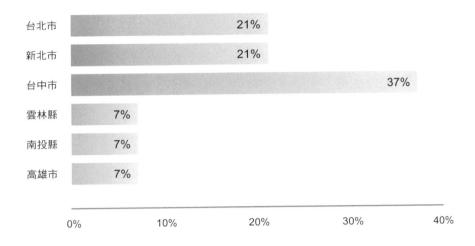

圖3-8　110學年度臺灣六城市私校國際課程分布情形

（四）私校開設之國際課程

　　110學年度我國14所私校共包含5種國際課程：1、美國課程（USA）；2、澳洲課程（Australia）。3、英制IGCSE課程；4、國際文憑課程（IB）；5、美國大學先修課程（AP）。不過，和外僑學校一樣，大部分私校都不是採用單一的國際課程。

　　14校中以採用美國課程（USA）加上AP課程者最多，有8校／區（58％），這點也是和外僑學校一樣。採用IB課程加上AP課程者有康橋高中（秀岡校區）及明道高中2校（14％）。僅採用IB課程者有奎山實驗高中及義大國際高中2校（14％）。裕德高中的國中部採用美國課程；高中部則增加澳洲昆士蘭州教育廳認證課程（Australia）及AP課程（7％）。維多利亞實驗高中的國中部採用IGCSE課程，高中部採用IBDP課程（7％）（詳見下頁圖3-9）。

　　修讀國際課程的學生於高中畢業時，可獲我國高中畢業證書，另可獲得外國同等學力證明（如澳洲昆士蘭州教育廳認證的高中學歷）、IB文憑

或AP學分及考科分數證明。14校都採用兩學期制,各學期起訖時間與國內中小學差不多。

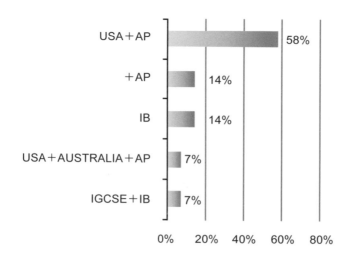

圖3-9　110學年度臺灣私校開設國際課程情形

（五）私校開設國際課程之教育層級

　　依照臺灣的教育法規,高層級學校可兼辦低層級教育,低層級學校不得兼辦高層級教育。因此,14所私校辦理國際課程都以「高中」為名申請。110學年度14校皆辦理國、高中國際課程,招收12-18歲孩童。奎山實驗高中與義大國際高中2校的國際課程從幼兒園辦到高中,招收3-18歲的孩童。復興實驗高中的國際課程則從小學辦到高中,招收6-18歲孩童。（詳見表3-6）

　　14所私校辦理國際課程的型態分為兩類,一是全校辦理,一是部分班級辦理。全校辦理國際課程者只有奎山實驗高中一校。部分班級辦理者類

似學校附設國際部／班。

表3-6　110學年度臺灣私立學校開設國際課程之教育層級一覽表

城市	學校	開設國際課程之教育層級			
		幼兒園	小學	國中	高中
臺北市	奎山實驗高中	IBPYP	IBPYP	IBMYP	IBDP
	薇閣高中			USA	USA+AP
	復興實驗高中		USA	USA	USA+AP
新北市	康橋高中(秀岡／青山校區)			IBMYP	IBDP+AP
	康橋高中(林口校區)			USA	USA+AP
	裕德高中			USA	USA+AP Australia
臺中市	弘文高中			USA	USA+AP
	明道高中			IBMYP	IBDP+AP
	葳格高中			USA	USA+AP
	常春藤高中			USA	USA+AP
	華盛頓高中			USA	USA+AP
雲林縣	維多利亞實驗高中			IGCSE	IBDP
南投縣	普台高中			USA	USA+AP
高雄市	義大國際高中	IBPYP	IBPYP	IBMYP	IBDP

（六）私校國際課程之學生人數

110學年度11所私校國際課程學生人數共5,240人，佔11校全校學生

總人數26,632的19.8%。從各教育層級看，幼兒園階段130人（2.5%）、小學階段991人（19.5%）、國中階段2,501人（48%）、高中階段1,618人（30%）。如加計薇閣高中、裕德高中、維多利亞實驗高中3校學生，預估全部將近7,000人。不過，這個數量與當學年度全國中小學生人數2,354,581相比，僅0.3%，仍屬我國中小學生群體的「小眾」。

　　11所私校與外僑學校相比，私校並無2000人以上的「超大型」，但也沒有100人以下的「微小型」，多集中在1000-2000人的「大型」（1校），300-1000人的「中型」（4校），以及100-300人的「小型」（6校）。學生主要在國、高中階段，與外僑學校主要在小學階段有所不同。

　　從學生結構來看，除奎山實驗高中屬於全校辦理外，其餘部分班級辦理者，原則上校內本國課程學生佔大多數，國際課程學生是少數。唯一例外是義大，該校情形剛好相反，即本國課程學生佔少數，國際課程學生佔大多數（93.5%）。

　　讓不同國籍學生一起相互學習，是提升國際素養及增加跨文化溝通經驗的最佳途徑。11所私校國際課程學生的國籍從3國到17國都有，平均達8.45國，這是國內一般中小學較為不及的地方。（詳見表3-7）

表3-7 110學年度臺灣私立學校國際課程學生人數一覽表

學校	各教育層級國際課程學生人數				國際課程學生人數合計（A）	全校學生人數（B）	佔全校比（A/B）	學生國籍數
	幼兒園	小學	國中	高中				
奎山實驗高中	80	350	265	90	785	785	100%	17
薇閣高中		n/a	n/a	n/a	n/a	n/a	n/a	n/a
復興實驗高中		442	208	207	857	3605	23.8%	8
康橋高中（秀岡／青山校區）			782	385	1,167	3,898	29.9%	7
康橋高中(林口校區)			472	197	669	2,924	22.9%	10
裕德高中		n/a	n/a	n/a	n/a	n/a	n/a	n/a
弘文高中			45	55	100	2,686	3.7%	4
明道高中			160	80	240	7,248	3.3%	8
葳格高中			43	71	114	1,045	10.9%	3
常春藤高中			50	100	150	830	18.0%	10
華盛頓高中			129	164	293	1,816	16.1%	4
維多利亞實驗中學		n/a	n/a	n/a	n/a	n/a	n/a	n/a
普台高中			89	91	180	1,062	16.9%	10
義大國際高中	50	199	258	178	685	733	93.5%	12
各教育層級合計	130	991	2,501	1,618	5,240	26,632	19.8%	平均 8.45
各教育層級佔比	2.5%	19.5%	48%	30%	100%			

（七）私校國際課程之收費

私校國際課程收費項目主要為學費、雜費（二項合稱學雜費）及代收代辦費。學雜費需依教育部規定，和體制內私校各教育層級相同。代收代辦費有些項目仍需依教育部規定收費，如資訊網路費、空調維護費等；但有些則依各校收費標準及學生需求項目不同，差異較大，包括書籍費、午餐費、校車交通費、住宿費及特色課程／教學費等，需由學生自付。其中，費用比較高的特色課程／教學費用主要用於支付國際課程或辦學成本。就讀於我國私校國際課程一年大約要多少費用？如以110學年度11校之「學雜費」及「國際課程／教學費」二項收費合計，並以每10萬元為一級距，分析各教育層級的收費落點如下：（詳見圖3-10）

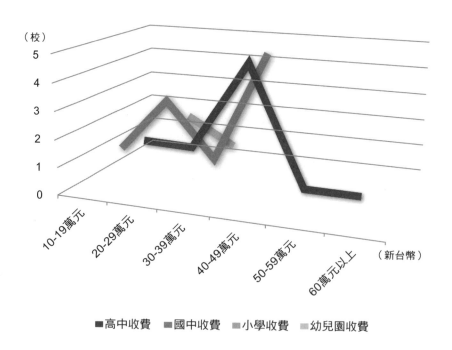

圖3-10　110學年度臺灣私立學校國際課程各教育層級收費級距落點

1、高中學費最高「60萬元以上」（1校），最低「20-29萬元」（2校），大部分落在「40-49萬元」（5校）。

2、國中學費最高「60萬元以上」（1校），最低「10-19萬元」（1校），大部分落在「40-49萬元」（5校）。

3、國小學費最高「40-49萬元」（1校），最低「20-29萬元」（2校）。

4、幼兒園學費「20-29萬元」（2校）。

我國私校各教育層級國際課程之收費與外僑學校相較，明顯較低。

（八）私校國際課程授課語言及外語課程

許多家長讓孩子就讀私校國際課程的原因，除了考量學科課程能夠國際接軌外，另一個考量就是希望能提升外語能力。私校的國際課程都是以全英語授課的，英文的磨練不用說；除此之外，這些私校都不約而同地重視第二外語及語文支持性課程。明道高中和華盛頓高中甚至開設了5種第二外語（法語、德語、日語、西班牙語、韓語）。對那些想更提升英文能力，或剛從國外回來需要增強中文能力的學生，有10所私校開設「英語做為第二語言課程」（ESL）及「中文做為第二語言課程」（CSL）。這類課程大都安排在課後進行，採小班制或個別制。語文支持課程有些內含在學費之中，有些則需另外付費，每校規定不同。外語學習機會多是私校國際課程的一個強項（詳見下頁表3-8）。

表3-8　110學年度臺灣私立學校開設外語課程及語文支持課程一覽表

城市	學校	English	French	German	Japanese	Spanish	Korean	外語合計	ESL	CSL
臺北市	奎山實驗高中	●				●		2		
	薇閣高中	n/a	n/a	n/a	n/a	n/a	n/a	n/a	n/a	n/a
	復興實驗高中	●	●		●	●	●	5	●	●
新北市	康橋高中（秀岡/青山校區）	●	●	●	●	●		5	●	●
	康橋高中（林口校區）	●	●	●	●	●		5	●	●
	裕德高中	n/a	n/a	n/a	n/a	n/a	n/a	n/a	n/a	n/a
臺中市	弘文高中	●	●	●	●	●		5	●	●
	明道高中	●	●	●	●	●	●	6	●	●
	葳格高中		●	●	●	●		4	●	●
	華盛頓高中	●	●	●	●	●	●	6	●	●
	常春藤高中	●	●	●	●	●		5	●	●
雲林縣	維多利亞實驗高中	n/a	n/a	n/a	n/a	n/a	n/a	n/a	n/a	n/a
南投縣	普台高中	●	●	●	●	●		5	●	●
高雄市	義大國際高中	●		●	●	●		4	●	●

（九）私校國際課程參與國際組織情形

　　私校辦理國際課程都十分重視透過國際課程組織或國際學校組織認證來確保辦學品質。110學年度11校中有6校參加1個組織（42.9%），有3校參加2個組織（21.4%），有5校參加3個組織（35.7%）。IBO及AP College Board除了對課程及教師做認證外，對學生的學習成果也做外部審查，學生的成績決定於外部審查結果。WASC為美國7個區域性認證機構之一，其原來設立目的在認證美國大學校院。後來也將認證擴展到中小學，即ACS WASC（Accrediting Commission for Schools）。ACS WASC對學校做整體認證，透過認證來協助學校建立有效率的行政支援系統，並驅策學校能不斷追求進步。CIS及ISS都是全球性組織。CIS是全球國際學校的重要會員組織，成員包括高等教育機構及中小學。CIS的服務主要為國際教育認證，以協助學校提升國際教育實施的品質。ISS宗旨在協助學校外師甄聘，並提供學校領導、學校財務和會計、課程開發、教學和學習、招聘、採購、變革管理、創造力和創新等專業發展課程。ACAMIS是區域性的（東亞）國際學校協會，會員限中國、香港、澳門、臺灣和蒙古等國家。這些國際組織都非常強調會員學校彼此的交流學習（詳見下頁表3-9）。

表3-9　110學年度臺灣私立學校國際課程參加國際組織一覽表

城市	學校	International Baccalaureate(IBO)	AP College Board	Association of Christian Schools International(ACSI)	Western Association of School and Colleges(WASC)	Council of International School(CIS)	International School Service(ISS)	Association of China and Mongolia International Schools (ACMIS)	合計參與數
臺北市	奎山實驗高中	●		●					2
	薇閣高中		●						1
	復興實驗高中		●						1
新北市	康橋高中（秀岡／青山校區）	●	●		●				3
	康橋高中（林口校區）		●		●				2
	裕德高中		●						1
臺中市	弘文高中		●		●	●			3
	明道高中	●	●						2
	葳格高中		●						1
	常春藤高中		●		●			●	3
	華盛頓高中		●		●		●		3
雲林縣	維多利亞實驗高中	●							1
南投縣	普台高中		●						1
高雄市	義大國際高中	●				●		●	3

三、公校辦理國際課程

　　由於私立學校國際課程辦得頗有名氣，致使許多人以為我國體制內只有私立學校開辦國際課程，事實上，臺灣教育體制內國際學校是從公立學校開始的，這所學校就是1983年設立的「國立科學工業園區實驗高級中學」。20餘年後才又陸續增加了另外5所公立學校，足見公立學校辦理國際課程在臺灣並不多見，都有其特殊的背景因素。截至2022年6月止，我國已有臺北市西松高級中學（簡稱西松高中）、臺北市濱江實驗國民中學（簡稱濱江實中）、桃園市大園國際高級中學（簡稱大園國際高中）、國立新竹科學園區實驗高級中學（簡稱竹科實中）、國立中科實驗高級中學（簡稱中科實中）、國立南科國際實驗高級中學（簡稱南科實中）6所公立學校辦理國際課程。

　　從辦理實際情況看，公立學校與私立學校有許多類似之處，唯獨設立目的與私立學校截然不同。私立學校牽繫著國際課程市場需求；公立學校肩負著配合中央或地方政府整體發展計畫的使命。6校在招收對象上也有差異。濱江實中是公立的國民中學，依法招收學區內及臺北市大學區的學生，西松高中及大園國際高中招收的學生多為「本地菁英家庭孩童」，而3所實中招收的學生比較接近「第三文化孩童」。

（一）公校辦理國際課程背景及法規依據

　　歸納6所公校開設國際課程的原因有以下兩種情形：

1、科學（技）園區外國人才或返國學人子女就學需要

1979年政府訂頒《科學園區設置管理條例》。科學園區設置的目的在於引進高級技術產業及科學技術人才，提升區域創新整合能量，以激勵國

內產業技術之研究創新，並促進高級技術之產業發展。這在當時是相當突破性的政策。配合創新的政策，該條例第十條規定：「主管機關為園區發展所需，且達一定規模時，應商請各級目的事業主管機關，設立實驗中小學、雙語部，或雙語學校及幼兒園、托嬰中心。」

園區成立就緒後，為了讓科學園區跨國工作人員子女及歸國學人子女在臺就學能夠銜接，1982年行政院委請政務委員李國鼎先生出面召集教育部、國科會、學術研究機構及附近大學代表數次會商，決議成立「國立科學工業園區實驗高級中學」，旋即進行籌備。1983年該校正式成立。2021年該校因應2019年園區更名為「新竹科學園區」，以及《高級中等教育法》之修正，才更名為「國立新竹科學園區實驗高級中等學校」。

竹科實中從成立開始就走「國內部」加上「雙語部」的雙軌路線，招收本地學生，也招收園區工作人員子女。課程也是雙軌，「國內部」依照教育部課程綱要，實施國內課程。「雙語部」則提供美國中小學課程。這也是體制內公立學校以實驗教育方式辦理國際課程的第一例。

竹科實中成立後大約有20餘年的時間，臺灣一直沒有其他公立學校辦理國際課程。直到2006年，南科實中，依竹科實中模式設立國際課程。2018年中科實中也依照竹科實中模式設立國際課程。3所學校雖然都名為高中，但招收的學生，不論國內部或雙語部，都包含了小學、國中及高中3階段。3所學校大部分的家長都是各園區企業邀請回臺工作的臺籍專業人士，這些人大都屬於前面提過的全球化時代跨國工作的「新遊民」。

3所實中之設立依據的是科技部法規，實施的教育活動依據的是教育部法規，因此他們的主管機關除了科技部、教育部、教育部國民及學前教育署等中央機關外，還包括新竹市、臺中市及臺南市等地方政府，出現多位「婆婆」的情形。

2、配合地方政府的城市國際化發展計畫

公校開設國際課程另一個原因來自各地方政府的城市國際化計畫。

臺北市近年來推動教育與國際接軌，除了雙語教育、國際教育外，也積極開辦國際課程。臺北市長柯文哲認為臺灣過去都是私立學校取得國際認證，現在公立學校開辦國際課程，學生持有國際認證的IB文憑，出國留學就具有優勢。

桃園市近年來推動「桃園航空城」計畫，不遺餘力。大園國際高中係配合桃園市航空科技城之規劃於2000年設立，被定位為「外語特色高中」。不但開設多種外語課程，亦辦理IB課程，該校扮演桃園市課程國際化火車頭的角色。2021年起該校同時也是教育部國教署「海外攬才子女教育專班」的指定學校。「海外攬才子女教育專班」是依據教育部2018年7月23日報行政院核定之「完善我國海外攬才政策就學配套實施計畫」所設立，其目的在提供外國專業人才子女教育，吸引外國專業人才來臺及留臺，落實延攬及吸引外籍人才來臺工作及生活。

在臺北市政府及桃園市政府的強力支持及積極協助下，臺北市西松高中、濱江實中，以及桃園市的大園國際高中開始籌辦IB課程，並陸續獲得國際文憑課程組織（IBO）認證。不過，3校依據法規並不相同。西松高中及大園國際高中依據《高級中等學校辦理實驗教育辦法》，而濱江實中則依據實驗三法中的《學校型態實驗教育實施條例》。濱江實中設立的程序也和西松高中及大園國際高中不同，IBDP課程要先通過認證才可以收招收學生；而IBMYP課程是需先招收學生，進行MYP實作課程，再經過輔導，才可以認證。所以，該校2020年開辦IBMYP，至2022年4月通過認證（詳見下頁表3-10）。

表3-10　臺灣公立學校國際課程開辦時間及法規依據一覽表

序號	學校	國際課程開設時間	法規依據
1	竹科實中 International Bilingual School at Hsinchu Science Park	1983年	1979年公布《科學園區設置管理條例》
2	南科實中 National Nanke International Experimental High School	2006年	
3	中科實中 National Experimental High School at Central Taiwan Science Park	2018年	
4	濱江實中 Taipei Municipal Binjiang Experimental Junior High School	2020年	2014年公布《學校型態實驗教育實施條例》
5	西松高中 Taipei Municipal Xisong High School	2021年	2014年發布《高級中等學校辦理實驗教育辦法》
6	大園國際高中 Dayuan International Senior High School	2021年	

（二）公校國際課程之地域分布

　　110學年度我國開設國際課程的6所公校分布於5個城市：臺北市2校（33.2%）、桃園市1校（16.7%）、新竹市1校（16.7%）、臺中市1校（16.7%）、臺南市1校（16.7%）。臺中市（含）以北有5校，佔了83.3%。可見公校辦理國際課程與外僑學校、私立學校情況一樣，也出現「北重南輕」的情形。（詳見圖3-11）

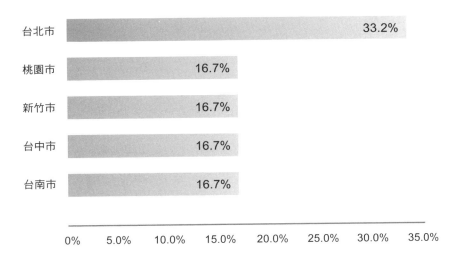

圖3-11　110學年度臺灣五城市公校國際課程分布情形

（三）公校開設之國際課程

　　比起外僑學校和我國私立學校，公校辦理的國際課程種類相對單純。6所學校僅有兩類課程模式：一類是採用IB課程的西松高中（IBDP）、濱江實中（IBMYP）、大園國際高中（IBDP）；另一類是採用美國（USA）聯邦政府制定的課程（Common Core State Standards, CCSS），加上美國大學先修課程（AP）的竹科實中、中科實中、南科實中（詳見下頁圖3-12）。

　　西松高中及大園國際高中畢業生可同時取得我國高中畢業證書及IBDP文憑。濱江實中畢業生只能取得我國國中畢業證書，因為我國9年級畢業為G9，而IBMYP需完成G10課程才能給文憑。竹科實中、中科實中、南科實中3校高中畢業生能同時取得臺灣高中畢業證書、AP學分及考科分數證明。

　　6校都採兩學期制，學期開始與結束時間與臺灣國內中小學相同。

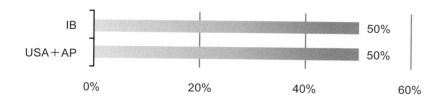

圖3-12　110學年度臺灣公校開設國際課程情形

（四）公校開設國際課程之教育層級

　　6校中以濱江實中最為特別，它的國際課程設在國中階段，採全校辦理模式，招收13-15歲孩童。其他5校都是高中，採部分班級辦理模式，這與絕大部分私校辦理國際課程很像，都類似學校附設國際部／班型態。西松高中及大園國際高中辦理高中階段國際課程，招收16-18歲孩童。3所實中則辦理小學、國中、高中之國際課程，招收6-18歲孩童。（詳見表3-11）

　　濱江實中與西松高中雖都位於臺北市，但彼此無相互銜接的直升機制。換言之，濱江實中畢業生無法直升西松高中。西松高中係以「特色招生管道」方式招收IBDP課程學生。想入讀該校之國中畢業生國中會考成績英文需達「A++」或「英文A+數學A+」以上。大園國際高中也是「特色招生管道」方式招收IBDP課程學生，國中會考成績需達2A3B以上。

　　3所園區實中招生對象包含園區駐區單位員工子女、政府派赴國外工作人員子女、公私立大專院校或研究機構或區外公民營高科技事業單位等員工子女。中科實中及南科實中因設校未滿30年，因此准予在招生名額未滿8成時，放寬招生條件，得招收非園區外國籍學生。

表3-11　110 學年度臺灣公立學校開設國際課程之教育層級一覽表

城市	學校	開設國際課程之教育層級		
		小學	國中	高中
臺北市	西松高中			IBDP
	濱江實中		IBMYP	
桃園市	大園高中			IBDP
新竹市	竹科實中	USA	USA	USA+AP
臺中市	中科實中	USA	USA	USA+AP
臺南市	南科實中	USA	USA	USA+AP

（五）公校國際課程之學生人數

　　到2022年6月為止，6所公校國際課程學生共計1,007人，約佔6校全校學生9,046人的11％。同樣屬於部分辦理的「國際課程部／班」型態，公校國際課程學生人數佔全校學生人數的比例，比私校的19.8％少了約一半。

　　公校國際課程學生的國籍從3國（西松高中）到20國（竹科實中）都有，6校平均達11.2國。這部分和私校（學生國籍數平均為8.45）很接近，多國籍學生的環境比一般學校在國際教育學習上具有優勢（詳見下頁表3-12）。

表3-12 110學年度臺灣公立學校國際課程學生人數一覽表

學校	各教育層級國際課程學生人數			國際課程學生人數合計(A)	全校學生人數(B)	佔全校比(A/B)	學生國籍數
	小學	國中	高中				
西松高中			21	21	1,253	1.7%	3
濱江實中		160		160	226	70.8%	6
大園高中			43	43	1,400	3.1%	7
竹科實中	209	148	190	547	2,846	19.2%	20
中科實中	16	21	42	79	820	9.6%	14
南科實中	52	50	55	157	2,501	6.3%	17
各教育層級合計	277	379	351	1,007	9,046	11%	平均11.2
各教育層級佔比	27.5%	37.7%	34.8%	100%			

　　最老牌的竹科實中已經開設約40年，在新竹科學園區持續蓬勃發展下，學生人數達全校1/5的規模。中科實中雙語部開辦僅3年，且臺中市有不少外僑學校及私立學校開辦國際課程，招生競爭激烈。南科實中雙語部開辦16年，在臺南市既無外僑學校，又無私立學校設立國際課程的情況下，算是難得的指標性學校。至於西松高中、濱江實中、大園高中3校，因為國際課程開辦僅1、2年而已，未來加上各年級學生，人數可望再成長。

　　從各教育層級看，公校國際課程學生小學階段277人（27.5%），國中階段379人（37.7%），高中階段351人（34.8%）。目前西松高中、濱江實中、大園國際高中均未招收國小教育階段，中科實中的小學階段也成立較晚，因此公校辦理國際課程的學生多集中在國中和高中階段，這種學生結

構與私校辦理國際課程非常相似。

（六）公校國際課程之收費

公校國際課程如何收費特別引人關注。6所公校的收費與其設立目的有關，分以下兩部分說明（詳見下頁表3-13）：

1、西松高中、濱江實中、大園高中3校

由於公校的功能並非在於辦理國際課程，因此設立前申請及設立後營運需要額外費用來支付。教育主管機關為鼓勵公校承接任務，提供的專案補助通常包括：國際課程申請及認證、教師前置培訓、設立後教師專業發展課程、兼行政職教師減授鐘點費、IB教師鐘點費加權等費用。不過，實際補助的項目則依各教育主管機關而異。扣除主管機關補助項目後所需費用則由參與國際課程學生均攤。

在這個情況下，公校對國際課程學生收費項目主要落在「學雜費」及「特色課程費」。學雜費依照教育部規定，國際課程學生與一般學生並無差別。特色課程費大部分用於外籍教師聘僱上。

以110學年度來說，西松高中辦理第一年，僅開設一個班，學生人數21人，該校部分IB教師由本校教師培訓擔任，部分教師聘僱外國教師擔任，本國籍學生收費一學年16萬元，非本國籍學生收費一學年23.7萬元。未來該校學生人數逐年增加，每年收費數額應會隨著調整。

濱江實中開辦第二年，學生160人。因義務教育階段的關係，該校學雜費依規定不收費。特色課程方面，由於IBMYP課程屬於課程框架，課程內容由該校教師依MYP課程框架自行研發，包括類似「校本課程」的「跨學科課程」亦是自行研發。目前仍以中文教學為主，並配合雙語政策，非會考考科已逐步推動雙語教學。該校目前尚未另聘外籍教師授課，無需外師聘僱費用。

表3-13　110學年度臺灣公立學校國際課程收費一覽表

城市	學校	110學年度學雜費及特色課程費		
		小學	國中	高中
臺北市	西松高中			本國籍NT$160,000 非本國籍NT$237,000
	濱江實中			
桃園市	大園國際高中			NT$90,000
新竹市	竹科實中	NT$74,890	NT$81,430	NT$90,040
臺中市	中科實中	園區工作人員子女 NT$74,890	園區工作人員子女 NT$81,430	園區工作人員子女 NT$90,040
		非園區外籍人員子女 NT$208,000	非園區外籍人員子女 NT$208,000	非園區外籍人員子女 NT$208,000
臺南市	南科實中	園區工作人員子女 NT$74,890	園區工作人員子女 NT$81,430	園區工作人員子女 NT$90,040
		非園區外籍人員子女 NT$208,000	非園區外籍人員子女 NT$208,000	非園區外籍人員子女 NT$208,000

　　大園國際高中本地生2班，「海外攬才子女教育專班」1班，學生共43人。由於從教育部國教署獲得「海外攬才子女教育專班」補助，又從桃園市教育局獲得「兼行政職教師減授鐘點費」及「IB教師鐘點費加權補助」，加上綜合運用教育部雙語師資補助，因此收費9萬元。

2、竹科實中、中科實中、南科實中

3所實中每年的營運費用全由科技部補助。3校依規定每年編列的公務預算包括基本需求與科技預算，如有不足則由各園區廠商回饋的作業基金中補足。因此，3所實中聘僱的外籍教師人數，雖然比臺北市西松高中及桃園市大園國際高中多出許多，但學費卻相對較低。3所實中對於園區工作人員子女收費一學年約7.5-9萬元。中科實中與南科實中在招生率未滿8成時，得招收非園區外國籍學生，這部分收費則不論小學、國中或高中，一學年皆約20.8萬元。

（七）公校國際課程授課語言及外語課程

除濱江實中的IBMYP大部分科目以中文授課，非會考科目逐步雙語授課外，其他5校的國際課程大部分科目都是以英文授課。大園國際高中則特別強調學生外語能力之養成。該校設立後全面推展第二外語（日語、法語、德語、西班牙語），並將之設為校訂必修。同時該校積極與國內知名大學外語學院進行結盟，引入國際交換學生，增加學生接觸及應用外語的機會。不過，必須澄清的是，該校因為冠上「國際」二字，自設立以來經常引起誤解。一般人以為該校在設立開始即為一所國際學校，事實上該校真正開設國際課程是2021年的事。

110學年度以大園國際高中開設4種第二外語（日語、法語、德語、西班牙語）為最多。西松高中每年擇3種第二外語開設（110學年度為韓語、日語、西語），這些第二外語都是108課綱多元選修科目，國際課程學生跟普通班學生一起跑班，資源共享。濱江實中雖無第二外語，但雙語課程逐年增加中。中科實中及南科實中均開設1種第二外語（德語）。除濱江實中外，其他5校都開設ESL及CSL（詳見下頁表3-14）。

表3-14　110學年度臺灣公立學校開設外語課程及語文支持課程一覽表

城市	學校	English	French	German	Japanese	Spanish	Korea	外語合計	ESL	CSL
臺北市	西松高中	●			●	●	●	4	●	●
	濱江實中	●						1		
桃園市	大園國際高中	●	●	●	●	●		5	●	●
新竹市	竹科實中	●						1	G1-G6	●
臺中市	中科實中	●		●				2	●	●
臺南市	南科實中	●		●				2	G1-G2	●

（八）公校國際課程參與國際組織情形

　　西松高中、濱江實中及大園高中都參加IBO（International Baccalaureate Organization)）。竹科實中、中科實中及南科實中不但參加AP大學委員會（AP college Board），並同時參加其他1-3個國際組織。竹科實中共參加4個國際組織，是公校中參加國際組織中最多的學校，這與其辦學40年累積的專業經驗及聯繫網絡有關。WASC及ISS在前面私校部分已做說明。EARCOS是東亞地區國際學校理事會，為一提供國際學校行政與教師專業進修及交流的機構，申請加入時需要通過該機構之評鑑，之後則每年繳會員年費。其他不是會員學校，亦可以較高的報名費參加EARCOS提供的研討會議。（詳見表3-15）

表3-15　110學年度臺灣公立學校國際課程參加國際組織一覽表

城市	學校	International Baccalaureate(IBO)	AP College Board	Western Association of School and Colleges(WASC)	East Asia Regional Council of Schools(EARCOS)	International School Service（ISS）	合計 參與數
臺北市	西松高中	●					1
	濱江實中	●					1
桃園市	大園國際高中	●					1
新竹市	竹科實中		●	●		●	●	4
臺中市	中科實中		●			●	2
臺南市	南科實中		●	●	●		3

四、非學校型態實驗教育機構辦理國際課程

　　「非學校型態實驗教育機構辦理國際課程」是臺灣一種新型態的國際學校。它的出現全拜「實驗三法」之賜。2014年11月出爐的「實驗教育三法」在「保障學生學習權、保障家長選擇權、實踐教育創新及促進多元發展」的目的下，賦予「實驗教育」打破現有教育框架之權利，而「非學校型態實驗教育」無疑是「實驗教育三法」中最具創新性及突破性的一個。

　　110學年度，我國已有6所非學校型態實驗教育機構（簡稱非學機構）辦理國際課程。他們是復臨國際實驗教育機構（Taiwan Adventist International School，簡稱TAIS）、中信國際實驗教育機構（CTBC

International Academy，簡稱CIA）、聯合國際實驗教育機構（United Education International School，簡稱UEIS）、VIS國際實驗教育機構（VIS@betterworld Lab Experimental Education Institution，簡稱VIS）、有得實驗教育機構（Yoder International Academy，簡稱Yoder）、星光實驗教育機構（Starlight Experimental Education Institute，簡稱Starlight）「麻雀雖小，五臟俱全」，這6個非學機構規模雖小，卻同樣具備學校型態辦理國際課程所需條件。

（一）非學機構辦理國際課程背景及法規依據

非學機構辦理國際課程依據的是「實驗三法」中的《高級中等以下教育階段非學校型態實驗教育實施條例》（簡稱《非學型態實驗教育條例》）。實驗三法於2014年底發布。教育部旋即於2015年1月29日第1次全國教育局（處）長會議時做專題報告，藉以鼓勵各直轄市、縣（市）政府因應地方需求辦理實驗教育。教育部說明《非學型態實驗教育條例》目的在於賦予參與非學校型態實驗教育者辦學彈性，讓非學校型態實驗教育得以個人、團體及機構實驗教育等方式辦理（國教署，2018）。

依據2018年1月31日教育部新修正公布之《非學型態實驗教育條例》，非學校型態實驗教育機構辦理國際課程，可以在固定場所實施（第4條第1項），也可以依法申請使用公立學校之閒置空間，或經學校財團法人依法同意租、借私立學校之空餘空間實施（第7條第2項），彈性很大。不過，招生人數有限制，即每班學生人數不得超過25人，國民教育階段學生總人數不得超過250人，高級中等教育階段學生總人數不得超過125人，且生師比不得高於10：1（第4條第2項）。此外，實驗教育計畫期程配合學校學期時間有一定效期。小學教育階段最長為6年，國中教育階段最長為3年，高中教育階段最長為3年（第6條）。

在《非學型態實驗教育條例》引領的創新及開放氛圍下，TAIS是第

一所辦理國際課程的非學機構（2015年）。接續是CIA（2017年）、UEIS（2018年）、VIS（2019年）、Yoder（2019年）、Starlight（2020年）。（詳見表3-16）

表3-16　臺灣非學機構國際課程開辦時間及法規依據一覽表

序號	學校	國際課程開辦時間	法規依據
1	復臨國際實驗教育機構	2015年	《高級中等以下教育階段非學校型態實驗教育實施條例》
2	中信國際實驗教育機構	2017年	
3	聯合國際實驗教育機構	2018年	
4	VIS國際實驗教育機構	2019年	
5	有得實驗教育機構	2019年	
6	星光實驗教育機構	2020年	

　　6所非學機構背景十分多元。TAIS與臺北市復臨美國學校同為復臨教會下之教育機構，辦理國際課程已有多年經驗。CIA與中信金融學院同為中信金控所捐資成立。CIA設立後，中信教育體系從大學向下延伸到國中，其企業精神得透過教育傳承。UEIS受有心送孩童出國留學的家長委託而設立。VIS結合多位有國際課程理念的臺大教授一起辦學，具有跨國學術連結優勢。Yoder的前身為有得雙語中小學的國中部國際班（2016年成立），辦學已有口碑。Starlight屬於星光教育集團，該集團經營的幼兒園幾乎都走雙語路線。

（二）非學機構國際課程之地域分布

　　6個非學機構分布在6個城市，一城市一機構。由北到南分別為宜蘭

縣、臺北市、桃園市、臺中市、南投縣及臺南市。臺中市（含）以北共計
4校，佔67％。非學機構的量體雖小，但國際課程市場「北重南輕」情形
依然可見。（詳見圖3-13）

　　在設立條件上，非學機構的較有彈性，6個非學機構辦學地點也不同
於學校型態。例如UEIS租借中道中學部分閒置校地校舍，校園區隔，獨
立門號出入；VIS設在國立臺灣大學校園內；CIA設在中信金融管理學院
大學校園內；TAIS設於在三育基督學院內。

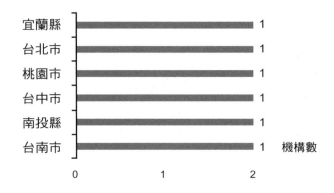

圖3-13　110學年度臺灣六個城市非學機構開設國際課程情形

（三）非學機構開設之國際課程

非學機構雖然只有6所但採用的國際課程非常多樣，共有以下4種模
式：（詳見圖3-14）

　　1、VIS提供加拿大課程（Canada）及AP課程。

　　2、Starlight提供芬蘭國定基礎課程（Finland）、IBPYP與IBMYP課
程（申請中）。

　　3、UEIS、Yoder、TAIS提供美國學制課程（USA）及AP課程，與

外僑學校及私立學校情形一樣，這是最多機構採用的一種，約佔49.9%。
其中，UEIS及Yoder採用美國聯邦政府制定的課程（CCSS）。TAIS採用
美國Griggs International Academy體系課程，為其認證之海外學校。
Griggs International Academy是基督復臨安息日教會認可的遠距教學學
校，提供從學前到高中（K-12）教育。

　　4、CIA的國際課程最為獨特，它採用AP課程，加上CIA國際課程系
統，並同時開設中信金融管理學院的大學先修課程。CIA國際課程系統由
該機構的我國籍教師與國際師資群，依據「解構傳統教育，勇於嘗試探索
創造、培養全人發展」教育理念，以及「以學生為中心」的教學模式，共
同研發建立。

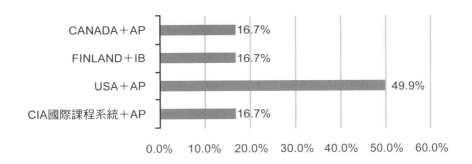

圖3-14　110學年度臺灣非學機構開設國際課程情形

　　VIS學生12年級學生前往加拿大夥伴學校Columbia International
College完成12年級課程通過即可取得OSSD安大略省高中畢業證書。
Yoder的國際課程已通過美國 Cognia 認證，高中畢業證書可獲得該組織
認證。復臨的高中畢業證書經Griggs International Academy認證。
Starlight的IBMYP正在申請中，通過後學生才能獲頒IBMYP文憑。

　　就讀於非學機構的國際課程學生完成課程時數，並通過所要求的條件

後，除由主管教育機關頒發「完成非學校型態實驗教育證明」外，有些取得獲外國認證的畢業證書，有些取得IB文憑，有些取得AP學分及考科分數證明。

6個機構中除了UEIS外都採用兩學期制，學期開始與結束與國內中小學差不多。UEIS將兩個學期縮短，另加一個小學期（暑假兩個月），總共三學期。

（四）非學機構開設國際課程之教育層級

6個非學機構都是全部班級辦理模式，與前面提到私校及公校大多為部分班級辦理模式不同，提供的教育層級也相當多元。UEIS、VIS、TAIS、CIA提供國一至高三課程，招收12-18歲孩童。Yoder開設小六至高三課程，招收11-18歲孩童。Starlight提供小一到國三課程，招收6-15歲孩童。（詳見表3-17）

（五）非學機構國際課程之學生人數

目前非學機構辦理國際課程尚在起步階段，加上受限於法規對招收學生總數之限制，各校規模都不大。以2021學年度的學生人數來看，UEIS 90人、VIS 共159人、Yoder共140人、Starlight共116人、TAIS共81人、CIA 共85人，總計671人。從各教育層級看，小學階段學生86人（12.8%），國中階段學生150人（37.2%），高中階段學生335人（50%）。高中階段學生人數較多，學生就讀目的多在出國升讀大學。

非學機構招生人數不以多取勝，家長把孩子送到非學機構，更重視的是精緻化的服務。因此，有的非學機構仍相當重視孩童國際視野的提升，有計畫地舉辦國際交流活動。6個非學機構小班制的學習環境，學生仍來自多個國家。學生國籍數從4到14都有，平均達7.5國。雖然不及私校

8.45國及公校11.2國，但也比國內一般學校的單一國籍來得多。（詳見頁138表3-18）。

表3-17　110學年度臺灣非學機構開設國際課程之教育層級一覽表

城市	學校	開設國際課程之教育層級		
		小學	國中	高中
宜蘭縣	聯合國際實驗教育機構		USA	USA+ AP
臺北市	VIS國際實驗教育機構		CANADA	CANADA+ AP
桃園市	有得實驗教育機構	USA （G6）	USA	USA+ AP
臺中市	星光實驗教育機構	FINLAND+ IBPYP (G1-G6)	FINLAND+ IBMYP (申請中)	
南投縣	復臨國際實驗教育機構		USA	USA+AP
臺南市	中信國際實驗教育機構		CIA國際課程系統	CIA國際課程系統 +AP+中信金融管理 學院大學先修課程

（六）非學機構國際課程之收費

收費方面，6個非學機構依其實際辦學條件及服務項目仍有差異。以110學年度來看，一年的學雜費加上特色課程費用（不含午餐、校車、住宿、個別學生課程規劃等因然而異之代收代辦費），小學約30-46萬元，國中約25-60萬元，高中約25-66萬元。整體而言，收費標準與私校相差

國際學校解碼

不大（詳見表3-19）。

表3-18　110學年度臺灣非學機構國際課程學生人數一覽表

城市	學校	各教育層級國際課程學生人數			國際課程學生人數合計	學生國籍數
		小學	國中	高中		
宜蘭縣	聯合國際實驗教育機構		45	45	90	4
臺北市	VIS國際實驗教育機構		61	98	159	14
桃園市	有得實驗教育機構	20	60	60	140	9
臺中市	星光實驗教育機構	66	50		116	7
南投縣	復臨國際實驗教育機構		19	62	81	6
臺南市	中信國際實驗教育機構		15	70	85	5
各教育層級合計		86	250	335	671	平均7.5
各教育層級佔比		12.8%	37.2%	50%	100%	

表3-19　110學年度臺灣非學機構國際課程收費一覽表

城市	學校	2021學年度學雜費＋特色課程費		
		小學	國中	高中
宜蘭縣	聯合國際實驗教育機構		NT$480,000	NT$480,000
臺北市	VIS國際實驗教育機構		NT$500,000	NT$500,000
桃園市	有得實驗教育機構	NT$300,000	NT$300,000	NT$300,000
臺中市	星光實驗教育機構	NT$460,000	NT$520,000	
南投縣	復臨國際實驗教育機構		NT$600,000	NT$660,000
臺南市	中信國際實驗教育機構		NT$250,000	NT$250,000

（七）非學機構國際課程授課語言及外語課程

6個非學機構授課主要語言都是英文。UEIS和CIA開設5種第二外語，居各校之冠。UEIS有荷蘭文、德文、日文、韓文及西班牙文課程；VIS有法文、西班牙文及日文課程；Yoder開設西班牙文及日文課程。Starlight有德文課程；TAIS有韓文課程；CIA有法文、德文、日文、韓文及西班牙文課程。這些第二外語的開設顯然為非學機構的國際課程加分不少。

除對於外語之重視，6個非學機構針對不同年級學生的不同需要，亦提供各種語文支持課程。包括英語做為第二語言課程（English as Second Language Program）、英文做為其他語言課程（English as an Additional Language Program）、英文加強課程（English Enhancement Program）、英語學習課程（English Language Learning Program）、中文做為第二語言課程（Chinese as Second Language）、中文加強課程（Chinese Enhancement Program）等。和私校一樣，有些語文支持課程內含在學費之中，有些則需另外付費，每校規定不同（詳見下頁表3-20）。

（八）非學機構國際課程參與國際組織情形

110學年度，6個非學機構都已加入至少一個國際學校或國際課程組織。Starlight是IBO會員；其餘5個非學機構都是美國AP College Board的會員。UEIS已申請WASC認證中；VIS是英國文化協會夥伴學校，並已申請加入CIS。Yoder剛成為Cognia認證學校，並已申請加入CIS。非學機構最怕家長詬病的可能就是辦學或課程品質了，就這點來說，6個非學機構並無因為規模小就省略品管環節（詳見頁141表3-21）。

表3-20　110學年度臺灣非學機構開設外語課程及語文支持課程一覽表

	學校	English	Dutch	French	German	Japanese	Korean	Spanish	外語合計	ESL/EAL/EEP	CSL/CEP
宜蘭縣	聯合國際實驗教育機構	●	●		●	●	●	●	6	G7-G10	G7-G10
臺北市	VIS國際實驗教育機構	●		●	●			●	4	G9-G12	
桃園市	有得實驗教育機構	●				●		●	3	G9-G12	G6-G8
臺中市	星光實驗教育機構	●			●				2	G2-G9	G1-G9
南投縣	復臨國際實驗教育機構	●					●		2	G7-G12	
臺南市	中信國際實驗教育機構	●		●	●	●	●	●	6	●	●

五、高中辦理附加式國際課程

　　近年來臺灣的高中興起一股辦理「附加式國際課程」的浪潮，所謂「附加式國際課程」是指我國高中在國定課程的實施主軸下，利用校訂必修課程、選修課程、彈性學習時間或課餘時間，另外提供學生在高中三年期間修讀國際課程的機會，因為是小部分學生修讀，又因為是國定課程外加的小部分額外課程，因此稱為「附加式國際課程」，亦稱「外搭式國際課程」。

　　這種課程一般都是由我國高中與其選定之外國教育機構簽訂備忘錄在

表3-21　110學年度臺灣非學機構國際課程參加國際組織一覽表

城市	學校	International Baccalaureate(IBO)	AP College Board	Western Association of School and Colleges(WASC)	Council of International School(CIS)	Cognia	British Council Partner Schools	合計參與數
宜蘭縣	聯合國際實驗教育機構		●	申請中				1
臺北市	VIS國際實驗教育機構		●		申請中		●	2
桃園市	有得實驗教育機構		●	●	申請中	●		3
臺中市	星光實驗教育機構	●						1
南投縣	復臨國際實驗教育機構		●					1
臺南市	中信國際實驗教育機構		●					1

先，然後由學生修習該外國教育機構開設的課程在後。我國學生完成應修學分，符合要求條件，外國教育機構發給該國高中畢業證書，或發給大學預科文憑，視簽約對方係高中或大學校院，以及提供何種課程而定。

　　國際學校的「新本土現象」在我國又一次展現不同面貌。因為在臺灣，這種高中附加式國際課程必須是學生考進學校後的一種課程選擇，學校不可以此做為考進學校的篩選條件。雖然如此，我國學生卻能在國內高中求學過程中同時修讀國際課程，取得另一張國際認可文憑，進而銜接外

國大學。

（一）4種常見的高中附加式國際課程

高中辦理附加式國際課程對於學生修習學分數的要求，依計畫的不同，差異很大。以目前實施情況看，附加式國際課程學生完成修課所花的時間，大約佔了高中三年修業總學分數的3％到30％，計畫不同，差異甚大。目前有4種常見的附加式國際課程：

1、外國高中文憑課程

此為外國高中提供海外修習者之高中文憑課程。作法上通常由外國高中採認我國高中大部分課程學分，經過學分抵免後，我國學生只須補修小部分外國高中課程學分。學生完成修習，通過考核，學習成果獲得對方採認。

2、美、加大學先修課程

美、加高中或大學有獲得授權提供大學先修課程給海外修習者。在臺灣修習的高中學生取得美、加大學先修學分後，未來進入美、加學制相容的大學就讀，經採認即獲得部分學分抵免。

3、英國大學預科學分課程

英制大學可在海外為外國高中學生提供大學預科學分課程。修習者取得大學預科學分後，未來進入英制大學就讀時可抵免部分學分。

4、外國語言課程

外國高中、大學或語言教育機構可提供海外修習者一定時數的語言課程。這些語言課程有時是我方學生取得國際課程認證的必要條件，有時是

額外開放讓學生自由選修，視國際課程提供條件而定。

（二）高中為什麼要辦理附加式國際課程

筆者曾於2020年調查臺灣數十位高中校長們辦理「附加式國際課程」的動機為何，歸納起來原因包括以下各點：

- ✓ 提供學生多一些升學管道
- ✓ 供學生多元學習方式
- ✓ 加強學生外文能力
- ✓ 回應家長對學校國際化的需求
- ✓ 提供國際面向學習資源及機會，幫助學生實現夢想
- ✓ 回應學生留學需求
- ✓ 拓展學生國際視野
- ✓ 增加學生國際競合力

從這些動機看，我國高中教育已然從教育權過渡到學習權，學校辦學的目的也從「以教師為中心」轉換成「以學生為中心」。近幾年附加式國際課程在公、私立高中如雨後春筍般出現，相當程度說明了臺灣的高中教育正趕上全球化時代「課程國際化」，或「課程去國家化」的風潮。

（三）高中辦理附加式國際課程之法規依據

由於國際課程是學生透過選課、自主學習時間或課餘時間進行，不影響國定課程學分之認定，也無學分轉換問題，因此，高中辦理附加式國際課程沒有適法性問題。公、私立高中依據現行教育部高中階段有關規定，如《十二年國民基本教育課程綱要》、《高級中等學校課程綱要》、《高級

中等學校學生學習評量辦法》、《高級中等學校辦理學生國外學歷採認辦法》等,即可辦理。因此,不少私立高中都自行辦理,公立高中則會報陳主管機關同意後再行辦理,或由主管機關指定辦理。

現階段我國各教育主管機關,包括教育部國教署、各地方政府教育局/處對於外搭式國際課程相關法令之掌握並不完整,處於「互相學習」階段。臺北市起步最早,該市教育局依據上游的法規制訂公布了《臺北市高級中等學校學生校際學習及學分抵免或升學實施要點》、《臺北市國際教育中長程實施計畫》,以及《臺北市公私立高中職108至110年度申請發展國際文憑補助計畫》等,提供辦理附加式國際課程學校相當明確的指引。其他直轄市教育局及縣市教育處則尚未制訂類似法規。許多學校都在摸索中前進。

(四)公立高中附加式國際課程之地域分布

「附加式國際課程」從私立高中開始辦理。2017年臺北市立中正高中是第一個辦理的公立高中,後來愈來愈多公立高中也開始辦理。因此,臺北市可說是公立高中辦理「附加式國際課程」的領頭羊。雖然大部分計畫都是單一學校參與,但臺北市、新北市在教育局主導下也形成不少「聯盟學校」,亦即一個計畫有多個學校參與。

110學年度全臺約有41所公立高中20個附加式國際課程分布在4個城市:臺北市30校次,新北市5校次,臺中市6校次,高雄市5校次。臺北市是超級城市。(詳見圖3-15)

(五)公立高中附加式國際課程之學生人數

110學年度我國總計有640名公立高中學生參加「附加式國際課程」,他們只分布在4個城市:臺北市427人(67%),新北市23人(4%),臺

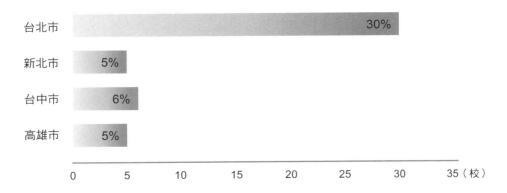

圖3-15　110學年度臺灣四城市公立高中附加式國際課程分布情形

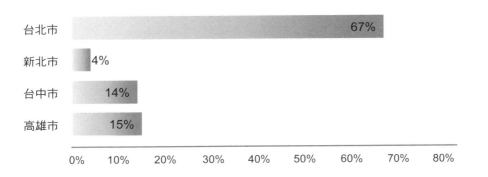

圖3-16　110學年度臺灣四城市公立高中附加式國際課程學生人數佔比

中市93人(14％)，高雄市97人（15％）。臺北市就佔了近7成，臺中市（含）以北共佔85％，仍出現「北重南輕」情形。（詳見圖3-16）

　　不過，參與學生人數並不等於完成課程人數，由於修讀這類國際課程是附加的概念，不少學生抱持「進可攻，退可守」的心態試試。公立高中學生大多來自本地中產階級家庭，會選擇進入本地高中，基本上對於在國內升讀大學應有一定期望。因此，即便接觸到國際課程，也未必全部學生都會改變升學方向。何況在高中課業沉重負擔下，「額外」花時間及精力

去就讀國際課程也不是件容易的事，只有下定決心要出國的學生比較有可能堅持到底。過去兩年，由於「附加式國際課程」尚在開辦的前幾年，又遇到新冠肺炎疫情，導致有些實體課程無法順利進行，不少學生可能因此中斷或放棄。此外，有些家長擔心外國疫情，也會重新評估是否讓孩子畢業後如期前往國外升學。

（六）公立高中附加式國際課程之所屬學制

41所公立高中20個附加式國際課程分屬3個國家學制：美國12個計畫（60％）、英國4個計畫（20％），加拿大4個計畫（20％）。反映出我國公立高中對於美制大學接受度較高，其次是英制大學及加制大學。國家學制不同，升讀該國大學的要求也就有所差異。（詳見圖3-17）

美國學制因為沒有一個由中央統籌的中學畢業考試制度，過去申請大學需先考過「學術能力測驗」（Scholastic Aptitude Test）和「學術評估測試」（Scholastic Assessment Test）（以上簡稱SAT）或「美國大學測驗」（American College Testing, ACT）。SAT或ACT屬於標準測驗，目

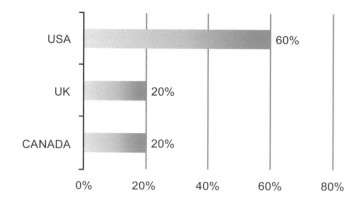

圖3-17　110學年度臺灣公立高中附加式國際課程所屬國家學制佔比

的在考核學生的基本能力。但近年來，美國大學為了與各國大學競爭，僅參考托福成績、高中畢業文憑（或同等學力證明）及特殊表現的也為數不少，這些要求條件基本上由各大學自訂。英制及加制主要看該國高中畢業文憑（或同等學力證明）及英語能力。

（七）公立高中附加式國際課程之合作對象

公立高中附加式國際課程之合作對象有二類：外國高中及外國高等教育機構。截至2022年5月止，我國公立高中與外國教育機構簽訂備忘錄共20件。其中3/4與外國高中簽約，1/4與外國高等教育機構簽約。

1、外國高中

外國高中共7校，包括美國加州私立費爾蒙高中（Fairmont Private School）、加拿大薩斯卡通市國際線上學校（Saskatoon International Online School）、加拿大安大略省上麥迪遜高中（UMC High School-Main Campus）、美國緬因州私立中央中學（Maine Central Institute）、加拿大亞伯達省公立紅鹿天主教學校（Red Deer Catholic International）、美國私立箴言高中（Living World Lutheran High School）及美國緬因州私立索頓中學（Thornton Academy）。

這些外國高中大部分是私立學校，小部分是公立學校（如加拿大Red Deer Catholic International）。我方高中學生修完學分，通過考核，學習成果之採認，依雙方協議有各種可能。常見有4種情形：（1）我國高中與對方共同簽署「高中各科平均成績落點」（GPA）；（2）我國高中畢業證書獲得對方採認為其海外學校畢業證書。（3）我國高中畢業證書獲得對方採認為其高中同等學力證書。（4）對方發給我方學生研習學分及成績證明。

2、外國高等教育機構

高等教育機構共3校，即英國北方大學聯合會（The Northern Consortium UK）、英國普利茅斯城市學院（City College Plymouth）及美國加州矽谷聖馬特奧三學院（San Mateo Colleges of Valley）。我方高中學生修完學分通過考核，原則上可取得外國高等教育機構核發之修習證明。這些高等教育機構因為具有該國升學網絡，我方高中畢業生可依其進路申請入學。

目前外國高中及高等教育機構合計10校，與我國41所公立高中進行相同的，或類似的國際課程計畫，出現不少一對多的情形，亦即一個外國教育機構對我國多所高中執行計畫。這類附加式國際課程被當成國際合作交流計畫的同時，也被當成一種「教育商品」。有些教育機構在臺設有辦事處，有專人負責向各高中行銷與居中聯繫；有些則透過其政府駐臺辦事處引介牽線。

（八）公立高中附加式國際課程之實施方式

臺灣的附加式國際課程愈來愈多樣，課程實施方式決定於「授課語言」、「抵免我國學分後之應修學分及小時」、「修課方式」及「修課時數」。其中，修課方式更是關鍵。舉例而言，臺北市中正高中與美國 Fairmont Private School 簽署的課程計畫，授課語言是英文。學生抵免後應修學分為42學分（756小時），加上美國AP課程8學分144小時。修課方式包括三部分：1、在臺灣上864小時的實體授課課程；2、一個暑假到美國上36小時（5週）的實體授課課程；3、60小時的非學分（語言／論文／社區服務）課程。

公立高中附加式國際課程大多以英文授課，修課模式包括以下6種：

1、部分臺灣實體授課＋部分外國實體授課

2、部分臺灣實體授課＋部分臺灣線上授課＋部分外國實體授課

3、全部外國實體授課

4、部分臺灣實體授課＋部分臺灣線上授課

5、全部臺灣線上授課

6、部分臺灣線上授課＋部分外國實體授課

（九）公立高中附加式國際課程之收費

附加式國際課程所需費用由學生自付。收費項目依修課模式而定。「臺灣實體授課」主要收費項目有註冊費、學分費、教材費、考試費、講座鐘點費、活動雜支。「臺灣線上授課」主要收費項目有註冊費、學分費、教材、考試費。「外國實體授課」主要收費項目有往返機票、國外交通費、國外食宿、學分費、保險費。

110學年度41所公校共20項計畫，以每項計畫3年所需費用合計，並以每10萬元為一級距，各項計畫收費落點從 1-9萬元到80萬元以上都有。「臺灣實體授課」3年所需費用約15萬元到60萬元。「臺灣線上授課」從3年10萬元到40萬元都有。「外國實體授課」依國外所待時間而異，出國一個暑假（4-5週）需要20-25萬；出國一整年要大約60萬。

整體來看，公立高中附加式國際課程收費確實比私校國際課程、公校國際課程或非學機構國際課程來得低，這也許是一個吸引本地家長及學生的重要原因。20項計畫3年所需費用落點集中在60-69萬元（7項）及70-79萬元（5項）。這個收費與「私校辦理國際課程」、「公校辦理國際課程」、「非學機構辦理國際課程」相比，大概是以上各類課程的1/3，確實「俗又大碗」（詳見下頁圖3-18）。

小結

截至2022年6月為止，我國境內「非教育體制國際學校」有22所外

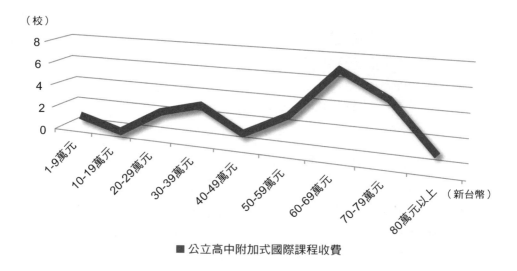

（校）

■ 公立高中附加式國際課程收費

圖3-18　110學年度臺灣公立高中附加式國際課程收費級距落點

僑學校，學生人數9,330人。「教育體制內國際學校」有數十餘校，學生人數約9,678人（包含14所私立學校辦理國際課程，學生人數約7,000人；6所公立學校辦理國際課程，學生人數約1,007人；6所非學機構辦理國際課程，學生人數約671人；公、私立高中辦理附加式國際課程學生人數約1,000人）。兩邊旗鼓相當。不過，外僑學校是發展了40餘年的結果，而教育體制內學校辦理國際課程卻是近20年的事──尤其是近10年來加速發展的結果。從臺灣國際學校學生人數不斷增加的情形可以看出，隨著全球化加速發展，臺灣中小學的家長及師生對國際課程的需求也正在快速成長。

Part 4

延伸：
亞洲 7 國國際學校翻新頁

國際學校解碼

　　要解答國際學校未來如何發展的問題，必須從各國的角度切入觀察。道理很簡單，因為國際學校設置在各國境內，基於國際法的屬地管轄權，各國政府對它的設置及管理政策將是最大的影響因素。隨著國際化（國際主義）及全球化（全球主義）加速進展，各國（民族主義）是否開放國際學校，以及如何開放，或多或少都需要妥協與讓步。在這個議題上，也許那些在語言文化上與臺灣較為接近的東南亞及東亞國家可以做為借鏡。為此，本章選擇了新加坡、泰國、日本、南韓、馬來西亞、印尼及中國大陸做為對照組來進行瞭解。看到這些國家國際學校政策如何抉擇，臺灣國際學校未來如何發展的答案也就呼之欲出了。

一、亞洲6國國際學校概況

　　亞洲六國都將境內國際學校視為外國學校（非本國教育體制國際學校），因此各國管理上大致都依循本國教育法制與國際法原則，把它跟本國學校切開處理。1980年代以後，在全球化推波助瀾之下，有些當地國政府逐漸開放本國籍學生進入外國學校就讀，有些甚至設立「本土型」國際學校（本國教育體制內國際學校）。「土洋混雜」使得國際學校變得更為複雜。這些「去國家化」效應其實正在各國教育領域不斷浮現。

（一）新加坡的國際學校

　　新加坡在國內學校系統之外有「外國體系學校」（Foreign System Schools，簡稱FSS）。FSS指的是全部或實質依照外國或國際課程的全時制小學及中學課程（Singapore Private Education Act, 2011）。FSS在概念上包括了「外國課程」與「國際認證課程」。外國課程指國家本位的課程，如英制、德制、日制等。國際認證課程則指非國家本位，而由國際課程組織開發認證的課程，如IB、IPC等。

　　新加坡規範FSS的母法為2011年12月31日新修訂之《新加坡私立教育法》（Singapore Private Education Act, 2011）。依照該法，FSS屬性為私立學校，與其他私立學校同樣劃歸新加坡私立教育協會（The Private Education Institution, PEI）管理。FSS並無享有特權，屬於國民待遇。這種作法在亞洲國家較為少見，反而比較接近美國規範國際學校的作法。

　　雖然新加坡對於境內FSS的立案條件非常寬鬆，但是新國對於本國公民就讀國際學校卻採取完全禁止政策。新加坡於2000年通過《強迫教育法》（Compulsory Education Act），並從2003年開始實施該法。依據該法，新加坡國民從6歲至15歲必須接受國民教育，違反者父母或監護人最高得罰鍰5000元新加坡幣（約新台幣12萬元），或拘禁一年。只有少數特殊需求學生得免除強迫教育義務，如要就讀FSS必須個案申請免除（Ministry of Education Singapore, 2017）。2017年時新加坡共有34所FSS，在FSS就讀的學生人數達4萬餘人（Contact Singapore, 2017）。到了2022年6月，新加坡的FSS有61所（包含幼兒園，不包含本國教育體制內國際學校）（International Schools Database, 2022），呈現成長趨勢。

　　不過，新加坡也從2002年開始研議開放本國教育體制國際學校設立。2002年曾任教育部長的新加坡副總理兼財政部長尚達曼（Tharman Shanmugaratnam）領導一個中學教育檢討委員會，並提出改革建議。依據該委員會建議，新加坡教育部自2004年起批准3所頂尖的私立學校（英華國際中學、華中國際學校和聖約瑟國際學校），以私人集資的方式分別設立國際學校（Contact Singapore, 2017）。3校還得到經濟發展局的大力支持，包括協助向政府租借閒置校舍、貸款並取得公益機構資格，讓捐款者能獲得稅務優惠及扣稅等。2004年4月貿工部兼國家發展部政務部長的維文醫生在記者會上說：「讓本地學校設立國際學校，不只能增加我國教育景觀的多姿多彩，為本地和海外學生增加一個選擇，而且還將因其能行使不受教育部侷限的自主權，而實踐富企業精神、有創新意念的教學法，成為我國教育界的先行者及楷模。」（潘星華，2013）。在那之後，新加

坡政府更進一步核准公立學校辦理IB課程，包括1所公立幼兒園（Barker Road Methodist Church Kindergarten）和3所公立專門高校（School of the Art, Singapore, Singapore Sports School, St. Joseph's Institution）。

　　和許多國家不同的是，新加坡從一開始就把境內國際學校視為一種經濟戰略。經濟發展局葉成昌在2013年2月新加坡德威英國國際學校（Dulwich College）的推介會中強調：「跨國公司決定駐守在哪個城市發展，最重大的考量因素之一是那裡有沒有好的國際學校能讓前來工作的員工孩子接受良好教育。因此，要吸引國際投資及外國公司到新加坡來，優質的國際學校不能少。」（引自潘星華，2013，頁30）顯見國際學校在其他國家僅是為培育外國人才子弟的學校，但在新加坡卻是吸引國際菁英的重要基礎設施。

（二）泰國的國際學校

　　泰國的「國際學校」（international school，簡稱IS）指的是課程系統非依泰國教育部規定課程，引用國外課程系統，或運用國外課程系統訂定新內容，或自訂課程，並使用外國語言教學，且不限宗教、種族、不違反國家安全及道德之學校（〈關於學齡前、小學與中學的私立國際學校標準之規定〉，2007）。

　　早在1991年，泰國前總理阿南政府（泰文Anand Panyarachun）就宣示「關於國際學校政策」，允許國際學校在泰國設立，但規定泰國學生人數不得超過總學生人數的50％。到了1999年，當時執政政府有感於教育制度自拉馬王政以來從未修改，已經無法因應變化迅速的國際化社會，遂發布新的教育改革法，同時也開始注意到國際學校的需求問題，不過當時泰國僅有43所國際學校（駐泰國經濟文化辦事處，1999）。2000年以後，泰國許多家長希望培養孩子使用英語溝通的能力，但又不願送孩子到外國學習，國人需求帶動國際學校迅速擴張。

　　2002年泰國商業部政務次長蘇凡表示，在公立學校不必繳稅的情況下，泰國有62所國際學校卻必須繳付大樓產值12.5％的稅金，這使得國際學校缺乏利潤，沒有經費增加教學設備提高學校教育水準。為使泰國成為國際教育中心，決定降低國際學校房地稅（駐泰國經濟文化辦事處，2002）。政策一改，2003年一年之中，獲得泰國政府批准建立的國際學校就達18所。2004年一年國際學校就為泰國家帶來約60億泰銖的收入（約新台幣56.7億元）（駐泰國代表處教育組，2004）。這個結果使得泰國政府於2007年發布《泰國國際學校標準規定》（2007），自該年起解除泰國學生人數不得超過總學生人數50％之限制。

　　2018年2月泰國內閣辦公室發布教育部訂頒之「正規國際教育標準措施」，要求國際學校必須符合外國政府機構制定標準，並需經泰國教育部認可機構評估與審核，以符合教育質量標準。泰國教育部私立教育署會定期將名單公布給民眾參考。2019年「正規國際教育標準措施」認可機構有5：1、Western Association of Schools and Colleges（WASC）；2、Council of International Schools（CIS）；3、Education Development Trust（EDT）；4、New England Association of Schools and Colleges（NEASC）；5、其他經泰國教育部私立教育署認可之機構（駐泰國代表處教育組，2019）。

　　在泰國政府政策引導下，泰國境內的IS逐年不斷成長。2015年IS有161校，學生人數為44,497人；到2019年，IS達207校，學生人數迅速增為87,343人，已是2015年的2倍（Education in Thailand 2019-2021）。

（三）日本的國際學校

　　日本以「外國人學校」（Foreign schools, 簡稱FS）來指那些專以提供外國人士子女教育為目的之設施。這些「外國人學校」之中，以英語授課者被稱為「國際學校」（日文インターナショナル．スクール，

International School)（日本文部科學省，2014）。可見日本所謂「外國人學校」與「國際學校」是有所差別的。這些「國際學校」與近年來日本部分縣市為推展國際化教育而廣設之「國際高中」也不同，因為國際高中是日本體制內的普通高中，而「外國人學校」並不屬於日本義務教育範疇。

日本政府認為具雙重國籍者因為家庭關係，未來有可能選擇外國籍，為確保其受教育的機會，在與家長充分溝通後，可予免除或延緩就學義務（日本文部科學省，2016）。因此對於本國公民就讀FS方面完全開放，政策之寬鬆各國少見。不過，本國人如就讀FS，高中畢業並不當然具備就讀日本大學的資格。政府僅認定並接受那些國際評鑑團體（WASC，ECIS，ACSI等）所認證之FS才算具備日本高中畢業同等學歷，也才能申請日本大學（日本文部科學省，2005）。

FS在法律定位方面，也是亞洲7國的特例。日本的學校分為「一條校」、「專修學校」、及「各種學校」3大類。FS不符合「一條校」及「專修學校」之定義，被歸類為「各種學校」。「各種學校」依設置者不同亦有公、私立之分，FS屬於「私立的各種學校」。不過，值得注意的是，日本的《日本私立學校法》（2014）規範對象僅限《日本學校教育法》第1條所定之私立學校（即一條校），「各種學校」並不在《日本私立學校法》規範範圍，而是依《各種學校規程》辦理，規範相對寬鬆。《日本各種學校規程》僅為原則性規範，管理細節則授權各地方縣市政府依據《日本各種學校規程》自訂。例如福岡縣訂有《日本福岡縣私立各種學校設置認可辦理基準》（2007）及熊本縣訂有《日本熊本縣各種學校規程施行內規》（1957）。

承上所述，FS歸地方管理，日本文部科學省並未每年發布FS校數統計，只在答詢或舉辦記者會時偶會提到。2005年時日本文部科學省就曾發布日本全國有117所FS，學生總數為23,574人，其中，日本籍學生4,922人，佔20.9%（日本文部科學省，2005）。到2021年5月日本已有126所FS，學生人數為25,960人（日本文部科學省，2021）呈現成長趨勢。

近年來日本在「本國教育體制內國際學校」的開放方面有突破性進展。日本文部科學省在2013年6月正式宣示要透過推動IB認證校來達成國家發展戰略，目標為2018年達到200所IB認證校。對此政策，日本文部科學省2015年於「教育再生實行會議」中說明，政府認為在少子化趨勢下，教育應該轉為提升人才品質，大幅增加IB文憑認證校。為達目標，日本政府將同步修正《學校教育法施行細則》相關規定，採行新措施，讓IB與日本的《學習指導要領》（課程綱要）能夠並行不悖。日本的產業界對於這項政策也大力支持，「日本經濟團體聯合會」甚至倡言應該將IB資格活用於大學入學條件以及企業的選材上（臺北駐大阪經濟文化辦事處福岡分處，2015）。2017年3月起，日本文部科學省為研究推動IB之最佳方式、課題及對策，數度召開「國際IB全球化人才育成專家學者會議」，具體建議要提供支援措施，包括建立資訊共享機制、擴大國內大學採用IB成績或學分等後端效用、提供IB校外籍教師特別教師證等，可見日本推IB是玩真的（日本文部科學省，2017）。

不過，日本這個目標一直未能達成。2019年時IBDP認證校數才47校。截至2022年6月，日本IBDP認證校共96校（公立學校15所，私立學校81所）（International Baccalaureate, 2022b）。看起來，推動「教育體制內國際學校」在日本還有一段路要走。

（四）南韓的國際學校

南韓有兩種國際學校，他們的設立各自有其背景因素。

第一種是「外國人學校」（韓文외국인학교，英譯 Foreign Schools，簡稱FS）。《南韓初中等教育法》（2016）規定FS招收對象為目前於國內居留之外國人子女，以及在外國居住一定期間返國之本國人。FS得於全國範圍設立，但只能辦K-12教育，不能辦大學教育。

FS屬於韓國孩童不得就讀的「非本國教育體制國際學校」，但是，

國際學校解碼

2005年時南韓政府看到許多家庭對公共教育機構缺乏信任，又因補習等私立教育費用過度昂貴，於是選擇把子女送到海外留學或甚至移民，造成國家資源大量外流（駐韓國代表處文化組，2005），因此訂頒《有關外國人學校及外國人幼稚園之設立、經營規定》（2009），開放本國人在海外居住滿3年者得就讀FS，但韓國籍學生不得超過30％。政策實施之後，大批南韓本地學生擠進FS。順應這個需要，李明博政府時期（2008年至2013年）大幅放寬FS的法令規章，允許更多韓國籍學生進入FS就讀。2011年9月南韓教育科學技術部一項調查顯示首爾大都會區（包括首爾市、仁川市及京畿道）內，由美國人或英國人經營的FS中韓國籍學生都超過30％（駐韓國臺北代表文化組，2011）。當時因為南韓孩童到外國就學一年約有40億美元資金流出。

2014年南韓教育部表示為了平衡每年許多南韓青年負笈海外造成大量貿易赤字，進一步宣布新措施，允許外國的教育機構與韓國的學校合作，在南韓境內設立新學校。新規定要求外國學校投資金額只要超過所需設校總額的50％即可，於此同時，南韓貿易工業能源部（Ministry of Trade, Industry and Energy）自2014年6月起對新設外國學校推出5年期融資案，且將融資金額從當時的最高80億韓元（約780萬美元）提高為400億韓元（駐韓國代表教育組，2014）。

儘管採用許多鼓勵措施，南韓的FS增加仍然有限。截至2021年止，FS只有40所，學生人數為11,602人（南韓教育部，2022a），比起其他亞洲6國，「非本國教育體制國際學校」的成長相對遲緩。

第二種國際學校是為了發展經濟特區，准許在特區內設立的「外國教育機構」（韓文외국교육기관，英譯Foreign Education Institutions，簡稱FEI）。南韓政府為推動經濟發展，於2006年訂頒《經濟自由地區與濟州國際自由都市的外國教育機構設立、營運特別法》（2006），授權選定的特區政府得依該法自行訂定實施法規，施行「自由經濟特區」政策，以趕上國家經濟發展步伐。FEI名稱不一，可從小學設到大學，可以招收外

國籍和韓國籍學生。2010年南韓教育科學技術部宣布再度放寬特別法中的FEI設立條件，以吸引更多FEI於各自由經濟區（Free Economic Zone）及濟州島國際自由城（Jeju International Free City）設校（駐韓國臺北代表文化組，2010）。

南韓以特區學校的作法大開「教育體制內國際學校」之門，但成效似乎不太顯著。截至2022年5月止，南韓本島國際中小學（FEI）只有2所，濟州島的國際中小學（FEI）只有4所（南韓教育部，2022b）

（五）馬來西亞的國際學校

馬來西亞境內「非本國教育體制國際學校」有兩種，一是國際學校（馬來文Sekolah Antarabangsa，英譯International School，簡稱IS）、另一為外僑學校（馬來文Sekolah Ekspatriat，英譯 Expatriate School，簡稱ES）。

《馬來西亞國際學校設立準則》（International School Establishment Guideline）（2015）定義IS為教育機構，其可以是幼稚園、小學、中學，依據國外課綱，且必須獲得有關權責機構之同意（例如，採用英國的IGCSE課程，必須獲得「劍橋國際考試董事會」〔The Cambridge International Examination Board, CIE〕及位於馬來西亞的英國代表處同意，並以「英文」做為教學媒介語，針對外國國籍學生進行授課。）《馬來西亞外僑學校設立準則》（Expatriate School Establishment Guideline）（2013）所稱之ES，則是指一個依據僑民母國課綱，以母國語言做為教學媒介語，針對母國國籍學生進行授課的教育機構，教育層級同為K-12。

馬來西亞傳統上對於IS或ES都比較保守。IS允許招收最多40％的馬國學生，ES僅開放予外國人就讀，而且IS與ES在招收外國學生前都必須事先獲得內政部批准（The Commissioner of Law Revision Malaysia, 2006）。

國際學校解碼

2012年起，馬國政府在區域教育樞紐及經濟轉型的國家目標下，逐步擴大開放「非本國教育體制國際學校」。2012年5月，教育部長魏家祥（Datuk Ir. Dr. Wee Ka Siong）表示，許多馬來西亞家長要求開放更多給孩子到IS就讀的機會，鄰國如新加坡和泰國早已放寬制度，因此馬來西亞必須緊跟腳步。他宣示馬來西亞教育部決定放寬IS管制條例，允許IS可以百分之百招收當地學生。他並強調政府做這項決定是為了配合政府的經濟轉型計劃（ETP），以期更加開放馬來西亞的教育制度，並與鄰國（新加坡及泰國）競爭，使馬來西亞成為區域教育樞紐（駐馬來西亞臺北經濟文化辦事處，2012）。這項政策迄今仍未改變。

2014年馬國共有97所IS，學生人數為39,462人。到2021年，馬國的IS增為156所，學生人數為58,300人，呈現成長趨勢。

在ES方面，近年來最大的改變為開放ES招收馬國籍學生。ES原只能招收非馬國公民，但現行《馬來西亞外僑學校設立準則》第9條B已准許ES招收馬來西亞國籍學生，條件是ES必須將馬來文、歷史，以及道德教育或伊斯蘭教育設為馬國籍學生的正式課程。2021年，馬國共有17所ES（包括我國在馬來西亞所設的吉隆坡臺灣學校及檳吉臺灣學校[1]在內），學生人數為2380人（Ministry of Education Malaysia, 2021）。

於此同時，馬來西亞也開始嘗試開放「本國教育體制內國際學校」。2013年開始就與馬來西亞革新機構（Agensi Inovasi Malaysia, AIM）合作，遴選了10所中學進行IBMYP課程。2017年起，教育部更與AIM及創新時代機構（Genovasi）共同合作，想打造一套公立中學的國際標準及規範。規劃2018年先從10所公立中學推行，並逐年推廣至其他中學（駐馬來西亞代表處教育組，2017）。

---

1 馬來西亞官方對這兩所學校之名稱為Chinese Taipei School in Selangor及Chinese Taipei School in P.Pinang。

（六）印尼的國際學校

　　印尼境內有「國際合作學校」（印尼語Satuan Pendidikan Kerja Sama，簡稱SPK）及「外交使館學校」（印尼語Sekolah Diplomasi）之分。

　　印尼過去對國際學校一向持開放立場，但規範十分鬆散。但2014年初雅加達國際學校（JIS）發生學童遭該校約雇工性侵，又發生外籍教師為美國聯邦調查局通緝之性侵犯，以及部分外籍教師未依規定辦理工作證等事件，印尼文教部認為「國際學校」名稱太過浮濫，學校品質不一，很多學校利用這個名稱提高收費。當年即發布了《外國教育機構與印尼合作經營教育機構管理規定》（2014），規定除了6所附設在英國、韓國、法國等國大使館下的中小學可以沿用國際學校（International School）名稱外，其餘一律禁止使用「國際學校」做為校名，且必須改稱為「國際合作學校」（SPK）。SPK做為印尼的教育機構必須從國外或在本國獲得認可的外國教育機構（LPA）中尋找同一教育單位的合作夥伴。SPK改名後維持可收印尼籍學生，但對印籍學生必須授予印尼文、印尼歷史、宗教及公民等課程，學生也必須在6年級、9年級及12年級參加印尼國家考試。該考試以印尼文進行，學生必須通過後才能取得印尼教育部畢業證書。當時還要求原有SPK的設立許可（准證）必須全部重新審議。其他規定包括SPK教師必須有3成是印尼籍、職員必須有8成為印尼籍、地方教育廳局開始介入督導等（駐印尼代表處派駐人員，2014）。

　　由於為政策突然抓緊，造成國際學校恐慌，許多人認為一定會影響國際學校的招生及發展，結果證明並沒有太大影響。2014年11月，印尼共有111所SPK學生人數預估數萬人（印尼文化及中小學教育部，2015）。到了2020年，印尼已經有501所SPK，包括幼兒園（PAUD）184所，國小（SD）202所，國中（SMP）177所，高中（SMA）122所。總計學生人數超過6萬人，呈現成長趨勢。

至於「外交使館學校」（Sekolah Diplomasi），指的是外國政府為住在印尼的外國公民提供教育服務所設立的學校。學校使用的課程、師資和管理系統，都可以按照母國規定。印尼對外交使館學校的設立及管理並無法令規定。印尼教育部小學教育總司長Hamid Muhammad於2014年的記者會中曾提到《合作經營教育機構管理規定》及相關法規不適用於外交使館學校，印尼政府對外交使館學校的政策為「只監督不管理」，唯一的禁令是不允許招收印尼籍學生。印尼文教科研部表示對此會繼續監督，如有違反，將吊銷其開辦外交使館學校的許可證（王惠堙，2015）。

到2014年底為止，印尼外交使館學校6所，學生人數總計1,451人（印尼文化及中小學教育部，2015）。

二、中國大陸國際學校特寫

如果亞洲6國國際學校的開放情形用「令人驚奇」來形容，那麼中國大陸絕對稱得上是「大開眼界」。因為中國大陸不僅在開放「非本國教育體制國際學校」方面比亞洲6國複雜細緻；就是在開放「本國教育體制內國際學校」方面，也讓各國望塵莫及。對臺灣而言，中國大陸不論是教育傳統、教育制度、語言文化背景，甚至解決教育問題的思考方式，無疑都是最類似的。國際學校在中國大陸的出現與發展過程，特別值得國人關注，因此對其國際學校做個「特寫」。

（一）清末的另類國際學校

中國大陸在清末「西學東進」過程中開始了對國際學校的初體驗。1839年美國傳教士鮑留雲（Samual Robbins Brown）曾在澳門創辦「馬禮遜學堂」。最初招收6名學生讀書，授課語言採雙語模式，半天中文，半天英語。課程除了學科外，還包含聖經。學制3至4年。這是中國第一

所西式學堂（李志剛，1985）。現在看起來，這所學校與現在所稱「國際學校」的意義並不一樣。雖然它的課程主要是外國課程，有些像是外國的「民族主義者國際學校」，但其目的並不是外國為其海外僑民而設的，而是為了對澳門當地學生進行文化同化而設。把國際學校做為侵略的工具，這是西方學術界對國際學校的研究中沒有提到的一章。

那個時期還出現了不少受到西方學校教育影響的「新學堂」，他們不論在形式上及本質上，與中國傳統教育都有著天壤之別，頗有現代國際學校的樣子。當時的清廷貪汙腐敗，國力飄搖，遇上西方殖民帝國的船堅砲利，國際學校就在對歐美強勢文化一面倒的崇拜下「登陸」。

（二）「非本國教育體制國際學校」的發展背景

跟前述亞洲6國一樣，中國大陸境內國際學校也是從「非本國教育體制國際學校」開始的。1978年中國改革開放後，國門打開，為解決外籍家庭子女教育問題，大陸政府曾協助開辦一些「類似的」國際學校。為什麼說「類似」呢？因為這些「國際學校」實際上是採用大陸的教育體系和教育方式，只是在課程上比一般公立學增加一些外語教學及外國文化而已，與現代的國際學校在本質上有很大不同。可以想見，改革開放初期需求較少，要求不高，所以才可以用權變的方式來解燃眉之急。這個時期的國際學校有1969年的「北京巴基斯坦學校」（Pakistan School Beijing）、1973年的「芳草地國際學校」（前身為外交部子弟小學），以及1975年「北京市第五十五中學」（先被指定為對外開放學校，後成立國際部）（魯育宗，2018）。

1973年美國政府在北京設立了一家聯絡處子女學校。1980年，美國、加拿大、英國、澳大利亞和紐西蘭5國大使館在該校基礎上合辦「北京順義國際學校」（International School of Beijing, ISB），並於1988年正式註冊為外交人員子女學校。這也是中國大陸第一所完全採用國外教學體

系和管理體系的國際學校（International School of Beijing, 2022）。

隨著改革開放的進展，中國大陸依據不同的雙邊關係，將「非本國教育體制國際學校」分為「外交人員子女學校」、「外籍人員子女學校」、「臺灣同胞子女學校」及「港澳籍人員子女學校」，並訂定4種不同的管理規範。

（三）4種「非本國教育體制國際學校」現況

1. 外交人員子女學校

外交人員子女學校是最早出現的國際學校，為了管理這類學校，中國大陸政府於1987年訂頒《中華人民共和國外交部、中華人民共和國國家教育委員會關於外國駐中國使館開辦使館人員子女學校的暫行規定》。這類學校只能接受使領館及其常設機構僱員子女入學，採用母國學制及課程，授課語言為該國母語。

該規定為釐清這類學校的定位，明訂外交人員子女學校不得視為外國駐中國使館的一部分，不享受使館所享有的外交特權與豁免，但可享有一定的優惠待遇，包括「學校自有的校舍免納房產稅」、「學校教學設備、辦公用品集人員安家物品免納關稅及其他稅捐」、「學校人員在學校工作所得的薪金免納個人所得稅」等。不過，1995年時，政府依新稅法已將「辦公用品及人員安家物品」的免稅待遇取消了，優惠待遇愈來愈少。

外交人員子女學校集中於使館區，數量不多，但究竟多少，官方並未公布。

2. 外籍人員子女學校

1995年《中華人民共和國國家教育委員會關於開辦外籍人員子女學校的暫行管理辦法》頒布後，在中國境內合法設立的外國機構、外資企業、國際組織的駐華機構和合法居留的外國人，都可以依規定申請開辦外籍人

員子女學校。

　　外籍人員子女學校以實施K-12教育為限，課程、教材及教學計劃都由學校自訂。招生對象為中國境內持有居留證件的外籍人員的子女，且與使館子女學校一樣不得招收境內中國公民的子女。後來一些城市已彈性放寬到招收臺港澳生。

　　外籍人員子女學校與外交人員子女學校的差別在於它沒有優惠待遇，所有關於設校有關的事務，包括辦學經費、聘用外籍人員、納稅、進口教學設備及辦公用品、學校用地取得及營運等都須依國家相關規定辦理。這類學校絕大多數為非營利機構，採用董事會管理制度，校長為董事會所聘任。2021年中國大陸共有120所外籍人員子女學校（吳越，2021）。

3.臺灣同胞子女學校

　　基於臺灣海峽兩岸的特殊關係，中國大陸將臺灣人民到大陸投資的相關規範區隔出來，另訂《中華人民共和國臺灣同胞投資保護法》及實施細則（1999發布2020修訂）。在臺灣人子女教育方面，中國大陸所持政策是開放來自臺灣的投資人及投資企業中的臺灣職工子女進入大陸的各級學校，但也准許臺灣人在投資集中的地區設立「臺灣同胞子女學校」，讓學校同步採用臺灣學制及課程，招收臺灣僑民子女（指父或母有一方為臺灣公民）。不過，學校必須接受大陸教育行政部門的「監督」。據此，陸方在每所學校都派駐一位「副校長」，同時對於3校的每學期的教科用書進行全面審查。

　　與中國大陸稱法有所不同，我國教育部將這類學校定名為「大陸臺商學校」。我國教育部在《私立學校法》增訂第86條第2項，做為大陸臺商學校設校的法源，並於2003年依《私立學校法》制訂《大陸地區臺商學校設立及輔導辦法》（2016），做為臺商學校營運及我國政府監管之依據。

　　在雙邊法制規範下，2000年第一所大陸臺商學校「東莞台商子弟學校」在廣東省東莞市成立。2001年在江蘇省昆山市成立「華東臺商子女學

校」。2006年在上海市成立「上海臺商子女學校」。這3所臺商學校相當於我國在大陸地區的全日制僑校。

我國教育部對於大陸3所臺商學校提供許多支持及協助措施，包括補助學生學費、保險、改善學校軟體設備、教材及圖書，協助從臺灣商借公立學校教師到大陸任教等。協助項目不斷增加，2017學年度起，對於滿五足歲臺商學校學生之補助，從每學年3萬元調整為3萬5,000元。2000學年度起，為了鼓勵畢業生返國升學，陸續在東莞、華東及上海3地設立了國中教育會考大陸考場。2012學年度起，在東莞台商子弟學校及華東臺商子女學校設置大學學測考場。2015學年度起，又增設高中英語聽力測驗大陸考場。在臺灣政府的支持之下，3校學生總數從2000學年度的698人，已經增加到2021學年度的5,396人（東莞2,339人、華東1,728人、上海1,329人）（教育部國際及兩岸教育司，2022a）。2020年3校高中畢業人數總計445人，返臺升學人數為252人，平均比例為56.62%（教育部國際及兩岸教育司，2022b）。

4.港澳籍人員子女學校

香港、澳門回歸祖國後，粵港澳合作不斷深化，區域競爭力顯著增強。粵港澳大灣區包括香港特別行政區、澳門特別行政區和廣東省廣州市、深圳市、珠海市、佛山市、惠州市、東莞市、中山市、江門市、肇慶市（簡稱珠三角九市），總面積5.6萬平方公里，2017年總人口約達7000萬人，是中國大陸開放程度最高、經濟活力最強的區域之一。

港澳籍人員子女如何在大陸就讀升學，是有意到內地發展的港澳籍家庭十分關心的議題。中國大陸教育部對此也十分重視，十餘年來陸續推出相關政策。2008年大陸教育部批准廣東省先行試辦港澳子弟學校；2009年進一步將審核權下放，由地方政府自行進行審批；2018年政府公布《粵港澳大灣區發展規劃綱要》，其中包括研究如何給予在珠三角九市港澳居民子女獲得與內地居民同樣的義務教育和高中階段教育的權利。2019年開

始，符合條件的珠三角九市港澳居民可憑其港澳居民居住證為子女申請就讀專校或專班。2021年中小學港澳子弟學生規模預估約3700人（姚瑤，2021）。

（四）「本國教育體制國際學校」的發展背景

　　中國改革開放剛好遇上全球化起飛之時，經濟突飛猛進，中產階級數量及其消費能力大為提升，加上美國大開招收中國留學生之門，菁英家庭送孩子出國留學形成熱潮，部分公立高中及民辦學校由於欠缺國際課程及國際學校的經驗，紛紛透過與外國機構合作辦理國際課程來滿足本地生留學的需求。

　　但是，隨著中外合作辦學項目擴增，卻因無法可循而出現諸多亂象。例如，未經報核，就和境外機構或個人簽訂合作辦學協議或意向書；或由於外方的背景及資訊不明而上當受騙；或有外方以辦學為名，實際出售文憑，高額收費，從中牟利；有些外方到大陸獨資或合作辦學，但觸及大陸的教育主權和義務教育階段的底線等。有鑑於此，大陸政府先於1993年發布《外國機構和個人來華合作辦學暫行規定》，經過幾年的試行及檢討，終在2003年訂頒《中華人民共和國中外合作辦學條例》及其實施辦法（吳祖勝，2008）。

　　從此中外合作辦學有法可循可管，申請設立的教育機構應具備法人資格（實施高等教育的中外合作辦學機構例外），必須設立理事會或董事會，其中，中國籍人士不得少於1/2。辦學範圍包括各級各類教育機構，唯一不能辦的就是義務教育，以及軍事、警察、政治、宗教等特殊性質的教育。中外合作需先提出申請，審批通過即可實施境外學制的辦學項目。在該規範之下，「公立學校國際部／班」及「民辦國際學校」兩種型態大量湧現。2000年到2009年的10年間，新設的國際學校共271所，其中，公立學校國際部／班75所，民辦國際學校133所，外籍子女學校63所（中

華人民共和國，2015）。短短幾年之間，這兩類「本國體制內國際學校」加總起來（76.8％）就已大幅超過「非本國體制國際學校」（23.2％）。

另一個讓國際學校加速發展的政策則是2010年大陸政府發布的《國家中長期教育改革和發展規劃綱要（2010-2020）》。該政策鼓勵各級各類學校開展多種形式的國際交流與合作。在政策推動下，體制內開辦國際課程更加地「大鳴大放」。

不過，福中有禍，接下來「公立學校國際部／班」與「民辦國際學校」卻因為擴展過於迅猛而出現更多問題，包括盲目擴大招生、外師不足、任意提高收費、課程欠缺認證等。為此中國教育部開始「踩煞車」。2013年《高中階段國際項目暫行管理辦法》出爐，開放政策開始緊縮，新的申請案部分停止審批，已設立的部分，則從招生、收費等各方面嚴加把關，同時對那些不符合規定的國際部／班進行清理或令其改制（魯育宗，2018）。這些急凍政策已讓這兩類國際學校逐漸降溫，尤其是公立學校國際部／班。

這兩類「本國教育體制內國際學校」就是一般人所謂「國際學校亂象」的部分。亂的原因在於實務跑在前，發展太快；法規在後追，管理不及。目前實務與法規之間仍然處於盤整磨合階段。

（五）兩種「本國教育體制國際學校」現況

1.公立學校國際部／班

公立學校透過與外國機構開設中外合作辦學項目，招收對象可以是中國籍學生，也可以是外國籍學生，但實際上絕大部分都是中國籍學生。課程設計是將外國的課程與中國高中課程進行融合。融合的方式不一而足。好處在於國際部／班學生可享受與校本部學生同樣的資源，也可以參與社團及學生會（〈國際學校你了解多少：是逐利還是教育〉，2013）。

公立學校國際部／班由於政策及規定，目前侷限在高中階段（新學說

國際教育研究院，2016）。國際課程一般都是由公立學校負責教學管理，但按照國外學校或國際課程體系的教學計畫、教材及考試評量方式，以雙語或全英文授課進行教學。1997年北京師範大學附屬實驗中學和加拿大AKD國際集團（AKD International Inc.）合辦的北京中加學校是第一所中外合作辦學的高中。學生畢業時可同時獲得中國和加拿大的高中畢業證書（魯育宗，2018）。

公立學校國際部／班營運方式之複雜真是難以想像。舉例來看，「北京人大附中國際部」是北京市政府於2002年批准招收外國籍學生的公立學校。現在已經有24個國家和地區近200名學生。國際部現有兩種學習方式，一種為語言班（主要進行漢語培訓），另一種為學制班（實行插班與單獨授課相結合的教學方式）。在校的外國學生依年級安置在國內部班級，與中國籍學生共同學習生活。依北京市教委規定，外籍學生也要一律參加會考，考試成績合格，方可取得畢業證書。

另一個例子是「北京首都師大附中國際部」。該校的中美高中課程合作項目創立於2008年，是經北京市教委批准，教育部備案的第一個優質公立高中校開設美國大學AP課程的項目。2012年該校開始與美國Germantown Academy合作辦學，學制3年。該校招收在北京設籍的中國籍應屆初三畢業生，依北京中考成績及其他綜合評價擇優錄取，競爭激烈。高中必修課程及校本課程由首都師大附中教師任教；美國大學先修AP課程及美國高中課程聘請持有外國專家證，且有相關教學經驗的外籍教師任教。

更特別的例子是「校中有校」。北京聖保羅美國中學（Beijing Saint Paul American School）是由北京師大二附中與美國納賽爾國際學校系統（Nacel International School System）合作的國際學校項目。北京聖保羅美國中學可以招收中外籍學生，但以外籍及港澳臺學生優先。學生需參加並通過學校自主命題的考試，目前學生來自全球幾十個國家和地區。國際課程設計以美國中學課程為基礎，同時融合中國特色課程。美國課程為全

英文教學，每天6課時，採用原版美國教材，由美國持證教師授課。中國課程每天2課時，主要課程為漢語、HSK、中國歷史、中國地理、中國文化與藝術等。除此之外，北京師大二附中國際部還有所謂「中美高中連讀課程班」，招生對象為8年級、9年級、10年級中國籍學生。課程設計為「2＋2」中美高中連讀的課程模式，亦即9、10年級在國內（美國原版高中課程＋英語強化課程），11、12年級赴美完成（和美國當地課程同步）。

政策緊縮的效應反映在公立學校國際部／班全國國際學校總數的佔比的滑落，從2016年的17.2％，降到2020年的12.5％（吳越，2021）。

2.民辦國際學校

民辦國際學校指政府以外的機構或個人，依據《民辦教育促進法》（2003）開辦，部分或全部採用國際課程體系、教材和評量體系，以英文為授課語言，招收中外籍學生的學校（魯育宗，2018）。不過，民辦國際學校已經逐漸發展成為以中國籍學生為主要對象。數量則以初中階段的學校最多，其次是高中階段，小學階段最少（新學說國際教育研究院，2016）。

開放民辦學校初期有企業辦學、公辦民營、公立學校轉型等辦學方式，在資源及學費欠缺競爭性的情況下，發展非常緩慢。2013年起，中外合作辦學政策緊縮，但家長及學生的留學需求仍高，因而轉向民辦國際學校，這才讓民辦學校有了成長的機會。現在民辦國際學校已成為中國大陸國際學校的主力。不過，學校辦學質量落差很大，有些已營運多年，具有穩定的海外合作資源；有些則雖提供國際課程，卻沒有獲得海外考試機構的認證，只是加強英語教育而已（蘇婭，2016）。

民辦國際學校的辦學模式百百種。舉例來看，「北京私立匯佳學校」創建於1993年，為一所12年一貫的全日制學校，是中國最早的國際文憑組織（IBO）成員校之一。招收對象為中國籍和外國籍學生。該校以IB課程體係為核心，探究式教學為手段，注重知識與能力協同發展，打造雙語

雙文化氛圍。2006年，匯佳在新加坡創辦了「中國國際學校」。這是中國大陸教育機構在海外設立的第一家中國國際學校。又如，牛津國際公學成都學校」（Oxford International College of Chengdu）成立於2011年，學校標榜遵循純英式教育體制提供英國A-Level和IGCSE課程，和外籍人員子女學校的課程運作無異。

對比公立學校國際部班，民辦國際學校在全國國際學校總數的佔比，從2016年的49.2％，升到2020年的59.0％（吳越，2021）。

（六）國際學校數量躍居全球第一

ISC的統計資料顯示，截至2022年1月止，全球國際學校數有12,853校。其中，中國大陸1,105校，佔全球的8.6％，是全球國際學校數量最多的國家（International School Consultancy，2022）。

中國大陸境內也有自己的統計及研究。最常見的就是來自「北京新學說文化傳媒有限公司」（簡稱「新學說」）以及「前瞻產業研究院」的統計分析。他們針對一般人最關注的3種學校，即外籍人員子女學校、公立學校國際部／班及民辦國際學校，每年進行統計分析，並提出年度報告。最新資料顯示，這3類學校合計，從2010年的284校，到2021年的932校，十餘年來呈現逐年成長的趨勢。（詳見下頁圖4-1）

進一步看，3種國際學校互有消長。近年來成長的主要是民辦國際學校。2021年中國大陸獲證的國際學校數為932校，其中外籍人員子女學校130所（14％），公立學校國際部／班243所（26％），民辦國際學校559所（60％）。（詳見頁173圖4-2）

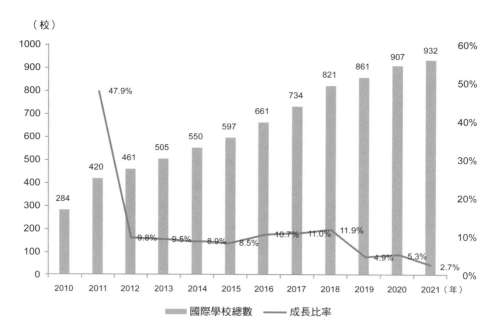

圖4-1　2010-2021年中國大陸國際學校數及成長比率

註：引自2010-2020年中國獲認證國際學校數量情況，前瞻產業研究院，2021a年3月26日（https://x.qianzhan.com/xcharts/?k=%E5%9B%BD%E9%99%85%E5%AD%A6%E6%A0%A1）。2021年數據為作者整理自2021中國國際學校發展報告〔主題演講〕，吳越，2021年12月17日，第七屆VIS國際教育發展大會，上海。

（七）國際學校採用國際課程排行榜

　　中國大陸境內國際學校都採用哪些國際課程呢？前瞻產業研究院2020年的數據顯示排名第一的是英國的A-level課程，高達38％；其次是美國的AP課程，佔29％，第三是IB課程，佔14％；其餘各種課程，包括IPC、美國學制課程、加拿大學制課程、澳洲學制課程等合佔19％。（詳見圖4-3）

　　3種國際學校對於國際課程各有所好。A-level課程主要為民辦國際學

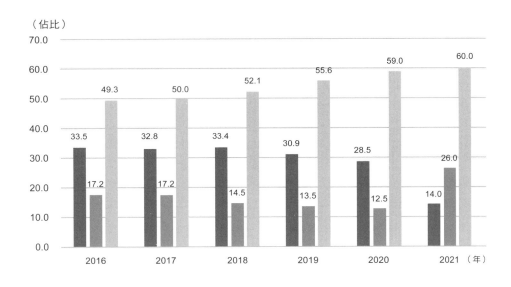

（佔比）

圖4-2　2016-2021中國大陸3種國際學校數量佔比

註：引自2016-2020年中國3類獲認證國際學校數量情況，前瞻產業研究院，2021b年3月26日（https://x.qianzhan.com/xcharts/?k=%E5%9B%BD%E9%99%85%E5%AD%A6%E6%A0%A1）。2021年數據為作者整理自2021中國國際學校發展報告〔主題演講〕，吳越，2021年12月17日，第七屆VIS國際教育發展大會，上海。

校（67.0％）所採用。採用AP課程者，公立學校國際部／班（45.3％）和民辦國際學校（42.3％）幾乎相當。採用IB課程者以民辦國際學校最多（51.6％）。3種課程中，外籍人員子女學校對IB課程的喜好度最高（32.5％）。（詳見圖4-4）

（八）6種國際學校的發展趨勢

雖然整體來看，中國大陸國際學校數量歷年來不斷攀升，但細部來

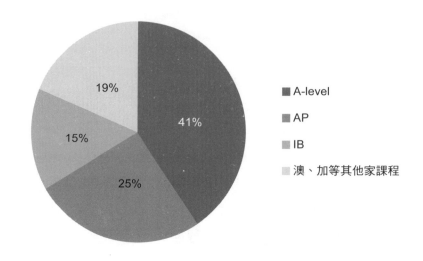

圖4-3　2020年中國大陸各類國際課程佔比

註：引自2020年中國各類國際課程分布情況，前瞻產業研究院，2021c年3月26日（https://x.qianzhan.com/xcharts/?k=%E5%9B%BD%E9%99%85%E5%AD%A6%E6%A0%A1）。

看，6種國際學校的發展其實互有消長。

　　1、外交人員子女學校持續量少：外交人員子女學校是國際化初期的產物，前面提到馬來西亞的外僑學校及印尼的外交使館學校就是。當國際化愈來愈發展之時，這種學校的界定就顯得過於狹隘，不合時宜。不少這類學校向外籍人員子女學校轉型。

　　2、外籍人員子女學校小幅萎縮：改革開放後，外資及外力進入中國大陸已有逐漸飽和的情形，加上能全額負擔員工子女在國際學校的高額學費的跨國企業在數量上和意願上都有下降趨勢，從而導致這類學校開始負成長（錢志龍，2020）。

　　3、大陸臺商學校（臺灣同胞子女學校）持平發展：在我國教育部的支持及補助下，大陸臺商子女學校10年來持平成長，目前每年學生人數

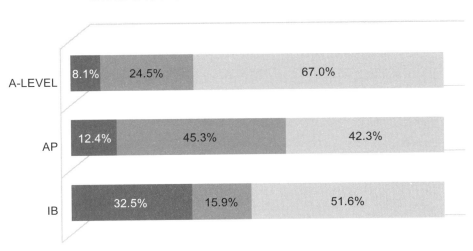

圖4-4　2020年中國大陸3類國際學校採用3種國際課程佔比

註：引自2020年中國各類型國際學校課程分布情況，前瞻產業研究院，2021d年3月26日（https://x.qianzhan.com/xcharts/?k=%E5%9B%BD%E9%99%85%E5%AD%A6%E6%A0%A1）。

大致維持在5,500人左右。（詳見下頁表4-1）

　　4、港澳子女學校仍多就讀一般中小學：目前港澳籍中小學生在粵就讀有3種管道，即「港澳子弟學校」、「中小學特設的港澳子弟班」及「中小學常規班級」。專設的「港澳子弟學校」雖服務到位，但到2021年止僅有3校，就是「深圳市羅湖港人子弟學校」及「深圳東方香港人子弟學校」2所港人子弟學校，加上甫於2021年設立的全國首家港澳子弟學校「廣州暨大港澳子弟學校」。至於專設「港澳子弟班」，數量也不多，大概10校左右。在需求過於供給的情況下，大量港澳籍學生仍將就讀於大灣區的一般中小學。又由於公辦學校普遍設有入學門檻，預期大量港澳籍學生仍將就讀於民辦學校。

表4-1 2012-2021學年度大陸地區臺商學校各級學生人數表

學校名稱	2012	2013	2014	2015	2016	2017	2018	2019	2020	2021
東莞臺商子弟學校	2,199	2,337	2,429	2,438	2,436	2,466	2,420	2,449	2,095	2,339
華東臺商子女學校	1,164	1,229	1,240	1,356	1,456	1,709	1,789	1,778	1,618	1,728
上海臺商子女學校	1,029	1,154	1,273	1,244	1,242	1,321	1,345	1,339	1,248	1,329
3校學生人數總計	4,392	4,720	4,942	5,038	5,134	5,496	5,554	5,566	4,961	5,396

註：整理自各學年度3所大陸地區臺商學校學生人數，教育部國際及兩岸教育司，2022a 1月22日（https://depart.moe.edu.tw/ED2500/News_Content.aspx?n=D3605E84061900B3&sms=CE645272F8B775D3&s=388191AAFAA2F986）。

5、公立學校國際部／班有待觀察：公立學校國際部／班相對安全可靠，收費較低，更受家長青睞。緊縮政策對準這類學校，除了教育公平性的考量外，也是因為許多公辦學校並不具備營運國際部的能力，辦學淪由社會機構主導（錢志龍，2020）。未來走向取決於地方政府的政策。

6、民辦國際學校主流地位確定：民辦學校在資本不斷投入，以及過去幾年來政府對公立學校國際部／班緊縮政策雙重作用下，已逐漸成為國際學校的主流（錢志龍，2020）。

三、亞洲7國開放政策的比較

20年來國際學校在亞洲出現了驚人的成長。ISC資料顯示，到2022年1月止，全球國際學校數量全球排名第一的地區就是亞洲（57%），以下依序是歐洲（18%）、美洲（13%）、非洲（11%）及大洋洲（1%）

（International School Consultancy, 2022）。亞洲國家的國際學校數量已是歐洲的3倍多。事實上，亞洲地區國際學校的激增與各國政府對境內國際學校的政策放寬有密切關係。以下透過回答3個問題的方式來就亞洲7國國際學校政策進行比較。

（一）各國如何定義國際學校？

亞洲7國對國際學校的定義與前面提到國際學者們的定義很不相同。這些國家顯然是站在「監管者」的立場，而國際學者們則是站在「辦學者」的立場。

在「非本國教育體制國際學校」方面，歸納起來，亞洲7國有以下4種定義方式：（詳見頁178-179表4-2）

1、以「非本國課程」定義：新加坡、泰國。
2、以「招收對象＋語言」定義：日本。
3、以「招收對象＋課程＋語言」定義：馬來西亞。
4、以「招收對象」定義：印尼、南韓、中國大陸。

從對照表可看出3個特點。首先，從名稱看，亞洲7國的國際學校存在著「名同意不同」，以及「名不同意同」的情形。因此，要了解各國的國際學校，千萬不能從名稱，而要從定義去理解其意涵，才不會被名稱所誤導。

其次，4種定義都是建立在「外國」或「外國人」的概念上，這是比較傳統、符合國際法的作法。國際法講究國與國之間的關係，重視國家的教育主權。馬、印、中更進一步把「外國人」再細分為2至4種，這是為了針對不同「外國人」進行不同程度的監管而做。

最後，4種定義的主體都放在學制與課程，畢竟那才是學校教育的重點，也是決定國際學校整體運作的靈魂。

表4-2　亞洲7國「非本國教育體制國際學校」名稱及定義對照表

定義方式	國家	國際學校名稱	定義內涵
以「課程」定義	新加坡	外國體系學校（Foreign System Schools, FSS）	全部或實質依照外國或國際課程的全時制小學及中學課程。
	泰國	國際學校（International School, IS）	課程系統非依泰國教育部規定之課程，而是引用國外課程，或運用國外課程系統訂定新內容，或自訂課程，並使用外國語言教學，且不限宗教、種族、不違反國家安全及道德之學校。
以「招收對象＋語言」定義	日本	外國人學校（Foreign School, FS）	以外國語進行，提供外國人士子女教育為目的之設施。
以「招收對象＋課程＋語言」定義	馬來西亞	國際學校（International School, IS）	依國外課綱，並以英文做為教學媒介語，針對外國國籍學生進行授課之K-12學校。
		外僑學校（Expatriate School, ES）	依僑民母國課綱，並以僑民母國語言做為教學媒介語，針對該國國籍學生進行授課之K-12學校。
以「招收對象」定義	印尼	國際合作學校（Satuan Pendidikan Kerja Sama ,SPK）	設立目的在對於外國人實施教育教學，而非外交人員子女。
		外交使館學校（Sekolah Diplomasi）	透過在印尼的外交代表所設立的國外學校，目的在為設立國家的公民及外交人員子女提供教育。

定義方式	國家	國際學校名稱	定義內涵
	南韓	外國人學校（Foreign Schools, FS）（普通法）	以目前於國內居留之外國人子女，以及在外國居住一定期間後返國之本國人為對象，為實施大統領令所訂定相關人士之教育而設立之幼稚園、國民小學、國中及高中。
	中國大陸	外交人員子女學校	限開設普通中學以下的課程，以招收該國駐中國使館人員子女為限，不得招收該國，或第三國在中國大陸的永久居民或中國公民子女入學。
		外籍人員子女學校	在中國境內合法設立的外國機構、外資企業、國際組織的駐華機構和合法居留的外國人，可以申請開辦。限開設普通中學以下的課程，招生對象為持有居留證的外籍人員子女，不得招收中國公民的子女。
		臺灣同胞子女學校	臺灣同胞投資者或者臺灣同胞投資企業協會在臺灣同胞投資集中的地區為臺灣人子女設立，採用臺灣學制及課程的學校。
		港澳籍人員子女學校	為港澳子弟專設的學校或專班。

註：引自《我國境內國際學校開放規範之研究》〔未出版之博士論文〕（頁128-129），邱玉蟾，2017，臺灣師範大學。

在「本國教育體制內國際學校」方面，有4個國家已經出現這類學校。他們採用的定義有3種方式：（詳見下頁表4-3）

1、經核准採用IB課程的國內中小學：如新加坡、日本。

2、經核准在「經濟特區」實施國際課程的國內各級學校：南韓。

3、經核准實施中外合作辦學項目的國內高中以上學校：中國大陸。

表4-3　亞洲4國「本國教育體制國際學校」名稱及定義對照表

作法	國家	國際學校名稱	定義
經核准採用「IB」課程的國內學校	新加坡	國際學校（International Schools, IS）	提供IB課程之私立學校，招收本國籍及外國籍學生。
	日本	IB認證校	實施IB課程的公私立學校。
在「經濟特區」經核准實施國際化課程的國內各級學校	南韓	國際教育機構（Foreign Education Institutions, FEI）（特別法）	為提升國民之外語能力及培養國際化專業人才之目的，於英語教育都市設立之各級學校，包含從幼稚園到大學（兼收外國人及本國人，但主要為本國人而設）。
經核准實施中外合作辦學項目的國內學校	中國大陸	公立學校國際部／班	公立學校透過與外國機構合作開設中外合作辦學項目，招收對象限可以是中國籍學生，也可以是外國籍學生。
		民辦國際學校	依《民辦教育促進法》開辦，部分或全部採用國際課程體系、教材和評量體系，以英文為授課語言，可招收中外籍學生的學校。

　　第一種方式僅採用IB課程有其道理，因為IB課程被認為是當今最不具外國民族主義色彩，及最具國際主義色彩的國際課程，對採用的國家威脅最少。

第二種方式以經濟特區實施國際課程，是因為南韓境內只有FS（非本國教育體制國際學校），在嚴禁本國人就讀FS的情況下，遂以「特區學校」（特別法）來實施教育體制內國際學校。

第三種方式以一種和一般教育法制平行的《中外合作辦學條例》來讓學校得以實施國際課程。

（二）各國有哪些國際學校類型？

前面提到當代國家境內國際學校「非本國教育體制國際學校」已發展出4種類型（國家的海外學校、市場導向的國際學校、國際認證課程與資格考試、實施國際教育的學校）；「本國教育體制內國際學校」也已發展出2種類型（獨立的國際學校、國內學校採用國際課程）。那麼亞洲7國境內國際學校的類型樣態如何呢？這必須分兩方面說。（詳見頁183表4-4）

在「非本國教育體制國際學校」方面，亞洲7國有3種分類方式：

1、以一般國際學校涵蓋所有3種理念類型國際學校（新加坡、泰國、日本）

新加坡（FSS）、泰國（IS）、日本（FS）把外來的學校都當成一類，以一個名稱涵蓋所有的「非本國教育體制國際學校」。這樣分類定義的優點是簡化管理對象，並能一視同仁管理。缺點是既不區分外僑學校與其他國際學校，較難管理不同性質的國際學校。這種分類的「國際學校」因為包含了外僑學校，可視為廣義國際學校。

2、區隔為外僑學校與其他國際學校（馬來西亞、印尼、中國大陸）

馬來西亞（ES及IS）、印尼（Sekolah Diplomasi及SPK）、中國大陸（外交人員子女學校及外籍人員子女學校）將外國的海外學校與一般國際學校加以區隔。顯示這3個國家基於特殊雙邊關係，認為有將某些國家的

海外僑校區隔管理的必要。當地國如果加以區隔，對外僑學校都以尊重為原則，很少干涉管理。外僑學校一般為數不多。目前的趨勢是開放外僑學校轉型為其他國際學校。這種分類的「國際學校」因為不包含外僑學校，可視為一種狹義的國際學校。

3、以外僑學校涵蓋所有理念類型（南韓）

南韓以FS統稱所有「非本國教育體制國際學校」，但其所指涉的理念類型並非廣義的國際學校，而是把廣義的國際學校當成外僑學校。如此認知不但不符事實，而且事實上是把國際學校窄化了。

在「本國教育體制內國際學校」方面，只有新加坡、日本、南韓、中國大陸有「本土型」國際學校，也有3種作法：

（1）實施IB課程的國際學校

前已述及，新、日2國僅接受IB課程是有道理的。因為IB課程是所有「非本國」課程中「國際教育含金量」最高的，IB強調國際視野、國際理解及和平教育，這樣的國際課程對當地國教育忠誠影響最小。

（2）以特別法設立的國際學校

南韓（FEI）屬之。該國以特別法准許設立FEI，開設國際課程，得招收本國籍學生，但這僅在少數經濟特區內行之，且為數甚少。

（3）中外合作方式辦學的國際學校

中國大陸屬之。中國大陸兩類「本土型」國際學校必須由外國教育機構與本國教育機構合作辦理，把國際課程定位為一種中外合作的項目。

表4-4　亞洲7國對境內國際學校類型樣態一覽表

體制內／外	本國教育體制內國際學校			非本國教育體制國際學校		
IS理念類型	民族主義者國際學校			國際主義者國際學校	全球主義者國際學校	
6種實務上國際學校	獨立的國際學校	國內學校採用國際課程	境內外僑學校	實施國際教育的學校	市場導向國際學校	國際認證課程與資格考試
新加坡	○ IB國際學校		○ 外國學校體系（FSS）			
泰國			○ 國際學校（IS）			
日本	○IB認證校		○ 外國人學校（FS）			
馬來西亞			○ 外僑學校（ES）	○國際學校（IS）		
印尼			○ 外交使館學校（Sekolah Diplomasi）	○國際合作學校（SPK）		
中國大陸	○民辦國際學校	○公立學校國際部／班	○ 外交人員子女學校 ○ 臺灣同胞子女學校 ○港澳籍人員子女學校	○ 外籍人員子女學校		
南韓		○國際教育機構（特別法）	○外國人學校（FS）（普通法）			

註：○表示該國有該項國際學校類型。引自《我國境內國際學校開放規範之研究》〔未出版之博士論文〕（頁130），邱玉蟾，2017，臺灣師範大學。

（三）各國開放本國籍學生就讀的作法如何？

「開放國際學校設立」及「開放本國籍學生就讀國際學校」是兩件事。從當地國的角度看，前者只涉及教育國際化改革，後者可能涉及動搖國本。亞洲7國在處理開放本國人就讀「非本國教育體制國際學校」所持立場與作法，基本可分為3種情形：（詳見頁185-187表4-5）

1、完全禁止：新加坡（FSS）、馬來西亞（ES）、印尼（Sekolah Diplomasi）、中國大陸（外交人員子女學校、外籍人員子女學校、臺灣同胞子女學校、港澳人員子女學校。

2、有條件開放：新加坡（IS）、南韓（FS）。

3、完全開放：泰國（IS）、日本（FS）、馬來西亞（IS）、印尼（SPK）。

值得注意的是，除了完全禁止外，其餘不論是完全開放或有條件開放的國家都有配套措施。這些配套就是開放的「隱形條件」，他們有如一層層的防護網，小心翼翼維護著「本國教育體制」（邱玉蟾，2017）。

在開放本國籍學生就讀「本國教育體制內國際學校」方面，由於是體制內學校，招收對象又以本國籍學生為主，當地國既然握有主控權，似乎不需過於擔憂。不過，以目前新、中、韓、日「本國教育體制內國際學校」的實施情況看，多少仍有「試行」性質，避免不了混亂。這些國家為了找出適當的規範模式，對於開放一事都積極監控。學校申辦要經過審核，學生申請入學也要經過一定條件篩選，還有許多必須遵循的條件，如接受評鑑、定期提交報告等，都是屬於「有條件開放」。

表4-5　亞洲7國開放境內國際學校招收本國籍學生證測及配套措施一覽表

國家	學校名稱	招生	配套措施
新加坡	外國體系學校(FSS)	新加坡公民不得就讀（完全禁止）	國民待遇
	國際學校(Interna-tional Schools, IS)	（有條件開放）	體制內國際學校。依國內教育法規條件營運及接受監管。
中國大陸	外交人員子女學校	限招收該國駐中國使館人員子女（完全禁止）	必須互惠
	外籍人員子女學校	限招收在中國境內持有居留證件的外籍人員的子女（完全禁止）	1.鼓勵學校開設漢語和中國文化課程。 2.接受當地教育部門監督和審查。
	臺灣同胞子女學校	限招收在中國境內持有居留證件的臺灣同胞子女（完全禁止）	接受當地教育部門監督和審查。
	港澳籍人員子女學校	限招收在中國境內持有居留證件的港澳人員子女（完全禁止）	接受當地教育部門監督和審查。
	公立學校國際部／班	（有條件開放）	1.不得舉辦實施義務教育和實施軍事、警察、政治等特殊性質教育。 2.中外合作辦學屬於公益性事業
	民辦國際學校	（有條件開放）	3.申請設立中外合作辦學機構的教育機構應當具有法人資格。 4.具有法人資格的中外合作辦學機構應當設立理事會或者董事會，不具有法人資格的中外合作辦學機構應當設立聯合管理委員會。 5.理事會、董事會或者聯合管理委員會的中方組成人員不得少於1／2。

國際學校解碼

國家	學校名稱	招生	配套措施
馬來西亞	外僑學校（ES）	限招收母國公民（完全禁止）	無
	國際學校（IS）	已廢除馬籍學生就讀國際學校40%的限制（完全開放）	1.必須上本國語言及文化課程。 2.審核學校課程 3.學校必須得到國際認證機構認可 4.審核學費 5.學校准證有一定效期（6年） 6.學校定期向當地國政府提出品保、師生資料或校務報告
印尼	外交使館學校（Sekolah Diplomasi）	學生與教師只限母國公民（完全禁止）	無
	國際合作學校（SPK）	得招收印尼公民及外國公民（完全開放）	1.必須上本國語言及文化課程。 2.審核學校課程 3.學校必須得到國際認證機構認可 4.學生必須參加印尼國家考試，通過後才能取得印尼教育部畢業證書。 5.教育部可對SPK進行監測和評估。 6.設立後每6個月要提交實施報告給教育部部長。 7.學校准證有一定效期（6年） 8.學校定期向當地國政府提出品保、師生資料或校務報告
南韓	外國人學校（FS）	得招收在外國居住滿3年以上之本國人。但本國人不得超過學校學生員額的30%。自由經濟特區得提高20%。（有條件開放）	1.學歷採認條件包括事前課程報准，以及事後必須上本國語言及歷史文化課程，且需由國內該課程合格老師任教。 2.審核學校課程 3.學歷採認特別規定：修業過程的控管

國家	學校名稱	招生	配套措施
南韓	國際教育機構（FEI）	由國際教育機構自訂得就讀的韓國學生人數（原則上為30-50%）（有條件開放）	1.道教育監為指導監督國際學校，必要時得要求提出相關資料 2.道教育監為達成國際學校設立目的及經營效率，得實施學校評鑑
泰國	國際學校（IS）	已廢除馬籍學生就讀國際學校50%的限制。（完全開放）	1.必須上一定時數之本國語言及文化課程。 2.審核學校課程 3.審核學費 4.學校定期向當地國政府提出品保、師生資料或校務報告 5.必須符合外國政府機構採認標準，或取得泰國認可之國際學校／課程組織認證
日本	外國人學校（FS）	得招收日本籍學生，且未限制人數（完全開放）	1.學校必須得到國際認證機構認可 2.學歷採認僅採認國際認證的學校
	IB認證校	（有條件開放）	體制內國際學校。依國內教育法規條件營運及接受監管。

四、亞洲7國國際學校的特色

　　全球化的結果讓越來越多高經濟能力的各國公民得以跨國投資、設據點、工作、生活、旅遊，也帶出他們的孩童留學與遊學的需求。就是這些教育國際化的需求促進了國際學校的發展。亞洲7國由於國情不同，對於開放國際學校各有一套作法，各有特色。

（一）新加坡

　　新加坡是亞洲7國中唯一以英語為官方語之國家。新加坡把「非本國

教育體制國際學校」（FSS）歸類為私立學校，與其他私立學校同樣適用該國的《私立教育法》，同樣接受新加坡教育部所屬「私立教育理事會」（CPE）的督導管理，並無特別的優惠待遇，屬於國民待遇。這與英美國家的作法類似，與其他亞洲國家的作法明顯不同。

新加坡以吸引世界上優良國際學校來境內設校做為世界經貿營運中心的手段，特別強調國際學校的戰略性。為此，政府對於國際學校提供許多優惠及協助。由於政策友善開放，FSS在彼此競爭中品質也不斷提升。

然而，許多人並不知道新加坡是一個非常強調民族主義的國家。它一方面嚴禁本國公民就讀「非本國教育體制國際學校」的國家，每年只有極少數的公民（少於0.5%）在專案核准下可就讀FSS，理由是「要讓新加坡孩童就讀我們自己國家的學校，透過共同的學校經驗，俾助於發展國家認同與凝聚力的共同價值」（Ministry of Education Singapore, 2021）。另一方面，政府對外國學生進入新加坡國家教育系統也嚴格管制。每年遭拒入學的外國小一（一年級）學生達1,800人，理由是「新加坡的國家教育系統是按照新國學生的需要而設計的。教育部雖然重視外國學生帶來的多元性，但國家教育仍需優先照顧新加坡公民的教育需求，對外國學生只能提供有限的名額」（Ministry of Education Singapore, 2017）。

在國際學校本土化的影響逐漸出現之時，新加坡自2005年起准許3所私立學校在中學階段開設IGCSE與IBDP課程，並讓1所公立幼兒園和3所特色公立學校辦理IBDP及IBCP課程，換言之，其實是排除義務教育階段辦理IBPYP及IBMYP課程。民族主義意識濃厚，這是該國的特點。

（二）泰國

泰國將境內「非本國教育體制國際學校」統稱為國際學校（IS），並將其定位為私立學校，由中央制定專門法規，排除部分私立學校法令之適用。中央主管機關負責設立之核准，地方主管機關負責後續的督導管理。

　　泰國沒有發展「本國教育體制內國際學校」，政府為回應本國家長教育國際化的需求，對於IS之開放一直抱持歡迎與支持態度，幾度放寬本國籍公民就讀的比率限制，直到不設限為止。此外，政府還積極提供IS一些優惠措施鼓勵優良的國際學校來泰國設校。

　　儘管泰國「非本國教育體制國際學校」已相當接近市場自由化，對本國學生就讀IS也完全不設限，政府在IS的設立標準、辦學品質及外籍教師條件卻日趨嚴格，並要求IS必須特別針對泰國公民上一定的語言及文化課程。2018年政府訂頒的「正規國際教育標準措施」對IS辦學品質無疑是加了一層保證，顯示泰國對IS要求標準已再次升級。嚴格開放與嚴格要求同時並進，這是泰國平衡本國學校體制學校與「非本國教育體制國際學校」的獨到之處。

（三）馬來西亞

　　馬來西亞將「非本國教育體制國際學校」分為外僑學校（ES）及國際學校（IS），二者都納入規範並同樣定位為私立學校，由中央制定專門法規，排除部分私立學校法令之適用。中央主管機關負責設立之核准，地方主管機關負責後續的督導管理。ES依雙邊關係不開放市場競爭。

　　在全球化的趨勢下，為了發展經濟及吸引優秀外國人才到馬國工作，馬國非常支持開放「非本國教育體制國際學校」，並經常拿自己和新加坡、泰國相比，深怕開放程度落後於二國。新加坡較為特殊已如前述。馬國與泰國相同的地方是二國都沒有「本國教育體制內國際學校」。不同的地方是，泰國不區分ES及IS，馬國則有。不僅如此，馬國又將ES依照外國政府色彩的多寡，區分為「外國的海外公立學校」（公立ES）及「外國的海外私立學校」（私立ES）。對IS、公立ES、私立 ES三者在設立營運及監管條件的要求有層次上的不同，對IS要求最多，私立ES次之，公立ES最少。這是亞洲7國中唯一依外國政府公權力介入成分，把「非本國教

育體制國際學校」分層次訂頒法規的國家，細膩是其特色。

（四）印尼

印尼將「非本國教育體制國際學校」分為國際合作學校（SPK）及外交使館學校（Sekolah Diplomasi）。這種二分法表面上似與馬來西亞區分ES與IS作法類似，但實際上，印尼把Sekolah Diplomasi定位為類似外國使領館。因此，印尼政府完全尊重其自主性，不加管理，但不得招收本國籍學生，也不開放市場競爭。比起馬國的「外國海外公立學校」（公立ES），印尼的「外交使館學校」外國政府的成分更高。遵循傳統國際法原則，特別准許外交使館設立學校，這是印尼國際學校的第一個特點。

該國過去對所謂「國際學校」規範相當寬鬆，直到2014年幾所國際學校接連發生嚴重案件，在社會上投擲一記震撼彈後，印尼政府才趕忙訂定管理規定。現在印尼的SPK的設立比馬國的IS及泰國的IS都來得嚴格。不過，印尼也同樣將SPK定位為私立學校，由中央制定專門法規，排除部分私立學校法令之適用。

在印尼設立SPK必須遵循「印外合作辦學」模式，即外國必須找一個印尼方的合作學校才行，且實施的課程必須同時符合印尼國家標準和國外課程標準，而不是單方面地引進國際課程。SPK設立及營運規定相當嚴格，其中有許多保護印尼辦學方的基本門檻。以「國際合作」的名義來增加印尼學校的國際辦學經驗，並以印尼方的參與來監督並確保外國辦學的品質。這是該國國際學校的第二個特點。

（五）日本

日本傳統以來把「非本國教育體制國際學校」統稱為外國人學校（FS），名稱雖與南韓一樣，但定義卻不相同。日本的FS在亞洲7國中相

當特別，因為對FS並無特別規定，是亞洲7國中規範最寬鬆的。它的法律地位不是比照日本的「一條校」，而是比照條件要求較鬆的「各種學校」，跟新加坡一樣屬於國民待遇。在開放及管理規範上，全部授權地方訂定管理法規並執行督導管理，而且日本對FS設校，以及本國人就讀都未加以設限，市場化程度可謂亞洲7國中最高者，這是該國的第一個特點。

　　日本從20世紀80年代後期起，為謀求經濟全球化中的有利地位，力求變革，並設置教育改革機構「臨時教育審議會」。審議會在1985年的第一次諮詢報告中指出：「只有做一個真正的國際人，才是一個出色的日本人。」為達此目標，僅開放FS顯然是不夠的，重點是要想辦法讓體制內的日本孩童能接觸到更深入的教育國際化元素。之後，一連串前瞻的會議與建議，激起社會各界廣泛的討論與重視。日本先於20世紀90年代起推動國際理解教育。21世紀初，在社會及許多企業的支持之下，日本文部科學省更進一步推動體制內學校（一條校）成為IB認證校，讓高中畢業生取得IBDP資格就等於取得高中學歷（坪谷‧紐厄爾‧郁子，2014/2015）。日本把推動體制內IB認證校做為國家人才改造戰略，還設定具體達成數量，這是該國的第二個特點。

（六）南韓

　　南韓以外國人學校（FS）涵蓋所有「非本國教育體制國際學校」，但從其定義來看，FS指的卻是有國別性的外僑學校。對境內國際學校定義與認知與其他國家明顯不同。FS被定位為私立學校，由中央訂定專門法規，授權地方核准設立及督導管理，排除部分私立學校法令之適用。FS與其他國內私立學校一樣必須是非營利機構，因此FS也與其他國內私立學校一樣享有免稅優惠，並且必須是非營利法人，這個規定排除了企業機構設立FS的可能性。這是其第一個特點。

　　另一方面，為了跳脫FS僅能招收一定比例韓國人的困境，南韓在2005年開始以特別法開放FEI設立，並允許國內的國、公立學校得以委託外國法人的方式（亦即韓外合作方式）經營國際學校，但有關條件及審查非常嚴格。這是其第二個特點。

（七）中國大陸

　　第二次世界大戰後，中國大陸封閉保守，教育國際化遠不及各國。改革開放後，它跟其他國家一樣，從「非本國教育體制國際學校」開始發展，但「本國教育體制內國際學校」後來居上，現在數量已大幅超越「非本國教育體制國際學校」。包括研發屬於自己的國際課程、建立整合性國際學校資訊平臺、進行多層面的國際學校研究、輸出中國特有屬性的國際學校教育等，此其特點之一。

　　中國大陸把「非本國教育體制國際學校」分為4類學校，既遵循國際法原則，以雙邊關係來區分；也同時遵循全球化原則，讓「外籍人員子女學校」得依教育市場化原則競爭。4類學校各有定位，唯一必須遵守不得招收本國籍學生的底線，此其特點之二。

　　中國大陸兩類「本國教育體制內國際學校」都必須走「中外合作辦學」路線，這點雖然與印尼SPK相近，但印尼SPK屬於「非本國教育體制國際學校」，而中國大陸則屬於「本國教育體制內國際學校」。中國大陸的「本國體制內國際學校」發展出「公立學校國際部／班」及「民辦國際學校」兩類型態，其「新本土現象」是亞洲7國之最，此其特點之三。

小結

　　很多人把國際學校視為教育的「去國家化」現象。理論上，代表全球主義的國際學校與代表民族主義的當地國教育體制會相互對立，但是這種

預設在亞洲7國看到很不一樣的實踐。從開放「非本國教育體制國際學校」，到開放「本國教育體制內國際學校」。開放的理由，不是尊重個人學習權，就是推動國際化及經濟發展，與全球主義脈絡極為相關。這些國家不同的開放作法等於是把國際學校和國家教育體制的調和方式，做了各種可能的詮釋。

Part 5

省思：
臺灣國際學校發展的拐點

國際學校解碼

　　「拐點」（inflection point）是個數學名詞，又稱「反曲點」，在數學上指改變曲線向上或向下方向的點，直觀地說，拐點即曲線的凹凸分界點（「拐點」，2022）（詳見圖5-1）。這個詞也可以泛指事物發展的趨勢開始發生重大改變的地方。很多公司在面臨瓶頸之時，都企圖找出這個「反曲點」來起死回生。以臺灣國際學校的現況來看，找出「拐點」的反曲線正是翻轉局面的關鍵。然而，「凹」與「凸」是完全不同推力的曲線，創造臺灣國際學校發展的「拐點」並不容易，不可能從原來問題治標解決而來，而需從時代特質與趨勢做前瞻性思考，並藉由其他國家更寬廣的視角來修正我國的方向與盲點。

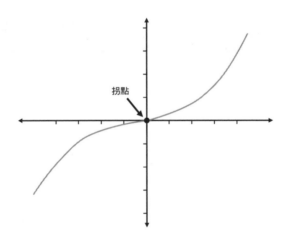

圖5-1　拐點（反曲點）圖

　　在國際化及全球化加速進行的趨勢下，對照亞洲7國在開放國際學校方面的神速步調，我國外僑學校的成長卻相對緩慢。不禁要問我國境內國際學校的問題為何？未來應當如何走？本章先說明臺灣境內國際學校面臨的問題，再試著分就「非本國教育體制國際學校」及「本國教育體制內國際學校」提出幾個「拐點」思考。

一、外僑學校本質改變法規走位

　　我國早期外僑學校的設立與營運確實都得到母國政府的背書或支持。政府對於境內「非國內教育體制國際學校」因此一直停格在40餘年前的認知上。事實上，隨著時間推演，我國境內外僑學校很多都已不算是「外僑學校」了。於此同時，外僑學校法規原先設定的規範架構也隨著時代的改變，產生與現實脫節的情形。

（一）國際學校本質已形成 3 個層次

　　現階段我國境內外僑學校與其母國政府關係已經轉變成以下3個層次：

1、外國的海外公立學校

　　22所外僑學校中與母國政府維持非常密切的關係者僅臺北歐洲學校法國部及德國部、3所日僑學校及2所韓僑學校。

　　臺北歐洲學校法國部（French Section）在其學校網頁上介紹該校屬於法國教育部下「海外教育署」（the Agency for French Education Abroad, AEFE）的海外會員學校之一。該校與AEFE其他會員校一樣，所有課程都經法國教育部認證，在課程及教學目標上與法國公立學校教育完全一致，目的在讓學生在海外或返回法國就讀時能夠無縫接軌（Taipei European School, 2017a）。德國部（German Section）在其摺頁上說明該校於1990年由德國海外學校總署（the Central Agency for German Schools Abroad／Zentralstelle für das Auslandsschulwesen, ZfA）支持設立，不但依據德國課程標準授課，接受ZfA經費補助，亦接受其從德國調派教師。該校同時肩負宣揚德國文化及教育的職責（Taipei European School, 2017b）。

　　3所日僑學校在臺、日斷交之後，依雙方協議在日本交流協會的主導下陸續設立。數十年來，3校一直在日本政府及其在臺官方代表協助下順利營運。

　　2所韓僑學校屬韓國教育部在臺灣設立之公立學校，同時受韓國科學技術部海外僑民教育部門，以及駐台北韓國代表處管理及財政支援。現今學校運作所有費用及學校校長、教師選拔與派遣，依然全由韓國政府主導（教育部，2011a，2011b）。

2、外國政府支援的海外私立學校

　　第二個層次雖不若第一個層次密切，但為母國政府背書並接受部分支援。如臺北美國學校及高雄美國學校都是美國國務院「海外學校辦公室」（Office of Overseas Schools）的「美援學校」（assisted schools））（Office of Overseas Schools, 2022）。前者原為美國國防部所屬的海外學校，1979年中美斷交後，《中美共同防禦條約》廢除，美軍撤防，該校逐漸轉型為海外獨立學校。後者設立較晚，背景單純許多。

3、與外國政府毫無關係之外僑學校

　　除了上述8校外，其他14所外僑學校則只是課程及教學上服膺美國教育體制而已，並不代表與美國政府有關係。有些外僑學校雖然以前曾與政府有密切關係，後來因為情勢改變，關係線已經斷掉。例如，臺中馬禮遜學校原係基督教會早期所創辦，後來在1970年時曾受美國駐華空軍之委託，專收美國駐華空軍及在華工作人員子弟，一度成為美國代用公立學校。臺中市政府曾於1970年核准函中確認這個關係，不過，函中亦加註「將來代用關係消失後仍應照私立學校規程辦理立案」（臺中市政府，1970）。後來隨著美軍撤離，這層關係已經消失。又如，新竹荷蘭國際學校原名為「新竹荷蘭學校」，是1989年荷商菲利浦公司（Philips）來新竹科學園區設廠時，應荷蘭僑民子女教育需求而設。當時設校申請函確實是

荷蘭教育部（the Ministry of Education of the Netherlands）所發，但是，後來由於荷籍學生愈來愈少，該校與荷蘭在臺辦事處關係漸遠，因此改名為「新竹荷蘭國際學校」（教育部，2005）。

　　由此可見，我國境內外僑學校大部分（64%）已從「民族主義者國際學校」轉化為「全球主義者國際學校」，一個需要低密度管理，一個需要高密度管理，而我國還將之全部視為具有外國主權色彩的「民族主義者國際學校」，因此無法有效管理。

（二）外僑學校法規與實務產生落差

　　我國有自己獨特的外僑學校開放規範，若不是與亞洲7國相較，實在很難瞭解我國在規範上的問題。以下從國家教育法制及國際法兩個面向加以說明：（詳見下頁表5-1）

1、開放雙重國籍國人就讀之配套規範不足

　　從維護我國教育法制的角度看，我國教育部於2008年開放雙重國籍者就讀外僑學校，允許外籍畢業生續留我國升讀大學，但這些人仍須依《外國學生來臺就學辦法》（2014）規定，即「外國國籍兼具我國籍者，應自始未曾在臺設有戶籍」，且「於申請時並已連續居留海外6年以上，擬就讀大學醫學、牙醫或中醫學系者，其連續居留年限為8年以上。」主要原因，就是在防止具雙重國籍之國人藉此管道，規避國家教育體制，遊走於兩個不同的學校規範系統之間，引起不公平問題。這是我國開放雙重國籍國人就讀境內外僑學校唯一的配套措施。

　　事實上，對當地國政府而言，開放本國人就讀國際學校更需關切的應是國際學校的課程對學生的國家認同產生何種影響。因為民族主義者的敘事莫不宣稱國家文化的特殊、原創及優越，這是各國學校課程的共同特性（Coulby, 2000）。世界上許多國家的民族主義都是透過教科書中的語

表5-1 我國境內外僑學校問題一覽表

IS理念類型 當代IS理念類型分析構面	民族主義者國際學校			國際主義者國際學校 實施國際教育學校	全球主義者國際學校	
	獨立的國際學校	國內學校採用國際課程	境內外僑學校		市場導向國際學校	國際認證課程與資格考試
國內規範區分基準	本國教育體制內國際學校		非本國教育體制國際學校			
國際規範區分基準	本國之主權行為		外國之主權行為		非外國之主權行為	
國家教育法制構面 — 定義	N／A		ES定義停格在外國政府之海外僑校,無法涵蓋其他一般國際學校。		×	
國家教育法制構面 — 開放方式	N／A		開放具我國籍者就讀ES不恰當。		×	
國家教育法制構面 — 配套規範	N／A		欠缺針對就讀ES之國人實施國家認同課程之配套措施。		×	
國際法構面 — 設立人	N／A		開放本國自然人設立ES不恰當。		×	
國際法構面 — 法律地位待遇	N／A		將ES定位為私立學校,並排除適用相關法令,欠缺互惠之規定。		×	
國際法構面 — 優惠待遇	N／A		ES自動享有圖儀設備進口關稅減免、部分教育法令適用之排除、地價稅減免、房屋稅減免四項優惠欠缺互惠原則之規定。		×	

註:N／A表示本節不適用。×表示我國在該項從缺。引自《我國境內國際學校開放規範之研究》〔未出版之博士論文〕(頁224-225),邱玉蟾,2017,臺灣師範大學。

言、歷史、宗教、文化傳承並進行通則化（Zambeta, 2005）。有關這點，知名的國際教育學者Bagnall曾針對巴西里約熱內盧（Rio de Janeiro）一所國際學校的15至19歲學生的認同感進行深度訪談，最後發現3種結果的學生比例差不多。一是知道自己屬於哪一國家；二是不確定自己屬於哪一國家；三是覺得自己不屬於任何國家（Bagnall, 2012）。這個結果顯然與本國課程體制下學生在國家認同上有著很大落差。

由於國際學校的學生接受的課程並非本國課程，對國家的認同可能產生不利影響，無怪乎亞洲7國不論全部開放或部分開放本國人就讀國際學校，都會要求本國學生必須接受一定時數之本國語文、歷史、宗教或文化課程。與亞洲7國相較，我國在課程方面卻沒有任何要求，這是政策上可以補足的地方。

2、從外僑學校法規朝向一般國際學校法規發展

我國境內外僑學校係為外國人所設之學校，依國際法原則，與本國學校分開管理。然而如此原則在後來法規修訂後卻逐漸走位，在設立人、法律定位待遇及優惠待遇上尤其清楚。

（1）設立人方面

印尼「外交使館學校」（Sekolah Diplomasi）及中國大陸「外交人員子女學校」，都限外國使領館或外交代表申請設立，最符合國際法原則。馬國「外僑學校」（Expatriate School）設立人限在馬國已立案公司或社團，但必須得到其母國大使館之支持。南韓的「外國人學校」（Foreign School）設立人開放給外國人或非營利的外國法人。最重要的一點，由於顧慮到外僑學校屬外國主權行為的展現，因此，馬、印、中、韓4國都未開放本國自然人設立。

反觀我國於2008年大幅放寬設立人資格，在外國（法）人外增加了本國法人及自然人，實際上已跳脫了外僑學校的國家主權屬性，讓我國自然人具備設立外國海外僑校的資格，從國家的立場看極為不恰當。

（2）法律定位及待遇方面

我國將外僑學校定位為私立學校，但為了讓這些「非本國教育體制國際學校」具備辦學彈性，於是提供許多排除適用的權利，並訂定專門管理辦法。這種做法與亞洲7國大部分國家無異。不過，我國排除規定之處甚多，卻欠缺明確的排除準則，致滋生諸多疑義。

（3）優惠待遇方面

中國大陸「外交人員子女學校」享有免稅優惠待遇，且在法規中明訂優惠待遇是基於互惠，最符合國際法原則。至於馬國「外僑學校」（ES）及印尼「外交使館學校」（Sekolah Diplomasi）不明定優惠待遇的方式，反而是國際間保護本國利益的常見作法。南韓「外國人學校」（FS）基於「學校」為非營利機構而獲得免稅待遇，比較偏向國民待遇。日本「外國人學校」（FS）基於相關國內法規（各種學校規程）而提供優惠待遇，也是偏向國民待遇。

相較之下，我國與中國大陸作法較為接近，將免稅待遇明訂在外僑學校專門法規中，然而，中國大陸規定提供優惠待遇須以互惠為前提，而我國在2008年修法時已將互惠原則拿掉。

二、私校欠缺合宜法規路徑

我國14所私立學校辦理國際課程，招收對象都以本國籍學生為主，其中，只有臺北市奎山實驗高中是全校辦理，其餘13校都是部分班級辦理，非常類似學校附設國際部／班的型態。私立學校為什麼要採用「附設國際部／班」模式？主要有3個考量因素：一是需求量，市場需求似乎還沒有這麼大。二是法規，若要全校實施國際課程，就必須申請全部班級實驗。2014年以前沒有這種法規依據，2014年以後可以依照學校型態實驗教育法規，但如此一來，人數就會被限制到不符合經營規模。三是保留學生「外可升，內可轉」的彈性。不少私校校長表示，選擇就讀國際課程的

學生絕大部分志在留學，但也會有少數學生想轉回國內教育體系的情形。即便學校在國際課程開始的招生說明會中一再呼籲學生及家長入學前必須瞭解並三思，但難免會有一些轉換跑道的學生。這些學生會遇到轉學的困難，而且轉學後的課程及學習環境都必須重新適應。雙軌學制較可解決這樣的問題。

不過，既然都是國際課程部／班，私立學校為什麼不依《私立高級中等以下學校外國課程部班設立辦法》（2009年）辦理國際課程呢？主要原因在於外國課程部／班只能招收外國籍之學生，禁止招收本地生，而這與私立學校以「本土家庭孩童」為主要招收對象的大前提剛好相反。事實上，自2009年該辦法發布以來，還沒有一個適用該辦法的案例。相對來說，那些在我國境內的「第三文化孩童」，大部分仍會優先考慮「非本國教育體制國際學校」（我國境內只有外僑學校）。可見「本國教育體制內國際學校」與「非本國教育體制國際學校」各以其特點吸引不同的學生群體，也基於此各自經營不同特質的國際學校。

那麼，2008年教育部已修法放寬「中華民國人民」亦得設立外僑學校，私立學校為什麼不改辦外僑學校呢？大部分私校校長表示主要還是考慮生源問題。外僑學校只能招收具外國籍的學生，即便包括雙重國籍學生，預估生源仍然有限，更何況還要跟外國人辦的外僑學校競爭。他們認為外國家長對本地學校的接受度相對不高。加以外僑學校採用全校實施模式，與我國私立學校辦理國際課程的雙軌辦學模式差異太大。

2014年《學校型態實驗教育實施條例》公布，似乎給了私立學校辦理國際課程一線曙光。但這麼多年過去，卻沒有一所私立學校依據該條例辦理國際課程。主要原因就在招生人數的限制。該條例規定：「每年級學生人數不得超過50人，自國民教育階段至高級中等教育階段學生總人數，不得超過600人。」目前14所辦理國際課程的私立學校全校規模都超過600人。全校學生人數較少的義大國際高中有733人，奎山實驗高中有785人，常春藤高中有830人，其他學校都超過1,000人，明道高中甚至超過

7,000人。學生人數的限制讓這條路徑仍乏人問津。

　　總之，對私立學校而言，本國教育體系是根本，國際課程體系是旁枝，他們在本國教育體系內認真辦學多年，口碑獲得肯定，豈可輕易轉換跑道。如今發展新面向，除非大環境及國家政策非常清楚有利，否則採取部分班級辦理模式還是較為穩妥的作法。在此情況下，私校可以走的路就是《私立學校法》第57條第3項、第4項、《私立國民中小學校免除法令限制及回復適用實施準則》、《高級中等教育法》，以及《高級中等學校辦理實驗教育辦法》。但每一條路徑都與國際課程的實施有扞格之處。（詳見表5-2）

　　除了法規路徑問題之外，私立學校還需面臨執法標準不一問題。許多主管機關對國際學校的瞭解不足，所下行政命令與國際課程發展的連貫性與一致性產生衝突，常會形成學校辦理國際課程的不可控風險。

三、公校出現兩種問題型態

　　我國辦理國際課程的公立學校只有6校，但在遭遇的問題上一點都不簡單，而且3所國立科學實中與3所市立國、高中問題型態不同，必須分開說明。

（一）科學實中設立正當性潛藏變數

　　在教育部未明文開放教育體制內國際學校的情況下，政府以特區條例賦予3所科學實中打破教育框架，辦理國際課程的正當性。目前3所科學實中國際課程部／班（稱雙語部）依據現行《科學園區設置管理條例》（2018年）第10條第1項，定位明確，且依據第10條第3項，學校辦學經費之編列及支出皆有所依循，辦學資源無虞，收費相對低廉，學生一學期學費加上特色課程僅約新台幣90,000元。這可能是亞洲各國國際學校最低

表5-2 私立學校辦理國際課程5條法規路徑遭遇問題一覽表

法規路徑	問題說明
1. 《私立學校法》第57條第3項：「私立學校經學校主管機關評鑑辦理完善，績效卓著者，除依法予以獎勵外，其辦理下列事項，報經主管機關同意後，得不受本法及相關法令規定之限制。」（私立高中辦理依據）	國際課程對學校及學生而言都是連貫性、長期性的投資，假如某私立高中被核定辦理在案，結果未來的評鑑卻不理想，這時國際課程該如何辦？這條規定讓私立高中辦理國際課程充滿不確定性。
2. 《私立學校法》第57條第4項：「私立國民中小學校非政府捐助設立且未接受政府獎補助者，經報請學校主管機關備查，其辦理前項各款事項，得不受本法及相關法令之限制。」（私立國中小辦理依據）	這條規定僅限國中小，並不包含高中及幼兒園，致使辦理K-12國際課程之同一所學校，面臨不同教育階段，必須分別向不同教育主管機關申請及接受不一致督導的狀況。
3. 《私立國民中小學校免除法令限制及回復適用實施準則》第3條：「私立國民中小學校依本法第五十七條第四項之規定，其辦理下列事項，得不受本法及中央或地方政府相關法令之限制。」得辦理的項目包括第5項「辦理學校型態之實驗教育或學校內之教育實驗」。 （私立國中小辦理依據）	1. 準則為《私立學校法》第57條第4項授權訂定之子法。然而，高中階段有實驗教育辦法，但私立國中小階段並無類似法規做為明確依據。 2. 國際課程教學與「常態編班」及「教學正常化」有扞格之處，主管機關及視導委員以部頒課程規範的教學正常化來同樣要求國際課程部／班，致使國際課程之實施欠缺足夠空間。
4. 《高級中等教育法》第12條：「為促進教育多元發展、改進教育素質，各該主管機關得指定或核准公私立高級中等學校辦理全部或部分班級之實驗教育……。」 第35條第6項：「私立高級中等學校非政府捐助設立、未接受政府依私立學校法第五十九條規定所為獎勵、補助，且未由政府依第五十六條規定負擔學費者，……得單獨辦理招生……但仍應提供不低於該校核定招生總名額百分之十五之免試入學名額。」 （私立高中辦理依據）	1. 國際課程國中畢業生直升同校高中部及國中部是最佳選擇，但前提是該校必須為完全中學。除直升外，也可透過獨招管道申請其他有辦理國際課程的高中，少部分有資格者可能轉入外僑學校或直接出國。 2. 國際課程高中畢業生升讀國內大學僅「特殊選才」較為有利，但名額少。另學生得依「申請入學」管道申請大學，但學生必須與其他國內學制學生一樣，參加國內第一階段學科能力測驗，高中英語聽力測驗，術科考試、「大學程式設計先修檢測」（APCS）等考試，更不容易。

法規路徑	問題說明
5.《高級中等學校辦理實驗教育辦法》第6條 (1)學校辦理全部或部分班級實驗者，其課程得不受高級中等學校課程綱要規定之限制。但課程之排定，應符合中央主管機關所定學生畢（修）業之條件。 (2)學校辦理實驗，其學生學習評量，除就第二條第一項第二款辦理實驗，經擬訂學生學習評量規定納入實驗計畫者外，應依高級中等學校學生學習評量辦法規定辦理。（私立高中辦理依據）	1. 學校雖然依法得辦理國際課程，但仍須受到我國課綱、學生畢（修）業條件及評量規定之限制，在上課節數、上課時間及學分數設計上經常難以兩全。 2. 領域科目名稱的符合問題也是一大困擾。學校辦理國際課程需要呈現對照科目和換算節數，難以真正呈現國際課程原貌。

的收費。

　　不過，政府對科學實中雙語部招收資格條件也相對嚴格。2003年由教育部和行政院國家科學委員會會銜訂定發布之《科學園區高級中等以下學校雙語部或雙語學校學生入學辦法》，依規定招收對象以「園區內工作人員子女」為優先，「政府派赴國外工作人員子女」次之，「非園區駐區單位員工子女」更次之。三者之中，以「政府派赴國外工作人員子女」的定義較無疑義。招收「園區內工作人員子女」限定3種情形：1、外籍員工子女不設限。2、應聘回國之本國籍員工子女需在國外連續居留2年以上，且回國未滿1年。3、派赴國外工作員工子女需在國外連續居留2年以上，且回國未滿1年。

　　至於「非園區駐區單位員工子女」，招收條件更為嚴格。首先，必須有國內、外博士學位，或碩士學位具有5年以上國外專業或高科技工作經驗。其次，必須應聘於大專校院、學術研究機構或公民營高科技事業單位。最後，這些員工若為外籍，則不再設限；如為本國籍，則子女需在國外連續居留2年以上，且回國未滿1年。

　　該入學辦法雖幾經修正放寬相關條件，但現行辦法（2019年）對於招收對象的規定差異不大。這個規定旨在維護公正性及公平性，但卻也引出以下兩個潛在問題：

1、本土型國際學校對「第三文化孩童」較不具吸引力

　　按所描述之特質來看，招收對象應屬於「第三文化孩童」。這些人是Makimoto & Manners 所謂「新遊牧時代」（a new nomadic age）的「全球新遊民」（Global Nomads）（Anttila-Muilu, 2004; Langford, 1998）。本書前面曾介紹過，中國大陸在改革開放初期，為了趕快解決外國在華工作者子女就學問題，權宜之計，指定「北京第五十五中學」成立國際部。但後來經過時間證明，外國人還是喜歡到外國人開的西餐廳用餐，亦即以「外交人員子女學校」或「外籍人員子女學校」為優先選擇，而不是本土型國際學校或國際課程部／班。

2、科學園區工作人員愈趨本土化導致符合條件者愈為不足

　　園區工作人員愈趨本土化情形已經逐漸浮現。教育部與科技部為了擴大生源，特於2008年增訂第4-1條，並數度放寬規定為：「園區學校雙語部或雙語學校，設立後二十年內，依第三條規定招生之錄取人數未達核定招生名額百分之八十時，其缺額得由符合下列條件之一者，依其優先順序規定，遞補至百分之八十為止。」所稱「符合下列條件之一者」指的是「本國籍員工或園區派赴至國外工作人員，只要其子女隨同在國外連續居留一年以上，且回國未滿八年即可。」

　　上述兩個問題是連動的，以特區學校的方式辦理國際課程，可免除國內教育法規的適用，有較大辦學空間。不過，隨著園區人力生態改變，學生群體可能逐漸縮小，導致雙語部招生不足，惟如招收條件放得太寬，又恐失去特區學校之正當性，可謂進退維谷。

　　再放大範圍來看，隨著全世界高科技產業之快速發展，科學園區做為

一種國家經濟發展策略，也有它的侷限及問題，就像我國榮景不再的「加工出口區」一樣，未來科學園區能否持續成長仍然存在變數（趙永茂、陳銘顯，2010）。以滿足特定環境下的特定需求為目標，特區學校的永續發展也難免因此受到侷限。

（二）市立國高中受限法規及轉型不易

3所市立國、高中由地方政府選定辦理全校IBMYP課程及IBDP課程實驗班，但因欠缺類似科學特區條例為依據，僅能依教育部實驗教育相關法規辦理。濱江實中所依據者為賦予學校較大辦理空間的《學校型態實驗教育實施條例》；西松高中及大園國際高中則依據《高級中等學校辦理實驗教育辦法》。相較之下，公立學校不見得比私立學校遭遇問題少。因為在招生、升學、課程架構調整、學制接軌上，公立學校與私立學校遭遇到的問題大同小異；但在行政組織及本國籍教師獎勵措施上，公立學校反而比私立學校更不具彈性及自主空間。（詳見表5-3）

表5-3 3所市立國高中以實驗教育法規實施國際課程遭遇問題一覽表

問題面向	臺北市		桃園市
	濱江實中	西松高中	大園國際高中
行政組織	雖設有「研究發展處」主任一人，綜理IBMYP課程業務，但無額外的行政人員編制，許多工作都需與其他處室分工合作辦理。	雖設有「國際處」綜理課程業務，但沒有額外的行政人員編制，部分學科教師必須兼任國際課程專屬的行政業務，包括IB課務處理、圖書資源訂購及整理、學生CAS課外活動安排、招生考試承辦等。	無法設立專責行政單位處理實驗專班業務。市政府補助「兼行政職教師減授鐘點費」，由部分學科教師兼任國際課程專屬的行政業務。

問題面向	臺北市		桃園市
	濱江實中	西松高中	大園國際高中
本國籍教師獎勵措施	教師同時要準備108課綱以及IB課程，研習及共備時間長，花費心力多，但受限於教師授課時數規定，無法彈性減課，亦無額外鐘點費。		（※市政府有補助IB教師鐘點費加權補助）
招生	IBMYP學生來源兼採學區（依設籍先後錄取）及大學區（依公開抽籤錄取）入學，無法篩選學生。	公立IBDP專班採「特色招生」管道，以國中教育會考部分科目的成績為基本門檻，符合資格者另須報名參加特招考試。	
※升學	公立IBMYP與IBDP無法源依據直通，IBMYP階段畢業後仍須參加國中教育會考。	1. 各國學制不同，升學要求條件皆不一，教師需要更多時間來熟悉海外升學輔導事務。 2. 國內升學路徑狹窄且不明，多數大專院校對國際文憑的了解甚少。 3. 目前IBDP畢業生升讀國內大學僅「特殊選才」一途較為有利，但名額少。另學生得依「申請入學」管道申請大學，但較不易。	
※課程架構調整	IBMYP的課程規劃與執行，仍需與十二年國教課程綱要嫁接，難度高。	IBDP課程與十二年國教課程綱要無法對接，造成學分認定、課程填報系統及學習歷程檔案填報的困擾。	
※學制接軌	成績系統兼採我國百分制與IB成績雙軌並行，造成教師負擔。	IBDP課程制度與我國學制在教務、學務運作上無法一致，且會相互影響，如人力、時間、法規等。	
學生學習態度	學生素質不一，部分學生難以負荷IB多元的作業與評量。	1. 部分學生將IB文憑視為海外升學的墊腳石，忽視IB學習者特質的價值。 2. 部分學生未具備獨立研究的興趣及能力，學習態度上較為被動。	

註：※表示該項與私立學校遭遇問題相似。

國際學校解碼

公立學校與私立學校一樣，因為依據實驗教育法規，因此在升學、課程架構調整、學制接軌上也出現類似扞格情形。除此之外，3所市立國、高中還需面對轉型困難的問題，包括學生、教師及行政組織的轉型。

1、學生轉型問題

公立學校特別注意到一個私立學校較少提到的問題，那就是學生的學習態度。3所市立國高中都非常認同IB課程的教育理念，期待學生透過IB課程，不僅取得海外留學資格，更能養成IB的10項學習者特質，包括勇於提問（Inquirers）、博學多聞（Knowledgeable）、獨立思考（Thinkers）、善於溝通（Communicators）、有為有守（Principled）、心胸寬廣（Open-minded）、同理關懷（Caring）、勇於嘗試（Risk-takers）、全面發展（Balanced）、反思批判（Reflective）（International Baccalaureate, 2022a）。就這些特質來說，IB課程就是一種兼重人文關懷與國際視野的菁英教育。但是，經由學區制（濱江實中）及會考制（西松高中及大園國際高中）進入IB實驗班的學生，卻大多習慣校方以考試來督促唸書，如何引導學生養成主動學習的態度，成為公立學校辦理國際課程的一大挑戰。

2、教師轉型問題

公立學校在聘用教師及調動職務的空間，不像私立學校那麼大。在聘用外籍教師經費有限的情況下，國際課程所需師資絕大部分需要由現職教師透過在職進修方式取得資格。教師的轉型必須取得全校教師共識，並分年逐步執行。過程中教師教學及行政負擔加重卻缺乏足夠獎勵措施。這是公立學校最不容易的地方。

3、行政組織轉型問題

堅實的行政團隊是優良教學的強大後盾。公立學校卻受限於現行法規

無法設立專責行政單位及人力，對於國際課程的長期實施，影響至大。

　　如此看來，公立學校比起私立學校辦理國際課程大概只有一點較好，就是市政府有一些補助（不是全部補助）。但就這點而言，補助不論項目或金額，每年都需要經過地方議會審查，可能造成補助之不穩定。另外，超出市政府所能補助的部分必須由參與學生均攤，但如何收費才算合理似乎沒有答案。儘管西松高中與大園國際高中盡量減少開支，但為了維持一定課程的品質，收費可能難如3所科學實中低廉。至於濱江實中雖然比照義務教育不收費，但會不會因此影響國際課程品質則是有待檢視。

　　最後，需要一提的是大園國際高中所承接的「海外攬才子女教育專班」。該班依教育部2018年7月23日報行政院核定之「完善我國海外攬才政策就學配套實施計畫」設立，目的在「完善外國專業人才子女教育環境，吸引外國專業人才來臺及留臺，落實延攬及吸引外籍人才來臺工作及生活之政策。」（教育部，2022）。依其描述，該班招收對象也是「第三文化孩童」。同前所述，「第三文化孩童」鮮少選擇當地本土型國際學校就讀。加以國際課程不論是IB課程，或美制課程＋APID課程，或雙語課程，都非常強調學生為中心的選修課程，而「海外攬才子女教育專班」以單班方式實施國際課程，受限於行政、師資、空間、班級人數等因素，恐無法滿足「第三文化孩童」之選課要求。因此，即便政府願意投注資源，卻不一定能招收到足夠學生，或者說，不一定能夠達到計畫之目的。這從該計畫啟動幾年來招生不足的情況可以得到印證。

四、非學機構成本高師資難覓

　　自2014年實驗教育三法公布施行以來，非學校型態實驗教育是高中以下實驗教育成長最快、人數最多的區塊。依據教育部統計資料顯示，109（2020）學年度，非學機構共58所，學生人數8,855人，佔全部3類實驗教育學生人數19,657人的44.5%，高於學校型態43.4%，以及公辦民營

12.1%（教育部統計處，2022）。這與非學型態實驗教育規模小，辦學條件易達到有關。

辦理國際課程的非學教育機構最早為2015年的TAIS（復臨），最晚為2020年的Starlight（星光）。辦學資歷都還很淺，成效有待更多時間來驗證。迄今為止，這些非學機構的問題整理如下：（詳見頁214表5-4）

（一）營運成本高

109（2020）學年度原有7所非學機構辦理國際課程，但其中一所於2022年初因「家長出面控訴3月中無預警停課，而且校方先前就有出現欠老師薪資、課程沒人授課等問題，畢業生家長更擔心孩子拿不到畢業證書。……」，而遭當地主管機關要求停辦、限期提出學生安置計畫、退費期程及教師薪資給付期程（黃凱靖、陳世明，2022）。固然這是個案，但也令人注意到非學機構辦學門檻低，並不代表辦學成本低，尤其是昂貴的國際課程可能在營運過程帶來極大風險，成為影響機構是否能穩健辦學的重要因素。

進一步看，充足的財務來自收費，營運經費主要由家長與機構共同分攤，導致高收費情形。然而，卻有非學機構反映自一開始提出學費標準時，就被主管機關直接刪減近3成，且將之訂為學費的上限。不合理的收費不但會使原先規劃課程無法如預期推動，也會使財務盈餘累增變得困難，連帶影響到教學軟硬體設施的改善。

（二）國內國際課程合格師資不足

從國外聘僱合格外籍教師所費不貲，而且流動率大，不利長期營運。從國內聘用，卻因我國師資培育仍以主流教育為主，非學機構在尋找適合且符合教授國際課程的師資非常不易。

（三）國內大學之升讀管道不足

這個問題私立學校及公立學校亦有同感。所有教育體制內國際學校都認為，他們雖然提供國際課程，但仍希望高中畢業生能享有更多在我國升讀大學的機會，可惜目前僅有「特殊選才」一途。

（四）主管機關對非學型態實驗教育及國際課程認識不足

《高級中等以下教育階段非學校型態實驗教育實施條例》第24條規定：「直轄市、縣（市）主管機關對學生、家長、團體或機構於申請、參與或辦理實驗教育之過程中，應提供必要之協助及輔導。」，但地方政府對於非學實驗教育及國際課程的包容性、支持度及認識不足，限縮辦學的空間與彈性。

（五）非學機構對外運作與連結尚未制度化

非學機構對外運作與連結制度的建立至為重要，包括公務處理流程、公文系統、通報系統及edu網址的使用等。然而，實驗教育三法公布施行迄今已經7年，非學機構與政府之間的運作及連結仍不像學校教育體系明確，對外運作與連結制度尚未完善，導致在教職員增能、公部門訊息的即時獲取，以及相關資源的取得常被排除在外。大部分非學機構因欠缺電子公文系統，只得以紙本公文往來，不僅耗時費事，也容易造成重要活動報名或準備時間不足，影響學生權益。

非學教育機構人少事繁，上述問題之第4項及第5項雖然屬於日常運作環節，但卻可能耗費非學教育機構大半氣力，進而影響到辦學品質。當然，相對來說，非學教育機構需要很強的行政團隊支持，但欠缺熟稔教育法規及教育行政的專業人力卻是一個非學教育機構自己容易忽視掉的問題。

　　儘管問題不少，非學教育機構依據《高級中等以下教育階段非學校型態實驗教育實施條例》辦理國際課程也不是毫無優勢。依該條例第8條第6項，非學教育機構實驗教育計畫內容之實施，不受我國課程綱要之限制，辦學彈性之大，可免掉前述課程架構調整與學制接軌的層層疊疊問題，這點換成是私立學校及公立學校應該會很有感。

表5-4 非學機構辦理國際課程遭遇問題一覽表

問題面向	問題說明
營運成本高	1. 非學機構營運經費由參與者與機構共同分攤，招收人數少導致高收費的問題。加上臺灣少子女化效應，學生人數減少，讓非學機構的財務面臨很大挑戰。 2. 主管機關為了減輕家長負擔，不鼓勵過多盈餘，對於學費上限的訂定並未考慮到國際課程的特殊性。
國內國際課程合格師資不足	1. 國內師資培育仍以主流教育為主，國內的師資培育系統欠缺國際課程師資的培育。 2. 國內師培機構以及教師研習網與國際課程相關或是可進修的課程不多。
※升讀國內大學管道不足	非學機構的學生因無修讀一般教育體制的科目，其國內升學規劃及申請較難達到理想。
主管機關對非學型態實驗教育及國際課程認識不足	1. 主管機關未能依據《高級中等以下教育階段非學校型態實驗教育實施條例》第24條的精神，主動提供必要之協助及輔導。非學機構遇到問題時，往往需自行四處求助。 2. 主管機關常以體制內教育思維去限制與審視非學機構的發展，限縮了辦學的空間與彈性。
非學機構系統對外運作與連結尚未制度化	1. 非學機構系統的連結機制尚未完善，包括公務處理流程、公文系統及通報系統等。 2. 體制內學校皆可發展其特色課程，並獲得主管機關的協助及補助，但非學機構常被排除在外。 3. 非學機構因為不是學校型態，無法使用edu，使得師生的email產生問題，網址五花八門，不利對外聯繫。

註：※表示該項與私校及公校辦理國際課程問題相似。

五、高中附加式國際課程無管理規範

　　高中辦理附加式國際課程是我國增加最快速的一種國際課程模式，它與中國大陸的公立學校國際／部班剛起步時的情況非常相似。中國大陸公立學校國際部／班起源於2000年後，當時一些大陸教育仲介機構開始嘗試引進國外預科／班與本土學校合作開設國際課程，成立本土學校的外國高中（或大學預科）學習中心（魯育宗，2018）。不過，當時中國大陸的高中一窩蜂進行國際合作辦學，產生許多亂象，政府為了規範才在2003年訂頒了《中外合作辦學條例》。

　　Part 4提到經過20年左右的時間，中國大陸的公立學校國際部／班已經發展為4種型態：（一）普通高中外招的國際部／班：學生不需通過中考，也沒有學籍。（二）納入高考招生的國際部／班：必須經教育行政機關審批通過，核定招生計畫。學生畢業可獲得外國及大陸高中雙文憑，但招生門檻甚高，和大陸本地高中的錄取分數標準差不多。（三）公立高中將部分教學與管理任務外包給教育培訓機構，只是上課地點在公立高中校園內。（四）招收外籍人員子女或國際留學生（學生必須具備外國國籍），不得招收大陸本地生（魯育宗，2018）。這4種型態以2.最為嚴謹；（一）及（三）非常寬鬆；（四）只限外籍學生。對照來看，我國高中附加式國際課程已有前述（二）及（三）的雛形。

　　國際間常見的「跨國教育模式」（Transnational Education Models）共有6種，即海外分校（Branch Campus）、特許加盟課程（Franchise Arrangement）、聯合學位課程（Joint Degree Program）、雙學位課程（Double／Dual Degree Program）、結對課程（Twinning Program）、遠距教學（Distance Delivery）。這6個模式外國機構投注資源的強度不一，愈前面的項目投注資源愈高，愈後面的項目投注資源愈低（Knight, 2008）。依據這6種模式的定義來檢視我國高中附加式國際課程，就會發

現我國高中附加式國際課程大致符合6種跨國教育模式，只是操作上稍有調整而已，說明如下：（詳見表5-5）

（一）「海外分校」模式

我國在2002年WTO入會承諾表中即已開放外國人設立高中、高職及其以上之學校，但迄今都未有任何外國分校／分部在臺設立。揆其原因，應在於該項開放為國民待遇，亦即在臺設校同樣需依據我國《私立學校法》相關規定辦理。如此一來，外國教育機構很可能因此辦不出課程特色。

目前美國Living World Lutheran High School分別與新北市7所公立技術型高中、政大附中、臺中二中、鳳山高中等校簽訂之合作課程，3年都在台灣就讀，暑假以參加暑期營的方式赴美國學習（此為自由參加）；在臺每週上約9小時實體或線上課程，畢業可取得美國高中畢業證書。這在實質上已經與海外分校的定義非常接近了，只不過外國教育機構省去了在臺設立分校／分部的形式步驟。

（二）「特許加盟課程」模式

前面的案例同樣也有特許加盟課程模式的成分。以新北市7所公立技術型高中於110（2021）學年度開始的合作計畫來說，新北市教育局說明：「由於每位學生科別不同，如何上課才達到學分數，為此跟美國箴言高中協調，以素養課程的概念來調整；比如說，物理、化學課以綜合性的科學課程來教授，不會有明顯的學科邊界，內容也為台灣技職學生做些調整。」（劉懿萱，2021）。可見該模式雖然不是明確授權在臺合作機構提供全部或部分核准之學習課程，但卻是百分之百量身定做的授權核准課程，由Living World Lutheran High School教師任教並控管資格證書，

表5-5　6種常見跨國教育模式及我國高中附加式國際課程計畫類屬一覽表

模式	定義	誰授文憑	教學地點	由誰任教	我國類似計畫
海外分校 Branch Campus	由外國教育機構在臺灣設立的境外分校提供之課程。	臺灣分校	臺灣分校	分校教師	新北市7所公立技術型高中（政大附中、臺中二中、鳳山高中合作案亦同）–美國 Living World Lutheran High School
特許加盟課程 Franchise Arrangement	外國教育機構授權在臺灣之合作機構提供全部或部分核准之學習課程。	外國機構	臺灣機構	雙方授權之臺灣教師，或外國機構派來之教師	
聯合學位課程 Joint Degree Program	臺灣與外國教育機構雙方合作提供一個讓學生先後在兩個機構修讀的課程。資格證書由雙方共同授予。	雙方共同授予一個學位（美國高中）	先在臺灣機構，再到外國機構	雙方教師	中正高中（臺中二中、文山高中合作案亦同）–美國 Fairmont Private School
雙學位課程 Double／Dual Degree Program	臺灣與外國教育機構雙方合作提供一個讓學生先後在兩個機構修讀的課程。資格證書由雙方自行授予。	雙方各授予一個學位	先在臺灣機構，再到外國機構	雙方教師	成淵高中–UMC High School；惠文高中–加拿大Red Deer Catholic International
結對課程 Twinning Program	臺灣與外國教育機構合作開發一個連接的課程體制，讓學生在臺灣機構上課取得學分，之後能銜接外國教育機構進階課程並得到學分抵免。	外國教育機構	先在臺灣機構，再到外國機構	雙方教師	南湖高中（中和高中等5校合作案亦同）–美國City College Plymouth

模式	定義	誰授文憑	教學地點	由誰任教	我國類似計畫
遠距教學 Distance Delivery	課程之提供係藉由自主學習教材，或透過遠距科技（線上）直接對學生上課，或經由與臺灣教育機構合作開課。	外國教育機構	臺灣	外國教師	和平高中等6校–美國San Mateo Colleges of Silicon Vally

註：6種常見跨國教育模式引自"Understanding transnational Education, Its growth and implications," by N. Clark, 2012, World Education News and Reviews.（https://wenr.wes.org/2012/08/wenr-august-2012-understanding-transnational-education-its-growth-and-implications）我國類似計畫由作者提供。

我國學生只要在臺修讀線上或實體課程即可，與「特許加盟課程」模式相仿。

（三）「聯合學位課程」及「雙學位課程」模式

這二類模式指「雙方合作提供一個讓學生先後在兩個機構修讀的課程」，我國許多高中附加式課程計畫則改由外國教育機構採計我國學生之大部分學分，我國學生只需再修部分課程學分，即可視為完成外國高中課程。「聯合學位課程」及「雙學位課程」的不同在於前者資格證書由雙方聯合簽署，後者由雙方各自簽署。

（四）「結對課程」模式

這個模式原指雙方不同教育層級的課程相互連接，然後取得進階教育層級課程的學位，經常以「2+2」、「3+1」、「2+1」等形式表示。英國

City College Plymouth分別與南湖高中，以及中和高中等5校進行之合作案就有這種「結對課程」成分。一般而言，臺灣學生必須先就讀1年預科，才能申請進入英國大學第一年，而City College Plymouth提供的大學預科課程，我國學生於高中在學期間得免休學，只要赴英修習一學期（6個月），即可完成英國預科課程，是一種「2.5+0.5」的「結對課程」模式。

（五）「遠距教學」模式

依據教育部《專科以上學校遠距教學實施辦法》（2019）第2條第2項，「遠距教學課程」為「單一科目授課時數二分之一以上以遠距教學方式進行者。」目前高中附加式國際課程中幾個遠距課程不僅超過這個定義，而且恐怕也超過第7條第2項「畢業總學分數之遠距教學課程學分數，已超過畢業總學分數之三分之一而未超過二分之一者，學校應將校內遠距教學課程開設及品質確保之相關規定報本部審查核准後，始得開設」之規定。問題是這個辦法適用於專科以上學校，高中以下學校並無類此規定。

我國《大學辦理國外學歷採認辦法》（2011）對於國外學歷之採認非常嚴格。該辦法第11條規定「以遠距教學方式修習，並以此取得高級中等學校之學歷不予認定。但法令另有規定者，不在此限。」《高級中等學校辦理學生國外學歷採認辦法》（2013）對於國外學歷有下列情形之一者，不予採認：1、經函授方式取得。2、各類研習班所取得之修課證（明）書。3、未經教育部認可，在我國所設分校或以國外學校名義委託機構在國內招生授課取得之學歷。遠距教學與第一種及第三種情形有無抵觸，並無明確規定。

另外，2002年我國加入WTO時已經開放外國人得依經濟部公司法規定來華設立留學服務業公司，仲介我國高中以上學生赴國外留學，惟不得

在臺收取學生學雜費用（可收取手續及代辦相關費用），亦不得在臺開班授課。高中附加式課程的過程也涉及一些模糊地帶。

凡此種種規定，過去對象主要為高等教育，現在高中附加式國際課程以國際合作之名遊走於相關規定之間，惟仍欠缺明確指引，未來將滋生更多疑義。

綜整而言，5類國際學校的問題各不相同，但從其對我國教育國際化的重要性來看，每一個都有解決的迫切性。但是，危機就是轉機，這些問題涉及幾個關乎臺灣國際學校發展的議題，從不同角度來思考或許結果也會有所不同，以下分「非教育體制國際學校」及「教育體制內國際學校」兩部分說明。

六、拐點思考1：非我國教育體制國際學校

（一）如何重新定義「非我國教育體制國際學校」？

對照亞洲7國例證，我國境內外僑學校首需解決的就是如何重新定義的問題。亞洲7國對「非本國教育體制國際學校」的定義提供3個思考方向：一是以一般國際學校涵蓋3種理念類型國際學校（廣義）（如新加坡、泰國、日本）。二是區隔為外僑學校與一般國際學校（狹義）（如馬來西亞、印尼、中國大陸）。三是以外僑學校涵蓋3種理念類型國際學校（如南韓）。我國採用的是第三種定義方式。不過，這個定義不但無法涵蓋「國際主義者國際學校」及「全球主義者國際學校」，而且有違國家利益。因為外僑學校是傳統國際政治下的產物，當地國對於外僑學校通常會給予特殊待遇或優惠待遇，把所有國際學校都定義為外僑學校，容易讓待遇規格偏高。

規格偏高的問題由於外僑學校本質改變而顯得更不適宜。事實上，外

僑學校趨向市場化經營並不只在我國境內發生。現在不少國家的海外僑校也必須同時扮演「跨國教育提供者」角色。例如，在新加坡的澳洲國際學校（Australian International School）提供澳洲新南威爾斯州（Australian NSW）的州定課程，也同時提供英國高中普通教育證書（International General Certificate of Secondary Education, IGCSE）及國際高中會考文憑（IB）；荷蘭國際學校（Holland School）同時提供荷蘭國定課程（Dutch）及國際小學課程（International Primary Curriculum, IPC）課程（InterNations, 2017）。

　　若國家境內只有外僑學校，而外僑學校又限定招收外國人，但本國人有愈來愈多就讀國際學校的需求時該怎麼辦？我國與南韓在解決這個問題的方式上亦甚為類似。南韓以《經濟自由地區與濟州國際自由都市的外國教育機構設立、營運特別法》處理擴大開放國際學校設立與本國人就讀的問題；無獨有偶，我國以《科學園區設置管理條例》，准許設立實驗學校雙語部，開設國際課程。兩國都是因為對境內國際學校的定義錯誤而陷入困境，為了跳脫規範框架，只得另以特別法來解決問題。這個解決方案費事、費力且無助境內國際學校長期發展。

　　鑑於我國特殊的歷史背景，且外僑學校已運作數十年，如採取上述第二種定義方式，即保留外僑學校，並在外僑學校之外，另開放一般國際學校（狹義）之設立，應是較為可行之做法。屆時22所外僑學校得自行選擇做為外僑學校或改為一般國際學校，不過，繼續做為外僑學校則必須提出母國政府之證明，而且兩種學校的設立條件、招收對象及法律待遇應該有所不同。

（二）如何規範「一般國際學校」設立方式？

　　亞洲7國在開放「非本國教育體制國際學校」方面有以下兩種設立方式，各有利弊。

　　第一種是以跨國合作辦學方式辦理國際學校：這個做法的好處是本國學校可透過合作辦學汲取國際學校辦學經驗。印尼政府自2014年起才開始要求國際學校必須全部改名為「教育合作單位」的新規定。實施以來，由於法規中很多空白授權，各單位權責不分，造成國際學校難以適從（駐印尼代表處，2014）。可見跨國合作辦學對雙方的磨合，以及當地國政府的管理而言，都不是容易的事。

　　第二種是以獨立辦學方式辦理國際學校：亞洲7國大部分國家採取這種辦學方式，泰國（IS）、日本（FS）、馬來西亞（IS）、中國大陸（外籍人員子女學校）屬之。這類學校優點是能夠與當地國學校切割清楚，不論在學校營運上，或當地國管理上都比較單純。

　　我國似宜採用第二種，理由有三：第一，如以教育服務業規範的角度看，限定合作辦學模式實際上違反GATS第16條第2項的第5點規定，亦即「不得對國際學校之創辦人或創辦方式設限」。第二，以我國國情而言，外僑學校長久以來都是以第二種方式運作，未來外僑學校如改制為一般國際學校（狹義），比較沒有轉換問題。第三，我國政府對此型態的管理較為熟悉，容易駕輕就熟。

（三）「非我國教育體制國際學校」招收對象為何？

　　亞洲7國對本國人就讀境內「非本國教育體制國際學校」有完全禁止、完全開放及有條件開放3種。我國目前僅有條件開放本國人（具雙重國籍者）就讀外僑學校，由於外僑學校具有國別性，完全開放我國人就讀外僑學校，確實有與我國教育體制產生衝突之虞。

　　解決之道可以參考馬來西亞及印尼之做法，讓外僑學校僅能招收母國籍、其他外國籍，以及我國具雙重國籍者就讀。一般國際學校（狹義）則可招收符合特定條件之我國人就讀。

　　符合哪些條件才能就讀一般國際學校（狹義）？我國目前只限雙重國

籍者就讀外僑學校，未來如另設一般國際學校（狹義），僅以雙重國籍者來做為前提條件就不盡然合理。原因有三：第一，國際學校（狹義）與外僑學校不同，它並非「民族主義者國際學校」，因此可在配套規範下，考慮適度放寬我國人就讀的條件。第二，現階段外國國籍之取得並不困難，僅以外國國籍做為條件，勢必流於富人之途。第三，我國人之跨國工作者子女多屬「第三文化孩童」，他們更屬意就讀一般國際學校（狹義）。有鑑於此，南韓以「海外居住滿三年」有其參考價值。科學園區實驗高中以「應聘回國之本國籍員工子女需在國外連續居留二年以上，且回國未滿一年。派赴國外工作員工子女需在國外連續居留二年以上，且回國未滿一年」亦可做為參考。

　　至於該不該限定本國人就讀人數，亞洲7國都曾以本國人佔國際學校學生總人數之比例來設定上限。如過去之馬來西亞訂為40％，過去之泰國訂為50％，目前之南韓則訂為30％至50％。我國在開放初期或可參考這些國家的做法，從部分開放開始，避免對本國教育體制造成過大衝擊。

（四）如何設定本國人就讀一般國際學校配套措施？

　　當教育走向全球競爭的情況下，各國莫不卯足了勁招收國際學生。我國未來如開放一般國際學校（狹義）之設立，並開放符合條件的我國籍學生（第三文化孩童）就讀，必須同時有配套規範才行。這些規範可參考亞洲7國的8項配套措施來設計：

　　1、要求對本國籍學生施以一定時數之當地國語言、文化、歷史、公民、宗教等課程（泰、韓、馬、印）。

　　2、對畢業生學歷採認特別規定，做法上從採認國際認證的學校（日），從修業過程的控管（韓），到國家考試認定（印）都有。

　　3、審核學校課程（泰、馬、韓、印）。

　　4、要求學校必須得到國際認證機構認可（泰、馬、日、印）。

5、審核學費（泰、馬）。

6、對學校進行評鑑或評估（韓、印）。

7、要求學校定期向當地國提出品保、師生資料或校務報告（泰、馬、印）。

8、學校准證有一定效期（馬6年、印6年）。

不過，以國際學校的性質言，上述8項措施並非全部適宜，例如第2項、第6項及第7項即有干涉過多之嫌。以我國國情而言，第一項就非常合宜。亦即從國家認同的維繫著眼，我國政府可要求就讀一般國際學校（狹義）之我國籍學生必須修讀一定時數之我國國家課程，包含語文、歷史及文化，並參考南韓外國人學校（FS）之規定，並要求這些課程必須聘僱我國合格教師擔任。第3、4、8項也可以考量採用，以確保國際課程的品質。

七、拐點思考2：我國教育體制內國際學校

（一）國際課程是實驗教育嗎？

在「教育體制內國際學校」方面，4類中有3類學校都有國際課程與實驗教育法規相互扞格的問題。如果要完全解決這些問題，恐怕應該先問：「國際課程是實驗教育嗎？」

什麼是國際課程？國際課程主要指「外國學制課程」及「國際組織認證課程」二種，但也有少數由各國政府、各教育集團或各教育機構自行研發。實施國際課程的實用目的在於跨國教育的銜接，但每種國際課程都代表一套不同的教與學系統，包括教育理念、學制、師資、課程上下之銜接、學校運作等，差異極大。國際課程必須被各國政府／教育機構承認，才能起銜接作用。

實驗教育起源於「現代心理學之父」馮德（Wilhelm Maximilian Wundt, 1832-1920）。大致有兩種，一種是以全校進行實驗，一種是針對部分課程進行實驗。簡單來說，「實驗教育是一種容許跳脫現有教育體制，做大幅實驗與創新的教育方式，課程與師資可以不受政府規範。例如早期的森林小學，近年蓬勃發展的有蒙特梭利、華德福教育等」（親子天下，2022）。

另一個與「實驗教育」經常混淆的詞叫做「教育實驗」。這是指在既有的教育體制框架內做小規模的改變。例如我國許多學校的語文實驗班、英文實驗班和數理實驗班等。這是在升學管道、學制及課程要求都跟其他學生一樣的情況下，就特定課程進行教育實驗。

實驗教育與國際課程不同，但未必不能合一。本書前面提到19世紀及20世紀初出現的「實施國際教育的國際學校」，其實就是一種實驗教育。在那個民族主義至上的時代，本國課程架構完全沒有實施不同課程系統的空間，亦無前例可循，因此必須以「實驗」為之。

不過，今日時代背景已完全不同，雖然各國開放程度不一，但准許本國學校辦理國際課程者屢見不鮮。這些國家並不限於開發中國家，實施的學校也不限於私立學校。以IB課程為例，IB課程已經為世界上大部分國家的公、私立學校所採用。截至2022年6月，全世界193個國家中有159個國家5,606所中小學設有IB課程，採用國家達82％。其中，公立學校有2,694校（48％），私立學校有2,912校（52％），二者幾乎1：1（International Baccalaureate, 2022b）。

國際課程實際應用上可能有4種情形：1.移植外國全部課程（如美制課程、澳洲課程、加拿大課程、英制課程、IB課程等）：對象為要到海外升學的學生。2.自行研發國際課程（如中國大陸楓葉教育集團研發之楓葉世界學校課程）：對象為要到海外升學的學生。3.採用國際課程／教材進行實驗：對象為國內升學之學生。4.採用國際認證課程（如IB／AP／IPC）：這類課程有其完整的教育理念及架構，但不歸屬任何國家。第一

種及第二種情形不能同意為實驗教育。第三種情形如果是真的進行實驗的話應可接受。第四種情形在國際課程之前，國內已有類似之引用，例如慈心華德福教育實驗學校以外國的理念、華德福教育、美國的（Knowledge Is Power Program）來辦國內教育，引用其課程架構，但可以用本國教材。第四種情形是否能夠稱為實驗還有待檢驗與討論。

　　實施國際課程的目的與本質是決定它是否為實驗教育的重要檢視點。以前面4個可能性來檢視，目前國內相關的實驗教育法規，不論是教育體制內改革的教育實驗法規，或是突破教育體制格局的實驗教育三法都不適用，理由在於我國4種「教育體制內國際學校」，幾乎不是第一種情形，就是第二種情形，學校／非學教育機構辦學的目的，或孩童就讀目的主要在於海外升學。他們採用實驗教育法規的原因在於這是國內唯一可以實施國際課程的法規路徑。

（二）國際課程可以進行什麼實驗教育？

　　對照國際學校／國際課程的夯潮，國人或許更該思考「國際課程好在哪裡？」、「我國108課綱贏在哪裡？輸在哪裡？」、「我國課程為培養未來的優秀世代應如何改進？」。為回答這些問題，我國至少可以進行以下3種真正的實驗教育：

1、摸透國際課程的優點何在

　　20世紀末葉以來的國際學校數量不斷成長，對於各國教育體制內學校產生威脅。一套課程就是一套思考方式，一套價值哲學，一套運作機制。不同的課程設計對於學習者圖像、評量方式、師資條件、環境營造、行政支持體系及品管都是不一樣的。這些國際課程（例如英制A-Level課程、美制APID課程及IB課程）優缺點何在？整套課程如何操作？需要什麼樣的運作組織？我國可以如何融入於改進我國課程？這些問題值得政府透過

公立學校進行實驗教育，透過實際演練，深入瞭解與分析。

2、進行我國學制課程與國際課程的比較

瞭解國際課程之後，還可以進一步與我國現行108課綱做對照比較。很多教師發現我國108課綱與IB課程有許多相似之處。殊不知IB課程早自1970年代開始即不斷研發改進，有理想的國際教育色彩，也有實用的跨國教育設計。IB課程強調以學生為中心，鼓勵學生思考、實作、批判、行動，培養未來帶得走的核心素養等理念，現已逐漸獲得各國學校教育之認同與參採。我國108課綱以素養導向的教與學顛覆傳統教育，值此實施之際，如能與IB課程實驗對照，當更易找出課程實施致勝祕訣。

3、研發一套切合我國教育國際化的國際課程

如果我國10年後將有一套新課綱，那麼加上雙語教育政策的推動，未來新課綱會不會出現一套「國際版」，正如現在美國的APID（Advanced Placement International Diploma）是AP的國際版，英國的IGCSE是GCSE的國際版一樣呢？中國大陸這幾年因為推動「一帶一路」政策，已有學者建議研發中國大陸課程的國際版，輸出到「一帶一路」沿線的國家城市（全球化智庫、南南國際教育智庫研究院，2017）。這是把國際學校／國際課程做為國家影響力擴散工具的戰略思維。我國中小學教育在世界上頗負盛名，何不選擇若干公立學校以實驗教育方式來研發一套切合我國國情及利益的新課綱國際版，如此，將有助於未來中小學雙語教育之推展，以及全球招收中小學境外生之趨勢。

不過，上述3項實驗教育需要投入龐大經費，尤其需要整合跨域人才，因此必須由中央政府以國家之力來推動，不宜由地方政府各自進行。

（三）是否打造我國跨國教育法系？

我國4類「教育體制內國際學校」問題看似繁雜，其實簡單。基本上兩個原因使得中小學辦理國際課程與現行教育法制／體制產生不相容或無規範情形：一是我國教育法制／體制最初設計完全是以本國學生及本國學校做預設；二是我國跨國教育有關法規重點放在高等教育層級。結果就是辦學格外辛苦。引用《高級中等學校辦理實驗教育辦法》者，遇到國際課程與我國教育框架不合處，必須削足適履；引用《高級中等以下教育階段非學校型態實驗教育實施條例》者，因主管機關對於實驗教育／國際課程不夠瞭解，難以順暢運作。運用108課綱者，常因跨國課程的規定不明而忐忑不安。

既然我國教育體制內國際學校不適合以實驗教育相關法規來實施，而國內家長及學生對於跨國教育的需求卻不斷激增，那麼，有沒有其他解決方案呢？審視亞洲7國中具「本國教育體制內國際學校」經驗者，只有中國大陸有訂定管理規範。

中國大陸的作法就是訂頒《中外合作辦學條例》（2013）。該條例對於所有「外國教育機構與中國教育機構在中國境內合作舉辦以中國公民為主要招生對象的教育機構的活動」，建立了一個全面性、整合性的法規。規範內容包括設立、組織與管理、教育教學、資產與財務、變更與終止、法律責任等，並明訂中外合作辦學屬於公益性事業，適用於公、私立及各級各類教育機構。該條例依據《教育法》、《職業教育法》和《民辦教育促進法》而訂定，並與該3個法平行施行，同時適用。

WTO4類教育服務模式就攻的一方來說，「設立商業據點」最為困難，因為必須打進對方的市場，並與之競爭。就守的一方來說，外國要到境內設立據點，把消費者設定為我國學生，這更需要好好規範。《中外合作辦學條例》自2003年推出，雖然也出現不少問題，但對各級學校而言，至少是一個依據與方向。

　　我國是否可以參考制定實驗教育三法的方式，訂定一個以規範外國來臺「設立據點」為主的專法，包括外國來臺設立分校、分部、課程的條件、對象、限制及權責等；同時，也試著統合所有在境內的「跨國提供服務」（針對我國學生辦理函授及遠距教學等）、「自然人移動」（外籍教師來臺任教、研究及交換等）及「跨境消費」（我國機構招收境外生、境外生打工、實習、就業）有關法規，成為一套「跨國教育法系」。果若如此，這就是我國教育法制／體制的第三條路。

　　當然，這個專法的前提是不傷及我國現行辦理國際課程的學校，並能有益於未來國際學校／課程市場的發展，以及營運的公平性。

（四）是否開放義務教育階段孩童就讀國際學校？

　　開放義務教育階段孩童就讀國際學校對任何國家而言都是個非常重要而敏感的議題。中國大陸也有同樣情形。中國大陸於1986年公布《中華人民共和國義務教育法》，開始實施9年義務教育制度（6-15歲）。為此，其在「非教育體制國際學校」部分，嚴格禁止本國人就讀。在「教育體制內國際學校」部分，《中外合作辦學條例》雖然開放舉辦各級各類教育機構，但唯獨限制不得舉辦實施義務教育和實施軍事、警察、政治等特殊性質教育機構。這個禁止政策在近幾年嚴格執行的結果，也曾使得一些國際學校因此撤出（〈中國強推統一教材，英國國際學校擬撤出〉，2021）。

　　我國教育部在其組織法通過（2012年2月3日）之前，部內「私立學校法修法小組」曾以符應各國紛設國際學校之時代潮流，提供我國學子多元教育選擇為由，數次提案討論國際學校設立之法源依據。最後該修法小組認為，設立國際學校議題尚存有招收本國籍學生、國民教育本質、公平性問題等疑義而決議緩議，並附帶決議兩點：「一、請國民教育司先行確認教育部立場，釐清上述問題，提出衝擊影響評估後，再行提會討論。二、請國民教育司思考從現有法令與管道辦理國際學校之可行性，如採實

國際學校解碼

驗教育或修正私立學校法第84條等,以漸進式改革,避免直接衝擊現有教育生態。」(教育部,2011c)。時間倏忽而過,而今學校/非學教育機構以實驗教育法規辦理國際課程已歷時數年,利與弊逐漸浮上檯面,究竟照這條路走下去,或「拐點」轉彎走,值得國人再深入討論。

對於這個議題,亞洲7國的經驗正反兩面似乎都值得參考。那些嚴格禁止的國家(如中國大陸、新加坡),看法相當類似,都是基於民族主義立場及國民義務教育的考量。不過,那些一開始不主張開放,後來卻擴大開放的國家(如泰國、馬來西亞及南韓),看法竟然也相當接近,他們不是從國家經濟著眼,就是從未來人才培育著眼,而且都盤算著大批孩童因為國內禁止就讀國際學校,必須留學海外而招致的損失(詳見本書Part4)。政策經過多年的蛻變,馬來西亞不僅完全開放本國孩童就讀「非本國教育體制國際學校」(一般國際學校),在「本國教育體制內國際學校」方面,也遴選10所公立中學試推IBMYP課程,以此來應對全球第四次工業革命到來的人才培育(駐馬來西亞代表處教育組,2017)。南韓以特別法推動韓外合作辦理外國教育機構(FEI),也是為了平衡每年許多韓國青年負笈海外所造成的大量貿易赤字,估計一年超過40億美元(駐韓國代表教育組,2014)。這些國家把大量赴海外留學的本國小留學生視為國家資產的流失。他們認為與其讓這些國民從小就留學海外,造成更大人才及經濟損失,還不如把他們留在國內就讀國際學校,使用配套措施來減緩衝擊。

一般人擔憂的是,回歸中小學教育本質考量,中小學為我國義務教育階段,國家投注大量的經費辦理義務教育。國際學校/課程招收本國學生使用外國課程,可能培養出「外國公民」,這與義務教育的體制及精神不符。但實務上,因為時代改變,跨國工作與生活可能愈來愈成為常態,對於有特殊需求的國人,是否可以考慮在符合某些前提條件下同意其辦理/就讀國際學校/課程。這些條件至少應包括以下各點:

1、符合特殊條件:父或母為跨國工作者,或孩童有留遊學經驗者。

2、訂定專法：把國際學校／課程學生與一般學生區別管理，如跨國教育專法。

3、國際學校／課程不得接受國家補助。

4、國際學校／課程必須符合國際標準。

5、在國際學校／部班就讀學生應修習一定學分或學時之我國語文、歷史、地理、文化活動等課程，並由我國合格教師任教。

小結

　　我國中小學教育體質良好，學術成就表現在世上名列前茅，辦起境內國際學校，應有相當實力與「外來種」學校競爭。但是，從「非教育體制國際學校」與「教育體制內國際學校」問題的羅列比較看出，我國體制內前3類國際學校的限制及障礙，比起外僑學校多太多，而第4類學校則欠缺適當指引。這些問題讓我國「教育體制內國際學校」競爭力打折，長期以往，亦將影響其發展。

結語：國際學校的展望

一、國際學校的幕後幕前

　　幕後看國際學校，不同的時代屬性造就了三種不同理念類型的國際學校：「民族主義者國際學校」、「國際主義者國際學校」，和「全球主義者國際學校」。他們就像同卵三胞胎，在極相似的外表裡面，卻是三個完全不同的靈魂。而且，他們各有其贊助者：「民族主義者國際學校」的贊助者是各國政府，「國際主義者國際學校」的贊助者是國際組織，「全球主義者國際學校」的贊助者是消費者。

　　幕前看國際學校，熱鬧非凡。19世紀及20世紀盛極一時的「民族主義者國際學校」及「國際主義者國際學校」，從20世紀末期開始，經過全球化的仙人棒一點，全部從「意識形態型」（ideology-driven）往「市場型」(market-driven) 靠攏過去，產生了許多「變化型」。 再加上各式各樣的「全球主義者國際學校」不斷激增，使得三種基調的國際學校在各國境內呈現許多「混雜」（hybridity）的情形。「混雜」讓過去被認為是國際學校必要的條件，如多國籍董事會、多國籍教師、多國籍學生，以英文授課、國際教育等，也被一一消去。現在僅剩下「國際課程」一項，和各國當地學校相比最有明顯差異性。

二、國際學校兼有理想面與實用面

瞭解國際學校有其意識型態的一面,只是認識了一半,因為每所國際學校也都有其實用的一面。這個實用面就是取得文憑,銜接海內、外升學。

3種理念類型國際學校從一開始出現時就有強烈的實用動機。「國家的海外學校」是為了要讓海外僑民子女回國時能銜接國內教育;「實施國際教育的國際學校」則企圖突破國內教育侷限,培養國家向外開拓所需國際人才;至於「市場導向的國際學校」,則要滿足當地國的孩童到全球任何地方升學的需求。即使後來國際學校千變萬化,這3類實用性也不曾改變。

由於「國際主義」蘊含的普世價值,許多國際教育學者都力主實施國際教育的學校才是真正的國際學校,但對大多數家長及學生而言,不管選擇那一種意識型態類型的國際學校,實用成分往往大於理想的成分。其實,從國際學校的起源及發展來看,實用目的並非一無可取;相反的,它經常蘊含了豐富的社會反省力、批判力、開創力及行動力。國際學校為了滿足家長及學生的實用需求,而走在中小學教育改變的前端,形成一股帶動國家教育改變的力量。

三、國際學校學生的學習權

各國中小學依國際化程度基本上可分為3個區塊:一是針對一般學生將國際教育及跨國教育元素融入國家課程的「一般學校」;二是針對部分學生實施雙語課程的「雙語學校」;三是針對特定需求學生實施國際課程的「國際學校」。隨著國際化及全球化的發展,第一區塊的學生群體正逐漸朝向第二及第三區塊移轉,因此,國際學校學生的學習權值得關心與正向看待。

　　一般人認為國際學校的學生都是天之驕子，不會是國家要優先照顧的對象。然而，這些孩童的學習之路並非如外人想像平順。許多「第三文化孩童」及「本土高社經家庭孩童」即便有錢也不一定能進入好的國際學校。因為各國境內國際學校本來數量就少，優劣差異大，地理分佈不一定理想，又缺乏類似國家教育系統的完整品管機制及資訊平臺，家長很難打聽與判斷，如果又是初來乍到，要短時間內找到合適學校，壓力就更大了。

　　奇怪的是，各國對這二類孩童常持雙重標準。大部分英語非母語國家政府為了經濟發展，對於為「第三文化孩童」所辦的國際學校都比較沒有意見。甚至不惜祭出各種優惠待遇與協助措施，吸引優質國際學校來設立。不過，對於那些本國籍高社經家庭孩童，卻有可能因為社會公平性的考量而無法提供他們教育選擇權。在當地國無國際學校或國際課程的情況下，這些孩童的父母只得想辦法將他們送往國外，成為小留學生（國高中階段），或小小留學生（小學階段）。以致於他們從小即與家人分散，成長過程中承受不同程度的孤獨及跨文化衝擊，甚或歧視的創傷。

　　為了讓一般家庭孩童能得到國際學校教育機會，愈來愈多國家的中央政府／地方政府／學區辦公室／私立學校會以部分補助學費、提供獎學金，或跨國教育方式，來平衡因為家庭背景而影響到的受教機會。我國教育部為大學校院學生提供的「留學獎學金」及「學海系列」都是很好的例子。「高中附加式國際課程」讓一般學生用較少的學費，獲得國際課程的學習機會，也有這樣的功能。

　　致力於建置友善又具國家特色的「全球在地化」學習環境，妥善照顧好潛在的「小留學生」或「小小留學生」，讓孩童在家園中學習國際課程，進而認同國家與文化，也許是一個更令人振奮的「雙贏」方向。

四、怎麼樣才是好的國際學校

　　怎麼樣才是好的國際學校呢？答案就在於理想性與實用性的成分拿

捏。理想性太高，實用性太低，曲高和寡，無法長久經營。理想性太低，實用性太高，教育淪為工具化，學校淪為學店。但答案也不是「理想性與實用性加起來除以2」這麼簡單。基本上，好的國際學校或是國際課程至少需符合以下8個條件：

（一）定位明確清楚。學校要先定位自己究竟屬於那一種理念類型的國際學校，畢竟那是贊助者之所以贊助的原因。每一種國際課程都有它的教育理念與學習目標，不能與學校的定位相左。

（二）選擇優良的國際課程。國際課程包括外國課程、國際組織認證課程及自行研發課程。以英語授課的外國課程並不一定就是好課程，各種國際組織認證課程也各有利弊；學校要認真研析比較，知道採用的是什麼樣的課程，不能人云亦云。

（三）國際課程經權責機關認證。外國課程、國際認證課程及自行研發課程都必須經過可信賴權責機關認證。如果是透過合作模式辦理國際課程，那麼合作的外國學校／教育機構也需要經過權責機關認證。自行研發的國際課程在取得權責機關認證之前都是實驗教育性質，在實施前須向家長說明清楚。

（四）學校／教育機構／國際課程具有口碑。「口碑」比「經認證」的標準更高。未來「經過認證」已是從事「跨國教育」的基本條件，而「口碑」則是進階條件，也是選擇好的學校／教育機構／國際課程的必要條件。

（五）參與信譽可靠的國際學校組織。不論全校辦理或部分班級辦理國際課程，都應該參加國際學校組織，以便取得品質認證、教師進修及聘僱機會、學校發展與改進等最新資訊。

（六）穩定的跨國教育專業團隊。國際學校提供的「跨國教育」有別於國內熟悉的「國家教育」及「國際教育」，需要延攬或培養跨國教育專業人力，包括校長、教師及行政人員。沒有穩定的專業團隊，人事流動性高，將嚴重影響辦學品質。

（七）將國家教育與國際教育融入國際課程實施。這個條件又回到國際學校的理想面，因為好的國際學校不應只是海外升學的踏板。不同於補習班，好的國際學校／教育機構極為重視孩童國家認同及國際心靈的培養，透過多國籍師生、跨國交流及尊重各國文化的涵養環境，培育「教育部中小學國際教育白皮書2.0（2019）」所定義的「全球公民」，亦即具備「彰顯國家價值」、「尊重多元文化與國際理解」、「強化國際移動力」、「善盡全球公民責任」四項素養的人才。國際學校培養的人才應該是這個目標的高階版。

（八）辦學透明化。上述7項條件必須清楚陳述於學校官網。這是一件小小的工作，卻是大大的品質指標。只有能夠清楚說明上述7點，才是一所可以理解與信賴的國際學校。

五、國際學校的未來發展趨勢

回顧過去，展望未來，國際學校充滿了更多未知的挑戰。三種基調的國際學校正朝著不同方向前進：

（一）民族主義者國際學校內外兼攻

民族主義意識強的國家（如法、德、日、韓、美、中國大陸及我國）對於其海外僑校，將繼續給予高度支持，但將引導海外僑校調整角色與功能。未來海外僑校將從招收母國僑民，擴展為同時招收當地國孩童；從提供母國課程，改為同時提供國際認證課程，以就地利用資源，減少母國負擔，並真正成為母國教育輸出的前哨站。

另一方面，由於全球人力流動規模的加大，民族主義意識強的國家會朝向開設「本國教育體制內國際學校」，或推動課程國際化工作，以培育符合自己定義的「全球公民」。

（二）國際主義者國際學校改走融入各國教育路線

　　曾經令人讚嘆的「實施國際教育的國際學校」，當代最具代表性的就屬18所「聯合世界學院」（UWC）了。不過，這並不是因為國際教育已經日落西山，而是因為國際教育不再需要單靠UWC這樣的「國際主義者國際學校」來傳播與傳承。透過國際組織的推動與倡導，今日的國際教育多已融入各國學校教育的課程或活動之中。這種實施的方式可謂更全面、更滲透、更整合。

（三）全球主義者國際學校將無所不在

　　只要全球化持續發展，「全球主義者國際學校」就會持續大量成長。這類學校過去多走「非本國教育體制的國際學校」路線，主要是以「外國的獨立學校」型態到各國境內去設校招生。現在更多是採行與各國課程合作的策略，特別是「國際認證課程與資格考試」（如IB課程），因為比較沒有國家屬性，又具備國際教育與實用升學特質，更易為各國接受。除此之外，越來越多「外國的獨立學校」透過「跨國教育模式」，與各國體制內學校合作，發展出各式各樣的國際課程，這類課程因為極富彈性，將成為後疫情時代的重要發展趨勢。

六、臺灣外僑學校減少或轉型國際學校

　　近幾年，亞洲七國境內的外僑學校有減少趨勢，探其原因，主要在於全球跨國教育市場大開，導致外僑學校的生源減少；在此情形下，如無法招收當地國籍學生，或無法獲得母國政府足夠補助，就會愈來愈難以營運。我國境內的外僑學校也有類似情形。不過，如果更大幅度開放外僑學校招收本國籍學生，外僑學校就比較像一般國際學校了。

我國近年來，承受國際學校轉型的二大壓力，一是某些教育輸出國家希望來我國設立一般國際學校，招收我國籍學生；二是我國想推展國際經貿市場，擴大對外招商攬才，需要設立更多國際學校，以提供外來專業人才子女的就學機會。這二大壓力都指向需廣設一般性的國際學校，然而，我國偏偏只有外僑學校一類。在這個情況下，我國似可順應時勢，朝兩個方向檢討及調整「非教育體制國際學校」：

（一）「外僑學校」（外國主權的國際學校）：指由外國政府籌設或支持，實施該外國學制，招收該外國僑民子女為主，並得招收其他國僑民，採用該外國課程，以銜接該外國學制為目的的學校。

（二）「一般國際學校」（非外國主權的國際學校）：指我國境內不限定由外國政府籌設或支持，招收外國籍學生或符合特定條件的我國籍學生，採用外國課程或國際組織認證課程，以銜接海外升學為目的的一般國際學校（狹義）。

外僑學校與一般國際學校將適用不同的規範，前者屬「民族主義者國際學校」，多以國際法原則規範之；後者屬「全球主義者國際學校」，多以教育服務業規則規範之。現行外僑學校得轉型一般國際學校。

七、臺灣教育法制／體制的第三條路

回到我國4類辦理國際課程的現場，設想一下解決學校遇到的問題及可能結果應該有以下3種情形：

最簡單的方式就是治標。把學校遇到的困難慢慢的、逐漸的改善一些，但可能無法大幅改善，因為其中涉及許多原有法規框架無法打破。然後，10年或20年後，我國的國際課程還是歸屬於「實驗教育課程」。

進階的方式就是修法。可考慮增訂《私立學校法》第83條之1，增加一般國際學校設立之法源，並開放我國私立學校也可申請設立一般國際學校。但前面已說明，辦理全校型的國際學校並非大部分私立學校所屬意。

當然，亦可可考慮修訂《私立學校法》第84條，讓私立學校辦理附設國際課程部或班，除招收外國籍學生外，亦得招收符合特定條件的我國籍學生。但這無法解決公立學校的問題。這兩種方式都是穿著衣服修改衣服，總有太多必須遷就現況的部分，修出來的衣服有很大機率不會合身。

第三種方式就是在現行教育法制／體制之外，另增設「跨國教育法系」。正如實驗教育三法制訂公布前，已有不少先行者實際投入實驗教育；四類辦理國際課程的學校／非學教育機構，在過去十餘年間悄然成形，而且人數已達9,000餘人。這些跨國教育的先行者，正與國際化、全球化的發展同步，走在我國中小學教育國際化的前端。如果實驗教育法系／體制被視為教育法制／體制的第二條路，那麼制訂「跨國教育法系」，將為我國教育法制／體制開出第三條路。

或許有4個理由值得如此做：第一，能真正解決公、私立中小學辦理國際課程的四類問題。第二，能解開「教育體制內國際學校」的附加限制，讓他們與「非教育體制國際學校」公平競爭。第三，能整體規範各級教育機構進行跨國教育的重要事項。最後，也是最重要的，是有助於培育並吸引國家未來前瞻性國際化計畫所需國內外人才。

【附錄1】

臺灣境內外僑學校一覽表

城市 City	序號 No.	校名 School	課程 Curriculum	教育層級 Education Level				聯絡資訊 Contact Information
				幼兒園	小學	國中	高中	
臺北市Taipei City (7校)	1	臺北美國學校 Taipei American School	USA, AP, IBDP	●	●	●	●	11152台北市士林區中山北路六段800號 Add: 800 Zhongshan North Road Section 6 Taipei 11152 Taiwan ROC Tel: +886-2-7750-9900 Email: communication@tas.edu.tw Website: www.tas.edu.tw
	2	恩慈美國學校 Grace Christian Academy	USA, AP		●	●	●	11556臺北市南港區東新街67號 Tel: +886-2-2785-7233 Email: office@gcataipei.com Website: www.gcataipei.com
	3	臺北市私立道明外僑學校 Dominican International School	USA, AP	●	●	●	●	10464臺北市中山區大直街76號 Add: 76 Tah Chih Street, Zhong Shan District, Taipei City 104042, Taiwan Tel: +886-2-2533-8451 Email:registrar@dishs.tp.edu.tw Website: www.dishs.tp.edu.tw
	4	臺北復臨美國學校 Taipei Adventist American School	USA		●	●	●	11149臺北市士林區莊頂路80巷64號 Add: No. 64 Lane 80 Zhuang Ding Rd. Shihlin, Taipei 11149, Taiwan Tel: +886-22861-6400 Website: taas-taiwan.com

城市 City	序號 No.	校名 School	課程 Curriculum	教育層級 Education Level				聯絡資訊 Contact Information
				幼兒園	小學	國中	高中	
臺北市Taipei City (7校)	5	臺北市歐洲學校 Taipei European School	UK, IBDP Germany, France	●	●	●	●	小學部：11159臺北市士林區文林路727號 Add: Swire European Primary Campus: 99 FuGuo Road, ShiLin District, Taipei 11159, Taiwan 國中/高中部：11193臺北市士林區建業路31號 Add: Swire European Secondary Campus: 31 JianYe Road, ShiLin District, Taipei 11193, Taiwan Tel: +886-2-8145-9007 Email: admissions@tes.tp.edu.tw Website: www.taipeieuropeanschool.com
	6	臺北市日僑學校 Taipei Japanese School	Japan		●	●		111047臺灣台北市士林區中山北路6段785 Add: No. 785, Sec. 6, Zhongshan N. Rd., Shilin Dist., Taipei 111047, Taiwan Tel: +886-2-2872-3801 ext.105 Email: kyoutou@tjs.tp.edu.tw Website: www.tjs.tp.edu.tw
	7	臺北市韓國學校 Taipei Korean School	Korea	●	●			10876臺北市萬華區青年路68巷1號 Add: No. 1, Ln. 68, Qingnian Road, Wanhua Dist., Taipei 108354, Taiwan Tel: +886-2-2303-9126 Email: taipeiks1@gmail.com Website: taipeiks.net
新北市 New Taipei City (2校)	8	新北市馬禮遜美國學校Morrison Academy-Bethany School,Taipei	USA, AP	●	●	●	●	24449 新北市林口區東湖路1號 Add: 1 Donghu Road, Linkou District New Taipei 24449, Taiwan Tel: 886-2-2602-6502 ext. 2121 Email: admissions-taipei@mca.org.tw Website: taipei.mca.org.tw

城市 City	序號 No.	校名 School	課程 Curriculum	教育層級 Education Level				聯絡資訊 Contact Information
				幼兒園	小學	國中	高中	
	9	新北市華美國際美國學校 New Taipei City Asia American International Academy	USA, AP			●	●	244新北市林口區文化北路一段542巷37弄23號 Add: No.23, Aly. 37, Ln. 542, Sec. 1, Wenhua N. Rd., Linkou Dist., New Taipei 244, Taiwan Tel: +886 2 2606-9030 Email: admissions@aaia.ntpc.edu.tw Website: www.aaia.ntpc.edu.tw
桃園市 Taoyuan City （1校）	10	桃園美國學校 Taoyuan American School	USA, AP		●	●	●	33857 臺灣桃園市蘆竹區開南路1號 Add: No 1, Kainan Road, Luzhu District, Taoyuan 33857, Taiwan Tel：+886-3-341-1890 Ext. 1011 Email: admission@tyas.tyc.edu.tw Website: www.tyas.tyc.edu.tw
新竹市 Hsinchu City （2校）	11	新竹美國學校 Hsinchu American School	USA, AP		●	●	●	新竹市東區藝術路6號 Add: No.6, Yih-Shuh Road, East District, Hsinchu 30067, Taiwan Tel:+886-3-520-3211 Website: has.hc.edu.tw
	12	新竹荷蘭國際學校 Hsinchu International School	USA, AP	●	●	●	●	30091新竹市香山區牛埔東路 290 號 Add: No. 290, Niu Pu East Road, Hsinchu 30091, Taiwan Tel: +886-3-538-8113 Elementary Dept: elementary@hdis.hc.edu.tw Secondary Dept: secondary@hdis.hc.edu.tw Website: hdis.hc.edu.tw

城市 City	序號 No.	校名 School	課程 Curriculum	教育層級 Education Level				聯絡資訊 Contact Information
				幼兒園	小學	國中	高中	
新竹縣 Hsinchu County （2校）	13	亞太美國學校 Pacific American School	USA	●	●	●	●	30272新竹縣竹北市興隆路一段307號 Add: No. 307, Sec 1, Xing Long Road, Zhubei City, Hsinchu County 30272, Taiwan Tel: +886-3-558-6688 Ext.825 Email: pas@pacificamerican.org Website: www.pacificamerican.org
	14	新竹縣康乃爾美 國學校 Hsinchu County American School	USA, AP	●	●	●	●	302052新竹縣竹北市高鐵二路189號 Add: No. 189, Gaotie 2nd Rd., Zhubei City, Hsinchu County 302052, Taiwan Tel: +886-3-550-6780 Email: vivien_lin@hcas.com.tw Website: www.hcas.tw
臺中市 Taichung City （3校）	15	臺中美國學校 American School in Taichung	USA,AP			●	●	406051台中市北屯區苧園巷 21-1號 Add: 21-1, Chu Yuan Lane, Beitun, Taichung 406051, Taiwan Tel: +886-4-2239-7532 Email: admission@ast.tc.edu.tw Website: http://www.astaichung.com
	16	臺中馬禮遜學校 Morrison Academy Taichung	USA, AP	●	●	●	●	40679台中市北屯區四平路216號 Add: 216 Si Ping Road, Beitun Dist. Taichung 40679, Taiwan Tel: 886-4-2292-1171 ext. 501 Email: admissions-taichung@mca.org.tw Website: http://taichung.mca.org.tw

城市 City	序號 No.	校名 School	課程 Curriculum	教育層級 Education Level				聯絡資訊 Contact Information
				幼兒園	小學	國中	高中	
高雄市 Kaohsiung City （5校）	17	臺中市日僑學校 Taichung Japanese School	Japan		●	●		42879臺中市大雅區秀山里平和南路 33 號 Tel: +886-42567-2079 Email: tjs97@ms18.hinet.net Website: http://tjs.ehosting.com.tw
	18	高雄美國學校 Kaohsiung American School	USA, AP IBDP	●	●	●	●	81351高雄市左營區翠華路889 號 Add: 889 Cueihua Road, Zuoying District, Kaohsiung City 81354, Taiwan Tel: + 886-7-586-3300 Website:http://www.kas.tw
	19	高雄市道明外僑學校 Dominican International School Kaohsiung	USA	●	●	●		80455高雄市鼓山區中華一路 107 號 Add: No. 107, Zhonghua 1st Road, Gushan District, Kaohsiung City 80455, Taiwan Tel: +886-7-552-3989 Website: http://www.disk.kh.edu.tw
	20	高雄市日僑學校 Kaohsiung Japanese School	Japan		●	●		80288高雄市苓雅區輔仁路100 號 No.100, Furen Road, Lingya District, Kaohsiung City 80288, Taiwan Tel: +886-7-722-0537 Website: http://www.kaohsiung-js.com/
	21	高雄韓國學校 Kaohsiung Korean International School	Korea	●				80446高雄市鼓山區鼓山二路37 巷 81 弄 43 之 2 號 Add: No.43-2, Aly. 81, Ln. 37, Gushan 2nd Road, Gushan District, Kaohsiung City 80446, Taiwan Tel: +886-7-5217751 Email: khkis5217751@gmail.com Website: www.khks.kr

城市 City	序號 No.	校名 School	課程 Curriculum	教育層級 Education Level				聯絡資訊 Contact Information
				幼兒園	小學	國中	高中	
	22	高雄馬禮遜學校 Morrison Academy Kaohsiung	USA, AP	●	●	●	●	81546高雄市大社區嘉誠路42號 Add: 42 Chiacheng Road, Dashe District, Kaohsiung City 81546, Taiwan Tel: 886-7-356-1190 ext. 14 Email: admissions-kaohsiung@mca.org.tw Website: kaohsiung.mca.org.tw

【附錄2】

臺灣私立學校辦理國際課程簡介

臺北市私立奎山實驗高級中學Taipei Kuei Shan School

110學年度國際課程實施概況

開設時間	2013年		
開設國際課程	IBPYP, IBMYP, IBDP		
開設教育層級	幼兒園至高中（K-G12）	招生對象	4–19歲
國際課程(全校)學生人數	785人	學生國籍數	17國
國際課程全職教師	65人	教師國籍數	6國
學校網址	http://www.kshs.tp.edu.tw		

學校簡介

- 奎山學校創校於1963年，辦學以天命人性為鵠的，以教育真理為指標，以學生為本位為主導，使學生能應天命、顯天性。學校12年一貫的教育以基督信仰培養學生之世界觀，發展學生僕人式領導的能力。

- 奎山創校人熊慧英教授洞察大班級「養鴨人家」式的惡質教育環境是造成學生問題、青少年犯罪的淵藪，為此開創小班級、少班數的小型學校進行教育研究實驗。

- 奎山學校自早年開始，進行了「靈修教育」、「學習型態與教學法」、「精緻語文教育」、「抽象認知概念奠定於厚實的具體操作運思」、「大自然中的人文省思」、「高尚休閒趣味的培養」、「兒童發展常模研究與人格建構」等7大教育實驗。

- 自2001年為配合臺北市政策，著手研究雙語實驗課程，有別於傳統填鴨教學，以浸潤式課程讓學生學習成果豐碩。加上早年熊教授致力研究發展之「社會性統整課程」的基礎，奠定了在2013年開始IB課程之實施。

國際課程特色

- 奎山學校是國際基督教學校聯盟（Association of Christian Schools International, ACSI）的成員，亦受國際文憑組織（International Baccalaureate, IB）授權實施三階段IB課程：Diploma Program (DP)、Middle Years Program (MYP) 和 Primary Years Program (PYP)。
- 從幼兒園到高中，學校以「七大教育實驗理念」為主軸，「雙語實驗教育」為載具，透過IB課程框架，以及僕人式領導的教育實驗，培養學生具學者風範、能有效溝通、是負責及投入的世界公民、既能高道德領導、也能熱情服務他人社區、臺灣、及全世界。
- 學校是一個21世紀的學習社群，針對中文為母語的學生，實施與國際接軌的課程及教學。奎山學校的實驗教育目標首字母縮列為 S.E.R.V.E.

  Scholars 具學者風範

  Effective Communicators 有效之溝通者

  Reflective Learners 反思型學習者

  Virtuous Leaders 高道德領導者

  Enthusiastic Stewards 熱情之服務者

學校行事曆

　　每學年從8月開始、並在隔年6月結束。一學年有兩個學期。重要的假期如下：寒假（1月底到2月初，3週）、春假（4月初，2天）、暑假（7月，4週）、聖誕節假期（12月底）。

學校設施

　　校園設施當以學生為本位，奎山學校採開放環境，鼓勵學生養雞、種菜、爬樹、摘果、撈魚，學生藉由生活經驗開展學習與探究。學生可隨時使用運動設施，球類不需要借、還，因為球是為著學生的活動而存在。圖書館傢俱形式多樣，學生可按學習需要而自由搬動。每間教室的布局不同，提供多元的學習空間。因資訊融入學習，中學實施BYOD（bring-your-own-devise帶自己的電腦）。

課外活動

　　奎山學校提供多元課外活動供學生自由選擇，學校參加臺灣國際學校運動聯賽（Taiwan International School Sports Association [TISSA] tournaments），包括有足球、籃球、排球、軟式棒球等運動性社團。藝能性社團包括戲劇、詩社、樂團、吉他、合唱、舞蹈等。服務性社團包括海內外服務、社區環境維護等。其他社團如機器人、縫紉、烹飪、寫作、模擬聯合國、童軍等。

交通

　　奎山學校近捷運明德站，沒有提供交通服務。

學校制服

　　1-8年級學生須按照規定穿著制服入校，費用約NT$9,000。高中部學生（9-12年級）不需穿著制服，以不影響學習為原則。

寄宿

　　學校無提供寄宿服務。

招生

　　申請就讀奎山學校，先填寫網路基本訊息，負責人會主動聯絡。網址：https://www.kshs.tp.edu.tw/copy-of-admissions

聯絡資訊

　　地址：11280臺北市北投區明德路200號

　　電話：+886-2-2821-2009

　　電子信箱：admissions@kss.tp.edu.tw

（資料來源：臺北市私立奎山實驗高級中學）

臺北市私立復興實驗高級中學
Taipei Fuhsing Private School

110學年度國際課程實施概況

開設時間	2007年		
開設國際課程	USA, AP		
開設教育層級	小一至高三（G1-G12）	招生對象	6-18歲
國際課程學生人數	857人	學生國籍數	8國
國際課程全職教師	54人	教師國籍數	4國
學校網址	http://www.fhjh.tp.edu.tw		

學校簡介

* 復興實驗高中已成立77年，是一所追求卓越的優質學校。學校辦學目標是幫助及支持學生找到自己的亮點，發揮自我的優勢潛能。透過多元學習及提供各種展演機會和舞台，培養學生「未來人才必備關鍵能

力」，包括批判性思考、創造及創新能力、協同合作、全球移動力及逆境抵抗力。

- 學校的課程總體目標為「GRIT」：Global Leaders 全球素養的領導者、Responsible Citizen 有責任感的公民、Innovative Thinkers 創新的思想家、Technologically Proficient Achievers 善用科技智能者。復興從幼兒園到高中12年級共有3,600多位學生，學校透過多元的課程及豐富的教學活動，讓學生獲得豐富的體驗與成長，以成為快樂的成功學習者，迎向美好未來的優質復興人。

- 復興雙語部非常重視中華文化，學生需必修中國文學、國樂演奏、書法及國畫課程。探索體驗教育課程是本校的校本特色課程，探索體驗教育的目標在於培育「願意挑戰自我潛能、具備問題解決能力及有信心面對未知困難」的優質未來領導者。雙語部畢業生100％進入國外一流大學。

國際課程特色

　　復興雙語部實施國際課程，英文、數學、社會和科學四門核心課程，遵循美國課程標準，其他課程則遵循臺灣課程標準。復興雙語部學生從9年級即開始上美國高中課程。除此之外，雙語部共開設了英文、數學、社會和科學四部分的AP/Honors進階課程。2021年起開設16門AP課程及5門Honors課程供學生選修 (學生從10-12年級，至多可選修10門 AP 課程及 5 門Honors 課程)。

學校行事曆

　　每學年從8月開始、並在隔年6月結束。一學年有兩個學期。

學校設施

　　學校具有中央空調系統、美術與音樂教室、科學實驗室及中小學圖書

館、舞蹈教室、攝影棚及健康中心等。運動設施更包括體育館、游泳池和遊樂區等。

課外活動

學生能夠依其興趣參加豐富多元的課外活動,包括社團活動、音樂劇、體育競賽、出版學生刊物、參加區域性及全國性比賽等。10年級同學需參加為期4天的偏鄉小學山區服務活動。11年級同學則攀登合歡群峰,完成成年禮挑戰活動。復興提供多種聯課活動如下:

羽毛球	棒球	籃球	體操
游泳	乒乓球	武術	合唱團
戲劇	舞蹈	樂團	吉他
攝影	社區服務	環境維護	模擬聯合國
寫作	辯論	象棋	機器人
縫紉	烹飪		

交通

復興提供交通車服務,根據車程距離的不同,費用約為每月NT$15,000-21,000。

學校制服

學生從幼兒園到12年級的學生都必須按照規定穿著制服,校服可從學校商店購買。學校制服包含整套西裝上衣及褲子、裙子及體育服裝,價格約為NT$10,000- 15,000。

寄宿

學校未提供學生寄宿。

招生

　　申請就讀復興實驗高中，家長或監護人需進行網路登記報名，並檢附學生成績等相關資料。入學申請的負責人後續會聯絡申請者進行入學測驗與面談。

聯絡資訊

　　地址：10688臺北市敦化南路1段262號

　　電話：+886-2-2771-5859

　　電子信箱：contact@fhjh.tp.edu.tw

　　　　　　　（資料來源：臺北市私立復興實驗高級中學）

新北市私立康橋高級中學
Kang Chiao Senior High School

110 學年度國際課程實施概況 (秀岡校區)

開設時間	2005年		
開設國際課程	IBMYP, IBDP		
開設教育層級	國一至高三（G7-G12）	招生對象	13-18歲
國際課程學生人數	1,169人	學生國籍數	7國
國際課程全職教師	125人	教師國籍數	15國
學校網址	http://www.kcis.com.tw		

110學年度國際課程實施概況 (林口校區)

開設時間	2017年		
開設國際課程	USA, AP		
開設教育層級	國一至高三（G7-G12）	招生對象	13-18歲
國際課程學生人數	669人	學生國籍數	10國
國際課程全職教師	90人	教師國籍數	11國
學校網址	https://reurl.cc/En7Z9k		

學校簡介

- 康橋國際學校國際部設置於秀岡及林口兩個校區校區，秀岡校區位於新北市新店區秀岡山莊社區。林口校區則位於新北市林口新市鎮。

- 康橋自2002年成立以來，以「培育具國際競爭力的社會菁英，許孩子一個美麗的未來」為辦學願景，以「國際、創新、多元、適性」為辦學理念，除了提供精緻化的雙語國際課程，也開展多種特色課程，包括菁英活動，一人一才藝、多樣性社團、志工服務、專題研究與科展及跨領域統整課程活動，培養學生的品格力、國際力、表現力、執行力、思考力，讓學生成為有國際視野的參與者、有責任感的世界公民、有說服力的溝通者、主動積極的執行者、深思熟慮的領導者。

國際課程特色

康橋自7年級開始辦理留學班課程，採用國外教材，以外師授課，協助以國外升學為志向的學生，申請理想的國外大學。秀岡校區國際課程包括7至10年級IBMYP課程，11至12年級IBDP及AP雙課程，並取得WASC國際學校認證。林口校區國際課程7至12年級則採美國中學及AP課程為主軸。兩校區國際課程主要授課語言為英文及中文，除英文及中文

外，另提供日語、西語、法語、德語等第二外語課程。

學校行事曆

　　康橋採二學期制，上學期自8月開始，下學期自2月開始。

學校設施

　　康橋提供精緻化的校園空間和設施，校區採中央空調及循環過濾飲水系統，並設置廚房，由HACCP認證團膳廠商提供健康美味的餐點。除普通教室及各種專科教室外，另設置各類實驗室、創客教室、合奏教室、個人琴房、國際會議廳、演藝廳、圖書館、室內溫水游泳池、體適能中心、體育館、高爾夫球場、宿舍、餐廳及田園教學區等，多樣化的學習及生活空間，讓學習更有效率。

課外活動

　　康橋各校區皆提供多樣性的社團活動，包括學術、運動、藝術、服務等類別，學生可依興趣專長選擇，幫助學生探索自己的性向，找尋未來學習志向。除了日間的社團課，學校另規劃多種課後社團及運動校隊，其中的艇水球及鐵人3項社團，更是國內中學少見的校隊項目。菁英活動是康橋最具特色的課外活動，包括8年級攀登合歡山群峰、9年級泳渡日月潭、10年級單車環台等，透過具高度挑戰性的活動，強化學生的體能、意志力、挫折忍受力等人格特質，同時藉由團隊活動，培養學生溝通、協調、互助、合作等領導能力。

交通

　　學校提供交通車，路線遍及台北市、新北市、桃園市及基隆市，行車路線時間約40-50分鐘，每學期約NT$26,000-35,000。

國際學校解碼

學校制服

學生需依規定穿著校服入校，校服費用依選購品項和數量而定，一套約NT$13,000。

寄宿

秀岡校區提供住宿，共250個床位，每4-6人一間。林口校區提供住宿，共452個床位，每4人一間。每間寢室配置獨立式冷暖氣、乾濕分離衛浴，7年級以上可申請住宿，住宿生由舍務老師負責教導和照護。

招生

康橋國際部採獨立招生，實際招生名額依各年級缺額而定，欲入學者可至學校官網招生專區線上申請，學校招生部門同仁將主動聯繫家長，安排參加說明會、英文檢測、入學面談等流程，經審議通過後通知錄取。

聯絡資訊

秀岡校區電話：+886-2-8195-2007（招生組）

電子信箱：admission@kcis.com.tw

林口校區電話：+886-2-8512-8008（招生組）

電子信箱：randyhuang@kcislk.ntpc.edu.tw

（資料來源：新北市康橋高級中學）

臺中市私立弘文高級中學Hong Wen Senior High School

110學年度國際課程實施概況

開設時間	2017年		
開設國際課程	USA, AP		
開設教育層級	國一至高三（G7-G12）	招生對象	13-18歲
國際課程學生人數	100人	學生國籍數	4國
國際課程全職教師	9人	教師國籍數	6國
學校網址	http://www.hwis.org.tw		

學校簡介

　　弘文中學於1971年建校，位於臺中市潭子區，鄰近潭子加工區，周圍是重劃過的新興區域，交通便利。創校以來不斷求新求變，於1996年改制完成，成為一所完全中學，廣受中部地區家長好評。在多元創新、國際弘文的理念下，於2017年成立國際學校，招收7-12年級男、女學生，是一所年輕有活力的私立國際學校。該校提供豐富多元的課程協助學生畢業後進入世界百大。

國際課程特色

　　弘文的國際課程規劃係依據美國課程綱要，英文為主要授課語言。目前開設10多種AP大學先修課程，能充分滿足學生申請國外名校之需求。而AP Capstone課程中的Research及Seminar課程更是頂尖大學重視的必修課程，亦是弘文國際學校學生必修課程之一。國際課程規劃旨在提供最好的機會讓學生們成就自己，因此將根據每位學生的升學需求客製化安排核心課程、進階課程及大學先修課程，並協助學生準備標準化測驗，如SAT、AP、托福及雅思，以便申請到世界各地最理想的大學。除了課業

安排外，更重視將體育及社團活動融入日常校園生活，透過體魄的鍛鍊及興趣才能的發掘，以培養身心健全、自信快樂的終生學習者。

學校行事曆

一學年分為兩學期。第一學期：9月至1月；第二學期：2月至6月。

學校設施

弘文雖是一所50年的學校，在董事會的支持下不斷更新教學大樓、改善校園環境、擴展學生活動空間，並陸續增設各種專科教室，提供學生多元、專業的學習場域，包括圖書館、化學實驗室、物理實驗室、機器人教室、音樂教室、舞蹈教室、烹飪教室、木工教室、田徑操場、籃球場、排球場、足球場、高爾夫練習場、健身房及男女宿舍等。

課外活動

學校提供多元豐富的社團活動共約30項，每位學生每學期均可按自己的興趣參加兩種社團活動。主要的社團如下：

阿卡貝拉	羽球	樂團	籃球
桌遊	校園記者	室內交響樂團	西洋棋
創意寫作	舞蹈	園藝	高爾夫球
吉他	馬術	皮雕	樂高程式設計
滑板	多媒體設計	趣味運動	詩詞寫作
股票交易	SAT/ACT寫作	電影藝術賞析	影視部落格
排球	木工	瑜珈	志工服務

交通

學校提供交通車服務，共有50多條路線，包含大臺中地區。收費按住家至學校距離而定。

學校制服

學生須按學校規定穿著制服上學，於入學時訂製。制服品項包含冬／夏季制服及體育服。費用按個人需求件數計算，約NT$12,000-14,000。

寄宿

學校提供男／女宿舍。國一至高三（G7-G12）均可申請住校，男生51個床位、女生44個床位，每學期住宿費約NT$11,000（不含餐費，早餐自行至學生餐廳購買，午、晚餐由學校代訂）。

招生

弘文招收國一至高三學生，歡迎家長來電洽詢預約參觀學校及面談時間。學生須參加英文及數學測驗，測驗目的為了解學生的能力做為入學後課程規畫之依據。學生申請入學程序如下：

1. 上網填寫報名表或親洽學校
2. 預約家長及學生面談
3. 進行英文及數學評量
4. 預付入學費用及繳交資料

聯絡資訊

地址：427009臺灣臺中市潭子區弘文街100號

電話：+886-4 -2534-0011 分機102

電子信箱：hwis@hwhs.tc.edu.tw

（資料來源：臺中市私立弘文高級中學）

臺中市私立明道高級中學Mingdao Senior High School

110學年度國際課程實施概況

開設時間	2007年		
開設國際課程	IBMYP, IBDP		
開設教育層級	國一至高三（G7-G12）	招生對象	13-18歲
國際課程學生人數	240人	學生國籍數	8國
國際課程全職教師	50人	教師國籍數	12國
學校網址	www.mingdao.edu.tw		

學校簡介

　　明道中學成立於1969年，明道中學全校約有7,300多位學生及550多位教職員，包括國中部、高中部、技高部及國際部四個各具特色的教學部門。提供學生最適性的教育及多元升學機會與管道。

國際課程特色

　　明道中學「世界公民素養班」成立於2007年，除了明道特色課程外，與美國加州中學合作，提供美國課程。於2012年升格轉型為「國際部」，2013年提供AP美國大學預修課程，同時開辦多樣教育課程及活動。2016年轉型為國際文憑IB課程，於2018年正式授權為國際文憑世界學校（IB World School），提供中學課程（MYP）與文憑課程（DP），孕育學生成為21世紀國際人才，並且更充份預備銜接海外大學需要具備之能力！

學校行事曆

每個學年有兩個學期。第一學期從9月到1月;第二學期從2月到6月。

學校設施

明道中學為永續校園,2020年榮獲國家永續發展獎,並成為臺灣第一所加入Global Schools Program的會員學校。教室設有電腦、網路和投影設備,以利數位互動教學。此外,全校室內皆搭配環保政策設置空調系統。除了一般的專業教室和實驗室之外,還增設了生物科技實驗室、創客實驗室、機器人中心、星象館、TEDx講堂、國學講壇、國際會議廳,以及表演藝術教室、木工廠、陶藝教室、餐飲實習餐廳、觀光實習旅館等專業教室。全校除了弘道圖書館大樓外,也在國際部設有汪楊豐圖書館,專供國際部學生學習與研究使用。學校除了設有標準的四百米跑道及操場外,還有室內體育館,以及籃球場、排球場、桌球教室、室內游泳池、攀岩場、健身中心、舞蹈教室等。

課外活動

明道中學學生在校內外參與許多不同領域和型態的活動。在科學領域,學生參與各樣科學展覽與競賽,包含全國科展、國際科展、iGEM國際基因工程競賽、奧林匹亞數學、物理、經濟及資訊工程競賽、IYPT國際物理辯論比賽及NSS太空殖民專題競賽等;在創造發明領域,學生參加國內外IEYI世界青少年發明展;體育領域,學校除了提供多樣的體育社團(籃球、排球、足球、桌球、羽球、游泳、健身),也積極參與臺灣國際學校體育聯盟(TISSA)。學生也參與各樣的服務學習,包含偏鄉服務營隊、偏鄉遠距教學、弱勢團體關懷、環境保護、國際人道救援。另外,學生也參與模擬聯合國、新世紀青少年高峰論壇、全球華文學生文學獎、Open-Mic及TEDxYouth講者分享、明道之星藝能表演,以及代表臺灣參

國際學校解碼

加APYLC亞太青少年領袖會議等多樣活動。

交通

　　校車主要服務中彰投地區，單趟車程約以40分鐘為原則規劃，每月費用約NT$2,000。學校門口設有15路公車，轉乘路網十分方便；校門外皆有YouBike2.0站點；與九德捷運站步行距離僅7分鐘。

學校制服

　　明道學生在校可以穿著制服、運動服、明道T-shirt、明道帽T。制服費用一次購足約NT$5,000，可依需求再透過明道商城購買。

寄宿

　　學校設有套房式住宿共約300床位。7到12年級學生都可申請，男女分區管理，國際部專區有符合學生學習與生活需求之設施與作息安排。

招生

- 歡迎國小6年級應屆畢業學生就讀明道成為終身學習者。申請採兩階段步驟：第一階段：語言能力和學科能力，必須通過校內鑑定；第二階段：面試，通過第一階段者（CEFR達B1或學科鑑定優良）應攜帶學生備審資料（成績單、特殊表現）參與面試。兩階段完成後，綜合所有表現成績依序通知錄取報到，並依延遞補。
- 明道中學國際部學費從7到12年級每年約NT$600,000，包含課程費用、戶外教學、每學期語言能力追蹤鑑定及支持學生校內外活動課程費用。

聯絡資訊

　　地址：414臺中市烏日區中山路一段497號

電話：+886-4-2334-1220

電子信箱：michael.wen@ms.mingdao.edu.tw

（資料來源：臺中市私立明道高級中學）

臺中市私立葳格高級中學Wagor Senior High School

110學年度國際課程實施概況

開設時間	2012年		
開設國際課程	USA, AP		
開設教育層級	國一至高三（G7-G12）	招生對象	13-18歲
國際課程學生人數	114人	學生國籍數	3國
國際課程全職教師	12人	教師國籍數	4國
學校網址	https://senior.wagor.tc.edu.tw		

學校簡介

- 葳格教育體系成立於2000年，是一所由幼兒園到高中16年一貫的學制，而葳格高中位於臺中市北屯區，交通便利，提供優質的教育環境與教學品質。葳格教育體系秉承「智慧、精進、博雅、中庸、責任」五大辦學願景，以學生為主體，重視孩子需求，強化中英文雙語教學，並從生活中落實品格教育，從小培養孩子懂得感恩惜福，並以實際行動關懷弱勢族群，成為學品兼優、氣質出眾、自信有禮的葳格人。

- 學校成立了iWagor數位教學社群，開發創新數位教案應用於各科上，提升教學效能與學生學習興趣。每年舉辦各式文化交流以接軌國際，跨學科的領與整合課程，讓教學模式可以突破框架，勇於創新轉型，貼近全球趨勢。

國際學校解碼

國際課程特色

依據美國課程綱要（Common Core Standards，CCSS）為核心課程，與美國教育體系相同的教育學程。國際部提供學生每年學習預估測驗（MAP）以做為個別的學習成長依據，並協助學生準備標準化測驗，如SAT、AP、托福及雅思。高一開始則會進行學術能力前測（PSAT）及先修進階課程（AP），同時也是AP認證考場。學術課程方面，國際部提供學生在不同領域擁有多元化選擇，自由選擇的社團及校隊、科學與VAPA藝術領域和多國外語言（日文、西語、法語）的選修課程，培養學生擁有多樣興趣並孕育應有的國際觀。

學校行事曆

一學年分為兩學期，第一學期：9月至1月；第二學期：2月至6月。

學校設施

校舍4.5公頃具美式風格，校園樹木成蔭，綠意盎然，清靜幽雅，位居臺中大坑休閒旅遊圈內，大坑地區有豐富的生態資源，也是本校發展特色教學的寶庫。教室設備新穎雙走廊的設計，通風良好、每間教室均設有互動式投影機、TV，每位同學可攜帶自己的行動載具上課，教室的桌椅與一般學校不同，桌面是加大尺寸，可隨身高調整。每個同學有自己的置物櫃。導師在班上有座位可隨時輔導關心同學。校園全面e化，建置未來教室、圖書館、國際情境教室、第二外語教學情境區、保健室、生物化學實驗室、創課教室、美術教室、家政教室等。運動設施包含200公尺PU跑道、籃球場、排球場、及足球場。

課外活動

葳格高中提供多種課外活動，包括籃球、棒球、羽球、桌球、排球、太極拳、跆拳道等社團，藝能性社團包括管弦樂團、基礎繪畫、油畫、烏

克麗麗、MV舞蹈等。除社團課程外，另透過多元的活動規劃如節慶文化（萬聖節、聖誕節）、藝文活動（葳格好聲音、看戲劇學英文-伽利略、國際青少年聯合會聖誕主題音樂劇）、與作家面對面（藝人小馬、網紅阿滴、作家蕭合儀等）、關懷他人（飢餓30、舊鞋救命）、公民訓練成年禮、戶外探索等等，培養學生藝文人格、慈悲胸懷及領導服務的能力。

交通

校車路線範圍遍及大臺中及彰化地區，校車費用按乘車距離計算，依學生登記的路線與地點收取不同金額。

學校制服

完全為學生個人量身訂製，非一般制式規格。所有學生都須穿著校服，包括標準校服和運動服。費用約NT$12,500。

寄宿

葳格為提供遠道學生優良之住宿及學習環境，共有約700個床位，各樓層設有冰箱1臺、飲水機2台，設備完善，有生活輔導老師照顧學生宿舍生活。

招生

入學申請方式為電話洽談或網路報名，學校依照報名情況安排筆試及面試，通過後即可入學。

聯絡資訊

地址：40644臺中市北屯區軍福十八路328號

電話：+886-4-2437-1728分機712

電子信箱：fang792086@wagor.tc.edu.tw

（資料來源：臺中市私立葳格高級中學）

臺中市私立常春藤高級中學Ivy Senior High School

110學年度國際課程實施概況

開設時間	2005年		
開設國際課程	USA, AP		
開設教育層級	國一至高三（G7-G12）	招生對象	13-18歲
國際課程學生人數	150人	學生國籍數	10國
國際課程全職教師	47人	教師國籍數	4國
學校網址	https://www.ica.ivyjhs.tc.edu.tw		

學校簡介

學校位於臺中市潭子區，鄰近臺中慈濟醫院，可利用臺74線快速公路抵達。常春藤高中國際部（ICA）成立於2005年，招收國一到高三的學生。ICA具有WASC國際學校組織最高認證，學生來自世界各國，小班制教學，一班不超過15個學生。豐富的課程及多樣的社團活動，,引導並能啟發、創造多元的學習。ICA參考美國以及加拿大的全7日寄宿學校優勢，提供全英文教學環境，讓學子如置身於歐美學校。

國際課程特色

ICA致力於提供完善的國外一流大學銜接課程，主要以美國寄宿學校課程設計為主，除了基本的必修課程以及高階課程以及AP大學預修課程外，ICA也提供AP Capstone（頂石課程）以及托福、SAT課程，以及日/德/法/西班牙，4種外國語文修習。除此之外學程中也納入了Duke

Edinburg program 世界領袖課程，讓學生有機會學習與世界接軌，更參與 ACAMIS 學術活動，讓生有很多機會餐與國際性體能以及學術活動。ICA具備WASC認證（The Western Associated of Colleges and Schools），外國專業教師皆具備專業教師資格，教師在校擔任的角色不僅是老師，是學生生活以及升學輔導顧問，更是課外活動教練及生活輔導。針對學生學習不足部分，學校亦提供課後一對一加強輔導。

學校行事曆

ICA課程安排及放假也比照美國當地學校的時程，通常於9月1日開學，隔年6月4日學期結束。

學校設施

ICA設有無線網路、教室及宿舍皆設有冷氣設備，校園裡設有餐廳 / 圖書館 / 電腦教室 / 各種自然科學實驗室 / 舞蹈教室 / 美術燒窯教室 / 3D 設計工作室 / 工業工程專科教室 / 電視播報台 / 語文學系列課程，教室並設有哈式橢圓會議桌。

課外活動

該校課外課程涵蓋多元化的體能訓練及社團，ICA具有充足的設備及教師，提供學生多元化的選擇，激發學生的潛能及第二專長。各類社團包括以下項目 :

國際學校解碼

羽球	田徑	乒乓	腳踏車
籃球	游泳	西洋劍	瑜珈
排球	體能重訓	高爾夫球	英/美式足球
騎馬	柔道	農耕社	中文文學
木工社	日劇	商業經營	登山
溫室種植	模擬聯合國	書法	西洋棋
長笛	鋼琴	小提琴	大提琴
現代舞	打擊樂團	聲樂	搖滾樂
合唱團			

交通

ICA平時不提供校車接送，但對國際生提供機場來回接送服務，一學年4次。

學校制服

學生平日著制服。制服費用約NT$17,000。

寄宿

ICA為7天住宿學校。全校共168床位，住宿開放由7-12年級生申請。

招生

入學申請方式為郵寄或網路報名，學校依照報名情況安排筆試及面試，通過後即可入學。

聯絡資訊

地址：427台中市潭子區潭興路一段165巷320號

電話：+886-4-2539-5011分機283（國際發展部）

電子信箱：icaoffice101@gmail.com

（資料來源：臺中市私立常春藤高級中學）

臺中市私立華盛頓高級中學
Washington Senior High School

110學年度國際課程實施概況

開設時間	2004年		
開設國際課程	USA, AP		
開設教育層級	國一至高三（G7-G12）	招生對象	13-18歲
國際課程學生人數	300人	學生國籍數	10國
國際課程全職教師	38人	教師國籍數	8國
學校網址	http://www.whs.tc.edu.tw		

學校簡介

　　華盛頓中學成立於1999年，為了進一步提供孩子國際化、多元及充滿創造力的課程，復於2004年成立華盛頓國際部。華盛頓中學國際課程（G7-G12）分為國中部及高中部，校區內擁有新穎之設備以及高素質之師資。

國際課程特色

　　華盛頓中學國際部係依據美國課程大綱並開設美國大學預修AP課程

（Advanced Placement Program），提供文學、寫作、數學、科學、社會及商學等主要學科來鞏固孩子的知識基礎。所有課程以英文為主，中文為輔，搭配專業語言課程輔導：如托福、雅思及SAT學術能力測驗，提供優質的留學準備環境。為美國College Board認證之SAT、AP官方考場，並於2019年獲得國際學校獎最高等級殊榮。學校亦開設多元的第二外語選修課程如法文、德文、西文、日文及韓文等，拓展學生眼界，並提供客製化海外升學輔導，幫助學生進入世界各國頂尖大學。

學校行事曆

華盛頓中學採用兩學期制，從每年8月底至隔年6月底。寒假為2月初至2月中旬，暑假為7月初至8月底，以農曆新年日期每年調整。

學校設施

華盛頓中學擁有齊全且現代化之設施，包括空調教室、自助餐廳、科學實驗室、語言教室、電腦教室、創意課程教室、STEAM教室、藝文教室、音樂教室、圖書館等。運動類設施如室內籃球場、室內體育場（可容納1,000人）、4座戶外籃球場、室外運動場、排球場以及室內溫水游泳池。

課外活動

除學術課程外，華盛頓中學也確保所有學生都有通過課外活動成長的機會。學校開設之大部分活動，不收取額外的參與費用，除了某些社團（例如極限飛盤）需要額外的保險費。特定課程活動將依不同年段開課，主要包括以下項目：

籃球校隊	登山健行	競技馬術
跆拳道	生命關懷	香氛精油
桌球社	有氧瑜珈	藝術創作
羽毛球	西洋棋	搖滾樂團
追風單車	桌遊社	高爾夫球
極限飛盤	食品營養	扶輪少年服務團
流行MV舞蹈	魚菜共生	聯合國兒童基金會勸募大使

交通

學校提供付費校車服務，校車計費標準依據學生住家至學校的距離。

學校制服

學生上學須著制服，制服費用約 NT$11,800。

寄宿

華盛頓中學全體學生皆可申請住宿，學生宿舍床位共約210個，宿舍設備齊全，配有中央空調、洗衣機、脫水機等設備，學生每人皆有個人置物櫃及書桌。

招生

欲申請入學華盛頓中學國際部，流程如下：

1. 上網填寫報名表或親洽學校
2. 校方與家長及學生面談
3. 參加分級考試及口說測驗
4. 繳交在校成績單、出缺勤及獎懲紀錄等相關資料

聯絡資訊

地址：411012臺中市太平區廊子坑路26號

電話：+886-4 -2393-4712 #195

電子信箱：wist@whs.tc.edu.tw

（資料來源：臺中市私立華盛頓高級中學）

南投縣私立普台高級中學 Pu Tai Senior High School

110學年度國際課程實施概況

開設時間	2012年		
開設國際課程	USA, AP		
開設教育層級	國一至高三（G7-G12）	招生對象	13-18歲
國際課程學生人數	170人	學生國籍數	10國
國際課程全職教師	19人	教師國籍數	6國
學校網址	http://www.ptsh.ntct.edu.tw/ptsh		

學校簡介

- 普台高中是中台禪寺開山方丈惟覺安公老和尚所創辦，秉持佛陀的慈悲與智慧，學校所堅持的理念是：多元學習、適性發展、因材施教、品格第一。普台高中以佛法的精神和「對上以敬、對下以慈、對人以和、對事以真」校訓四箴行做為學生品德教育的指標，培育未來世界的公民。2009年8月29日普台高中正式開辦，為一私立國中和高中的住宿學校。學校位於南投縣，寧靜而美麗的校園佔地22公頃，為學生提供了一個培養寬廣胸懷、和平性情和生活美學態度的環境。

- 普台高中國際部課程從國一開始，為有心赴國外大學就讀的學生厚植各

項能力。普台每個學生都將完成普台嚴格的學術課程和「頂峰計畫」課程，以培養學生領導才能、勇氣和慈悲心。普台高中秉持「中學為體、世學為用、佛法為根」的教育理念，開設必修的國學、書法、禪修、四國語言的特色課程，此外，所有學生都必須於畢業前獲得第二外語檢定證書。

國際課程特色

　　普台高中國際課程建構於學校的特色課程和美國的AP課程。對於學術表現佳的學生，提供17門Honors課程，並對10至12年級學術表現優秀的學生，提供18門AP課程，參加AP課程的學生必須達到學校學術規定的標準，普台高中為AP考試認證的考場，並有系統的培育和測試學生的學術能力。本校於暑期時與大學合作，開設由大學教授任教的大學學分課程。為增加學生國際議題的參與，本校每年由高三學生為國際部學生舉辦PTMUN（普台模擬聯合國）。

學校行事曆

　　每學年為兩學期制，放假日期依照教育部規定。

學校設施

　　普台高中設施完善，包括配備150毫米折射式望遠鏡的高規格天文館；1,200餘坪、可容納10萬冊藏書的圖書館、5,000人的活動中心；1,200人的藝術大廳；兩間學生餐廳；另有52間琴房的音樂中心及設備齊全的健康中心。運動設施包含400公尺標準PU跑道、50公尺標準室外游泳池、籃球場、排球場、羽球場、網球場、射箭場、健身房及韻律教室。外語大樓設有日、法、西語情境教室、語言電腦教室及學術討論室。專科大樓有電腦教室、自然科學實驗室、書法教室、烹飪教室、陶藝教室、西畫教室及多間專科教室。

國際學校解碼

課外活動

　　普台高中提供豐富多樣的課外活動，為強化國際升學優勢，學生可以參加學術導向的「頂峰計畫」，此計畫聚焦在學術研究和分析、志工服務、偏鄉發展研究以及個人成長和表達，旨在以社會時事教育和實地計畫來拓寬學生的視野。學生透過一系列現場實察與訪談來進行他們的研究訓練。另外，普台也提供多元的社團，包括籃球、排球、羽球、擊劍、桌球、網球、禪鼓、合唱團、吉他、弦樂團、氣球設計、發明展、書法、辯論、圍棋、烹飪、小太陽服務社等。

交通

　　學校為每兩週一次週末返家的學生，提供收費的校車服務。校車費用視從學校到指定返家地點距離而異，每月約NT$800-1,800。

學校制服

　　普台所有學生都須穿著校服，校服包括標準校服和運動服。費用約NT$12,000。

寄宿

　　全體學生均需住宿，學生宿舍2,112個床位，各樓層皆設有交誼廳和靜心室，共有近40位生活輔導老師照顧學生宿舍生活。

招生

　　普台高中國際課程招收7至10年級的學生，學生可以透過電子郵件或郵件申請，無需申請費用，轉學生有一個星期的試讀期。申請條件如下：
1. 學生護照、身分證、2吋照片兩張、外僑居留證影本一份
2. 兩年學期成績單含獎懲紀錄
3. 高一新生須檢附國中會考成績

4. 新生或轉學生必須參加本校入學考試

5. 父母和學生必須一同面試

聯絡資訊

地址：54544南投縣埔里鎮中台路5號

電話：+886-49-293-2899

電子信箱：highschool@ptsh.ntct.edu.tw

（資料來源：南投縣私立普台高級中學）

高雄市私立義大國際高級中學
I-SHOU International School

110學年度國際課程實施概況

開設時間	2004年		
開設國際課程	IBPYP, IBMYP, IBDP		
開設教育層級	幼兒園-高中（K-G12）	招生對象	2-18歲
國際課程學生人數	685人	學生國籍數	12國
國際課程全職教師	89人	教師國籍數	9國
學校網址	https:// www.iis.kh.edu.tw		

學校簡介

義大國際高中（I-Shou）是一所男女合校，並提供住宿服務的優質學府，招收自幼兒園一路到12年級的學生。該校創立於2004年，座落於南臺灣的高雄市。目前全校共有733位學生，國籍遍布於11個不同國家。該校在2012年成為全臺第一間同時提供國際文憑組織（International

Baccalaureate Organization）3種課程的IB世界學校，並在2015年順利取得CIS(Council of International Schools)的國際認證。2021年，更是全臺首間引進南澳Keeping Safe：兒少保護課程的學校。目前學校有89位來自世界各地有經驗的全職合格教師，分別來自臺灣、美國、加拿大、英國、澳洲、紐西蘭、印度、菲律賓及南非。

國際課程特色

義大國際高中是臺灣第一所同時提供IB小學課程（PYP）、中學課程（MYP）以及高中文憑課程（DP）3種課程的學校。該校課程規劃的基本理念為相信增益式雙語教學為最佳的教育實踐，語言亦為所有課程中學習、思考及溝通的基石。該校強調不單是學習語言本身，同時於實境中透過學習語言的文化及運用以學習更多知識。口說、書寫及視覺溝通皆於所有學科中學習，語言學習於該校中扮演著重要的角色，因為母語的學習對於認知發展和維護文化認同至關重要。

學校行事曆

每學年度自8月開始至隔年6月結束。上學期：8月到1月；下學期：2月到6月。

學校設施

義大目前共有2個校區，分別為校本部以及位於義守大學內的國際學院。全校區建置了高效率的無線網路系統以確保及提升教學品質。校園內建置了許多專業教學教室以利進行高品質的教學，這些教室包括專業實驗室、獨立的樂器練習室（琴房）、創客空間、工藝設計教室以及圖書館等。學校裡也有許多運動設施提供學子們鍛練體魄，例如健身房、戶外操場、籃球場及排球場等。

課外活動

　　學生有多元豐富的活動課程選項。學校每學年開設175種包含運動類、美術類、文化類以及社區服務類等的活動課程。該校的課外體育活動針對不同年級安排了不同的體育核心課程。中學部的4個體育核心課程包括了排球、籃球、壘球及足球。高中部的3個體育核心課程則包括了足球、排球及籃球。該校學生積極參與由臺灣國際學校體育聯盟（TISSA）以及中蒙國際學校聯盟（ACAMIS）所辦理的體育賽事活動。

交通

　　義大交通車每日載送學生上、放學，路線遍及高雄市區、臺南以及屏東等地。該校共規劃10條校車路線供家長與學生選擇，每台校車均配有衛星定位系統供家長即時了解校車所在位置，更設有隨車人員隨時看顧搭車學生安全。校車費用因路線及搭乘頻率而有所不同，每學期校車費用約為NT$ 16,500- 37,000。

學校制服

　　全體學生均需穿著到校。制服種類可分為正式制服、休閒制服以及運動制服。家長可向位於校內的制服廠商購買本校制服，費用約NT$5,000- 9,000。

寄宿

　　義大開放6到12年級學生申請住宿。學生在宿舍裡都有獨立的生活空間以及舒適的公共空間，每位住宿生也會被分配到由宿舍輔導老師所帶領的宿舍小組內和其它住宿生互動。費用範圍為每學期NT$39,680-61,670。

招生

　　申請入學請繳交前兩年在校成績並完成校內入學測驗，錄取後完成入

國際學校解碼

學資料及學費繳交者，即完成入學流程。外籍生須檢附居留證（ARC）及在臺監護人資訊。

110學年度收費標準（全年學雜費，不含代收代辦及其他特色教學費）	
幼幼班-大班：	NT$64,000 -78,000
1-5年級：	NT$47,734
6-10年級：	NT$55,988 - 63,094
11-12年級：	NT$55,988

聯絡資訊

地址： 840302臺灣高雄市大樹區學城路一段6號

電話：+886- 7- 657-7115分機1803 (發展事務處)

電子信箱：iis@iis.kh.edu.tw

（資料來源：高雄市私立義大國際高級中學）

【附錄3】

臺灣公立學校辦理國際課程簡介

臺北市立西松高級中學
Taipei Municipal Xisong High School

110學年度（IBDP實驗班）國際課程實施概況

開設時間	2021年		
開設國際課程	IBDP		
開設教育層級	高一至高三（G10-G12）	招生對象	16–18歲
國際課程學生人數	21人	學生國籍數	3國
國際課程全職教師	11人	教師國籍數	2國
學校網址	https:// www.hssh.tp.edu.tw		

學校簡介

- 西松高中創立於1968年，位於交通便捷的松山區，同時享有住宅型社區的寧靜友善。本校招收國中部G7-G9與高中部G10-G12學生，提供臺灣教育部的國家課綱課程。自2018年開始投入發展IB國際文憑課程，經2年多的籌備，在2021年2月獲得IB國際文憑組織認證授權，是全臺灣第一所IB公立學校，並依高級中等學校辦理實驗教育辦法，於同年向臺北市政府教育局申請「國際文憑IBDP實驗班」，8月起也開始招收第一屆國際文憑 IBDP學生。

- 不論是國際部學生與本校高中部同學都是西松學子，大家在同一個校園裡共學共榮，使用同樣的軟硬體資源，在高一的時候在高一多元選修課

以及社團課與高中部同學會有機會接觸，藉此體會多元與尊重的良善特質。

國際課程特色

西松高中IBDP課程旨在協調本地文化與全球情境，使學生從了解自身文化根源出發，透過課程培養國際情懷，使之成為一個能夠積極投入全球行動的參與者。目前仍處於國際課程發展的初期，提供IBDP，開課年段為11與12年級，並於10年級實施IBDP的銜接課程（Pre-DP）。由於學生來源為國內本地的學生，因此以強化學生的英語語言能力為首要目標。透過大量的浸淫式學習使學生盡快熟悉學術英文，以便銜接未來國際課程的挑戰。此外，學校也針對IBDP的6大學科組以及3門核心科目，設計Pre-DP學科課程內容，以便使本地學生能順利適應DP課程未來在知識能力、學習習慣以及評量方式上的差異。

學校行事曆

每學年度自8月1日開始至隔年7月31日結束，每學年分為上、下兩個學期。上學期：8月到1月；下學期：2月到7月。

學校設施

全校區建置高效率無線網路系統以確保教學品質，學生可利用自己的筆記型電腦或者行動載具在校園各處進行學習活動。此外，校內也有諸如自然科學實驗室、美術與設計科技教室、展藝廳、語言教室、研究討論室、圖書館等。學校裡也有許多運動設施提供學子們鍛練體魄，例如重訓室、戶外操場、游泳池、桌球室、籃球場、羽球場及排球場等。

課外活動

每學年開設包含運動、音樂、學術以及領導服務類等的社團課程。

羽球	籃球	桌球	棒球研究	水上活動
拳擊	排球	吉他	流行音樂	熱門音樂
手語	康輔	熱舞	口技	大眾傳播暨電影拍攝
點心	動漫	桌遊	探索生活	生物研習
編輯	管樂	國樂	親善大使	模擬聯合國

交通

西松高中交通四通八達，位於綠線（松山線）捷運南京三民站4號出口，步行約7-10分鐘即可抵達。此外，學生亦可搭乘臺北市公車、客運，下車後再步行至本校。距離本校最近的火車站為松山站，出站後也可轉乘公車至本校。

制服

全體學生均需穿著制服或運動服到校。制服種類可分為正式制服及運動制服，供學生因應校內不同場合穿著。高一新生於報到時可套量制服同時訂購，開學後亦可在每週五向合作社駐點的制服廠商購買，制服價格因個人購買數量不同，全套購買的費用範圍為NT$6,000-7,000。

寄宿

西松高中位於臺北市市中心，交通便利，因此並無提供住宿設施。

招生

西松國際文憑IBDP實驗班入學管道為「高級中等學校特色招生考試分發入學」，本地生考試需通過會考門檻，再另行報名西松的特招考試。若特招不足額錄取，餘下名額開放高一新生報到後報再行考。外籍生身分必須符合「外國學生來台就學辦法」始得申請。

110學年度收費標準（含學費及其他代辦費）：	
10-12年級本國生	NT$160,000
10-12年級外籍生	NT$237,000

聯絡資訊

學校地址：105068臺灣臺北市松山區健康路325巷7號

IBDP實驗班電話：+886-2-2528-6618分機601

IBDP實驗班電子信箱：ibdpadmission@ms2.hssh.tp.edu.tw

（資料來源：臺北市立西松高級中學）

臺北市濱江實驗國民中學Taipei Municipal Binjiang Experimental Junior High School

110學年度國際課程實施概況

開設時間	2020年		
開設國際課程	IBMYP		
開設教育層級	國一至國三（G7-G9）	招生對象	13–15歲
國際課程學生人數	160人	學生國籍數	6國
國際課程全職教師	36人	教師國籍數	1國
學校網址	https:// www.bjjh.tp.edu.tw		

學校簡介

濱江實驗國民中學是一所市立的國民中學，座落於臺北市中山區，招收來自臺北市中山區金泰里、北安里、成功里、永安里等學區內，及設籍臺北市的國小畢業學生，學制共3年。學校於2020年8月依「學校型態實

驗教育實施條例」獲准轉型為學校型態實驗國民中學，全校實施IB國際文憑中學課程，可招收學生240名。「建立結合在地文化，與世界接軌的實驗學校」是該校的理念，實驗計畫是以國際教育及品德教育為主軸。2022年4月起該校正式成為全臺第一所公立「國際文憑組織」（International Baccalaureate Organization, IBO）認證授權的IBMYP（中學階段）學校。

國際課程特色

濱江實中課程的建構以年級橫向串連「在地－世界－未來」，縱向兼容並蓄「創思實踐、科技互動、關懷參與、美感覺察」的課程目標，推動跨學科與探究式學習。在情境中學習、以概念驅動教學、重視學習方法與社區行動，是該校教學的核心價值。每位學生至少學習一種外國語言及母語，以支持其理解自己的文化和其他文化。英語採分級教學，部分學科採雙語教學或融入式教學，讓學生學會以各種方式進行溝通交流，提升涵養尊重與包容的跨文化素養及國際情懷，並建構對自我身分的認同，學生跑班上課，體現BJ Running Man生活實踐家、濱江博雅人之學生圖像。

學校行事曆

每學年度自8月開始至隔年7月結束，每學年分為上、下兩個學期。上學期：8月到1月；下學期：2月到7月。

學校設施

濱江實中的建築－文樓、理樓、體樓串聯成一個方圓有致、別具特色的校舍，開放性智慧型綠建築，考量人、建築與環境之共生共榮，法國藝術家設計的棋盤式校門，象徵該校就是一個豐富心智與快樂充實的教育場域。全校區建置了暢行無阻的無線網路，以確保師生的教與學無遠弗屆。300人容量國際會議廳、3層樓設計的圖書館及配合各學科專業教學的教

室，設備多元齊全。

課外活動

學生社團活動豐富多樣，有運動類、學術類、藝文類、學術才藝類、音樂類及藝術類等。主要的社團項目如下：

羽球	籃球	桌球	自行車	用手機看世界
公民覺醒	美術	羊毛氈手作	程式設計	山野童軍教育
SHOW CHOIR	創意畫纏繞	籃球	羽球	吉他
游泳隊				

歷年來男女羽球隊、籃球隊、游泳隊代表學校參加各式比賽，佳績連連。

交通

濱江實中位於捷運文湖線劍南路站2號出口轉乘紅3或綠16公車；或由3號出口沿敬業三路直行，於樂群二路左轉直走，步行約15分鐘。另有公車共14條路線經過本校或鄰近本校，交通便捷。

制服

全體學生均需穿著制服到校。制服分為冬季、夏季正式制服及運動制服，可供學生因應校內不同場合及不同季節穿著。家長可向校內依採購法完成發包的制服及運動服廠商購買。制服價格因個人購買數量不同，費用範圍冬夏制服及運動服（含書包）一套約為NT$4,000。

寄宿

學校無提供寄宿。

招生

　　每年依呈報教育局核可之該學年度新生入學招生簡章辦理招生，招生簡章每年10月份公告於學校網頁（https://www.bjjh.tp.edu.tw）。欲報名之學生家長須認同學校實驗教育理念，並填具自我檢核表與同意書，同時須全程參加入學說明會及家庭晤談。每年招生人數為80名。本校學生比照國民中學，學雜費免收，外籍生亦同。

2021-2022學年度收費標準（代收代辦費）	
7年級	NT$20,000-24,000
8年級	NT$16,000-20,000
9年級	NT$28,000-32,000

聯絡資訊

　　學校地址：10462臺北市中山區10462樂群二路262號

　　電話：+886-2-8502-0126分機205

　　電子信箱：registry@bjjh.tp.edu.tw

　　　　　　　　　　　（資料來源：臺北市濱江實驗國民中學）

桃園市立大園國際高級中等學校
Dayuan International Senior High School

110學年度（IBDP實驗班）國際課程實施概況

開設時間	2020年		
開設國際課程	IBDP		
開設教育層級	高一至高三（G10-G12）	招生對象	16–18歲
國際課程學生人數	43人	學生國籍數	7國
國際課程全職教師	20人	教師國籍數	2國
學校網址	http://www.dysh.tyc.edu.tw		

學校簡介

　　大園國際高中設立於2010年，為桃園市公立高中（男女合校），招收16-18歲（G10-G12）的臺灣學生，全校共計45個班，總學生數約莫達1500人。學校自創校以來便以外語特色高中著稱，提供日語、法語、德語、西班牙語之校訂必修課程。大園於2021年開始提供國定課綱及國際文憑大學預科課程（IBDP）雙軌課程。選擇IBDP課程之學生，若在高中3年畢業時達學校畢業標準及DP標準，即可獲得學校認證之實驗教育學程之雙學位證書及IBO頒發之國際文憑。

國際課程特色

　　大園採用之國際文憑大學預科課程（IBDP）為獲得國際文憑組織（IBO）授權，並依據「高級中等學校辦理實驗教育辦法」經教育主管機關審核通過後施行之實驗教育計劃。課程施行年段從分兩個階段且有不同重點：

• 高一（G10）：以我國國定課綱為骨架，採用IB授課與評量模式，協助

學生習慣IB教學及評量方式，並積極培養學生核心素養與自學能力。此階段課程為DP預修課程（簡稱PreDP）。

- 高二～高三（G11-G12）：學生真正進入IBDP課程，須完成DP三大核心課程（知識論TOK、延伸論文EE及創意行動服務CAS）評量要求外，尚可依個人興趣及生涯規劃選修3門標準程度（SL）及3門高級程度（HL）的DP各領域學科。各學科及核心課程需依IBDP課程綱要、評量規定及教學策略施行，並以培養IBO所強調的學習者圖像、學習策略及國際思維。

學校行事曆

每學年度自8月底開始至隔年6月結束，上學期自8月到1月；下學期自2月到6月。

學校設施

校園建築以航廈概念，是最具現代化、科技化、人性化之綠色學校建築。教室空間採數位學習型多功能設置，建置全校無線上網優質學習環境，採購最新穎教學設施、資訊及實驗設備；紙本及數位資源充足的圖書館；寬敞明亮的圖書室（含自修空間）；充實完備的田徑運動場、籃球場及功能體育館（室內）。另提供配備完善的大小型演藝廳及國際會議廳。

課外活動

學校力行IBDP的核心課程-創意、行動、服務（Creativity, Activity, Service, 簡稱CAS），高度重視學生自我管理能力，協助學生發現個人特質與優勢，延伸課室學習於生活實踐。多元性質的社團活動，培養學生自我創造及成長之機會，主要社團如下：

排球社	瓶蓋棒球社	模擬聯合國社	國際樂音社	MUKA康輔社
籃球社	美食社	軍事研究社	悠然烏克社	ACGN研究社
棒球社	桌遊社	V-Shot攝影社	六弦吉他社	KPOP社
羽球社	茶道社	SWAG MOOV社	音樂創作與研究社	街舞社
滑板社	電影欣賞社	金融桌遊社	熱門音樂社	熱舞社
劍道社	電影創作社	中醫社	嘻哈文化研究社	國標社

交通

　　大園位於桃園高鐵站特區內，距桃園高鐵站800公尺，緊鄰桃捷A17站，並備有12條遍及桃園市區的校車路線，每趟車資依距離遠近而定，約NT$30-60。

制服

　　全體學生均需穿著制服到校。制服種類可分為正式制服、特色制服以及運動制服，供學生因應校內不同場合穿著。制服費用範圍約NT$4,000-5,000。

寄宿

　　學校開放學生申請住宿，總床位45人：男生24人、女生21人。住宿費用因住宿天數不同而異，費用範圍為每學期NT$10,000-11,000。

招生

　　大園IBDP實驗班國際課程招生管道有二，二者收費相同，一學年學費約NT$90,000：

- 本地學生：每年招生擁有國中或同等學力之國中畢業生至多50名。凡參加國中會考成績須達2A3B以上者，皆考報名本校「特色招生考試」

（須依當年度招考簡章為準），擇優錄取。

- 境內外籍專業人才之子女：凡符合臺灣海外攬才專法之專業人才子女，經資格審查及面談後，得擇優錄取，每年至多招收25名。

聯絡資訊

學校地址：33743桃園市大園區大成路二段8號

IBDP實驗班電話：+886-3-381-3001分機923

電子信箱：coibdp@dysh.tyc.edu.tw

（資料來源：桃園市立大園國際高級中學）

國立新竹科學園區實驗高級中等學校 International Bilingual School at Hsinchu -Science- Park

110學年度（雙語部）國際課程實施概況

開設時間	1983年		
開設國際課程	USA, AP		
開設教育層級	國小至高中(G1-G12)	招生對象	6–18歲
國際課程學生人數	525人	學生國籍數	20國
國際課程全職教師	67人	教師國籍數	3國
學校網址	https:// www.ibsh.tw		

學校簡介

- 竹科實中位於「臺灣矽谷」之稱的新竹科學園區，1983年設立，旨在提供科學園區事業單位、投資廠商、政府機關、學術研究機構及歸國學人子女之就學需求。學校同時開設國內與國際課程，由高中部、國中

部、國小部、幼兒園及雙語部（IBSH）組成，全校有100班，學生2700餘人，教職員工約270人。竹科實中學風自由，教學創新，課程以學生學習為中心，重視培育學生的領導才能與國際視野。致力於培養具備品質、品格、品味及國際競爭力的世界公民。

- IBSH提供歸國學人或科技人才其子女就學機會，以利其銜接國內或僑居地之教育，並培養雙語言、雙文化之人才。目前共有學生525人，國籍遍布20個不同國家。教師67人，其中26人為外籍教師。畢業生多數申請進入美國及加拿大4年制大學，近年來亦有學生申請香港、新加坡、日本、澳洲及歐洲的大學。2011年起竹科實中成為WASC認證學校迄今，且於2018年成為EARCOS的會員，是一所致力追求優質教育的國際學校。

國際課程特色

雙語部（IBSH）提供1-12年級與美國同步之Common Core Standards課程，並於高中階段（Gr9-G12）提供19門美國大學先修課程（Advanced Placement, AP）。此外，所有學生在學期間都必須修讀中文課程，3-8年級（G3-G8）學生亦必須修讀國內社會課程（Chinese Social Studies），針對母語非華語之學生開設華語課程（CSL），期使學生成為具備雙語能力且有國際視野的全球公民。選修課程配合國內新課綱的推動，以及鼓勵學生自主學習，亦提供多元的科技與藝術課程供學生選修，包括：烹飪與烘焙科學、室內樂演奏、即興劇場、機器人工程、手機應用程式開發、電玩配樂技術、製藥產業與生課等多門選修課程讓學生體驗動手實作的樂趣。

學校行事曆

每學年度自8月開始至次年6月結束，每學年分為上、下兩個學期。

學校設施

學校面積約有14.2公頃,全校區建置了高效率的無線網路系統以確保及提升教學品質。幼兒園部、國小部、國中部、高中部及雙語部五部共用溫水游泳池、綜合體育館、圖書館、學生活動中心、國際會議廳、戶外的田徑運動場、籃球場、排球場、網球場等;各部也分別規劃許多專業教學教室,進行高品質的教學,包括各科專業實驗室、創客空間、多功能教室、小劇場、音樂、美術、烹飪教室等。

課外活動

竹科實中針對不同年段的學生,學校每學年開設約50-60種包含運動類、學術類、競賽類、藝術類、文化類以及社區服務類等的社團摘要羅列如下:

路跑社	機器人社	UNICEF	世界學術盃社	National Honor Society
辯論社	校刊社	英文詩社	海洋珊瑚礁大使	InterAct (社區服務)
啦啦隊	熱舞社	環境保育社	影片拍攝與編輯	新竹模擬聯合國社
合唱團	管弦樂社	數學社	英文教學社	Key Club (社區服務)

此外尚有運動校隊如:籃球隊、足球隊、羽球隊、棒球隊及游泳隊等。

制服

7-12年級學生須於每週一次的集會日穿制服,冬夏季制服各一套約需NT$3,500。

寄宿

10-12年級家居新竹縣市以外的遠道學生可以申請住宿,住宿費每年NT$9,000。目學生宿舍約有30張床位,配置一位專職的舍監照顧學生的

生活起居。

招生

　　雙語部（IBSH）為吸引海外高科技人才返台服務而設立，故招生對象為新竹科學園區廠商、歸國學人與外交人員子弟等。學生須隨同父母在海外生活至少2年以上，返臺1年內提出申請。申請學生須通過英文入學測驗，始可入學，以確保其能以英文學習。有關招生資格細節可在學校招生網站查詢。

聯絡資訊

　　學校地址： 300-094新竹市介壽路300號

　　雙語部電話：+886-3- 577-7011 分機281

　　雙語部電子信箱：registration@ibsh.tw

　　　　　　　　（資料來源：國立新竹科學園區實驗高級中等學校）

國立中科實驗高級中學National Experimental High School at Central Taiwan Science Park

110學年度（雙語班）國際課程實施概況

開設時間	2018年		
開設國際課程	USA, AP		
開設教育層級	國小至高中(G1-G12)	招生對象	6–18歲
國際課程學生人數	79人	學生國籍數	14國
國際課程全職教師	23人	教師國籍數	5國
學校網址	https://www.nehs.tc.edu.tw/		

學校簡介

國立中科實驗高中雙語部為全臺開設美式教育的三所國立高中之一，辦學宗旨在提供科學園區派外人員子女，以及海外科技人才歸國子女與國外課程銜接的教育。中科實中雙語部於2019年正式招生，學生們的國籍背景、語言文化帶領他們從課業學習、多元課外活動逐步成就全球素養所強調的三大學習宗旨：涵育全球公民、深化國際競合與拓展國際交流。

國際課程特色

中科實中的國際課程包括一般及選修兩部分。一般課程：依照美國加州課綱選定之教材，由授課老師在遵循每一年段教學目標的架構下，融合在地議題實施觀察與探究課程。選修課程：學生於高中階段（G9-G12）可選修AP課程選修或一般課程選修。AP課程為一學年，每週5堂課，學生修習課程除可提升GPA外，亦可在老師的指導下參加每年5月的AP考試。學生如能通過考試，除大幅增加美國知名大學入選的機會，亦可抵免大一學分。選修課程為學生拓展國際視野與不同學科領域的專業知識，進而協助學生精進或多元探索不同學科。中科實中曾開設的選修課包含環境科學、打擊樂、國際人權法、語文魔方、德文（一）等，未來將針對培育跨國移動人才開設更豐富的課程設計。

學校行事曆

每學年度自8月開始至隔年6月結束，每學年分為上、下兩個學期。上學期：8月到1月；下學期：2月到6月。

學校設施

中科實中坐落於臺中科學園區，學校綠地覆蓋面積之高為全臺少見。為求完整保存校地老樹，不論是風雨走廊或是校園環境設計，皆以環境共生共榮為主要考量目標。除夏日荷花遍布的生態池是學生們寫生、踏青的

必經之地外，環校道路亦是學生們晨跑、騎自行車、健走等課間運動的場地。學校校地面積雖然不大，但在科技部的鼎力支援下設備齊全，有附設溫水游泳池的體育館、高規格建造的生物、化學實驗室等，各類型專科教室亦建置完整，設備新穎。未來預計在2025年完成新大樓建造工程，屆時雙語部與普通部國小將連結一起，除擴大可用空間外，亦能提供更多專科教室的選擇。

課外活動

社團與彈性學習：雙語部開設社團種類多元，例如模擬聯合國、舞蹈、音樂創作、烘焙、運動競技、年冊編輯、桌遊等社團。雙語部亦在2020學年度成立學生會，讓學生們有更多思考與籌畫活動、反思校內政策與發聲的機會。課後競賽練習：雙語部學生習慣於課後自組或加入學校不同的競賽練習團隊，例如籃球校隊、英語辯論、模擬聯合國等練習小組。

交通

學校無校車接送服務，但每日皆有固定班次公車可抵達校門口。

制服

學校並無著制服規定，唯須在體育課著運動服裝，無體育課時段可穿著便服上學。

寄宿

學校目前僅提供10-12年級學生住宿服務（4人一間）。宿舍位於校園內，每日提供營養晚餐，且學生亦須參加晚自習活動。每學年費用為NT$97,000。

招生

　　招生對象分為園區應聘回國、非園區純外籍人士等條款，須符合招生簡章各款資格。符合資格之學生須核對其招生簡章所需檢附之資料，並於每學年公告之繳件期間內提出申請。資格審查通過學生可參加入學測驗（分為英語文/中文筆試或口試）。通過該年度入學測驗者將准以入學。

聯絡資訊

　　學校地址：42801臺中市大雅區平和路227號

　　雙語部電話：+886 -4-2568-6850分機3100

　　雙語部電子信箱：ibsc3100@nehs.tc.edu.tw

（資料來源：國立中科實驗高級中學）

國立南科國際實驗高級中學National Nanke International Experimental High School

110學年度（雙語部）國際課程概況

開設時間	2006年		
開設國際課程	USA, AP		
開設教育層級	國小至高中(G1-G12)	招生對象	6–18歲
國際課程學生人數	157人	學生國籍數	17國
國際課程全職教師	28人	教師國籍數	3國
學校網址	https://www.ibst.org.tw/EN/home		

學校簡介

- 國立南科國際實驗高級中學創立於2006年，為一所位於臺南科學園區

內的完全中學，其創校目的在於提供科學園區員工子女優質的教育環境，並為南科與地方發展奠定教育基礎。學校由高中部、國中部、國小部及雙語部組成，為國內鮮有的4部一體的體制，課程強調12年一貫的延續性，結合園區與社會資源，採用創新的教學模式，發展成為以科學教育為重點，人文情懷為根基，是一所具前瞻性且國際化的標竿學校。

- 國小部、國中部及高中部課程為臺灣教育部規定之課程。雙語部則採用美國Common Core課程，並於2016年通過Western Association of Schools and Colleges（WASC）國際認證。雙語部外籍師資大部分來自與美國及加拿大，教師皆持有英語系國家合格教師證。除中文及中文社會課為中文授課外，其他課程皆為全英授課。

國際課程特色

雙語部提供與美國同步之Common Core課程外，針對9-12年級學生，亦開設美國大學先修課程（Advanced Placement, AP）。學校於2016年經WASC國際認證後，學生成績單為國際承認，有利於學生順利銜接國外升學。畢業生有8成以上前往國外大學就讀。

學校行事曆

每學年度課程自8月底開始隔年6月結束，每學年分為上、下兩個學期。上學期：8月到1月；下學期：2月到6月。

學校設施

全校面積共10.2公頃，分成3個校區，分別為高中部、國中部、國小部，雙語部包含於國中部校區內。該校重視學生五育發展，設有一座高中圖書館、一座兒童圖書館、兩間室內體育館、兩個操場、風雨球場、籃球場、排球場、網球場、桌球室、健身房等充足的運動休閒空間。校園內建置有國際會議廳、演藝廳、聚英堂、創翼空間、管樂教室、合唱教室、生

活科技教室及專業實驗室等各領域專科教室。

課外活動

雙語部學生課外活動多元豐富，以模擬聯合國及英語辯論為主。曾舉行Nifty英語演說及辯論比賽，邀請臺灣各國際學校學生參與。雙語部學生也自己組成各種不同的社團活動，如學生會，南科扶輪社、桌遊社、德文社、攀岩社、戲劇社等。學生可以自由參加南科實中的其他部門社團，如管樂團、合唱團、網球隊等。

交通

園區巡迴巴士、臺鐵、台南市公車為主要交通工具。

學校制服

雙語部沒有制服，僅有一件學生設計的部門精神象徵Juguar圖像的T-Shirt，學生自由購買。

寄宿

開放高中部學生（含雙語部10-12年級）申請住宿。學生在宿舍裡都有獨立的生活空間以及舒適的公共空間。費用為每學期NT$4,810（含水電）。

招生

- 南科實中雙語部定期於每年寒暑假前辦理招生考試。因應科學園區聘任海外來臺科技人才，轉學生可隨時招收。雙語部招收學生不分國籍，所有報名學生符合「科學園區高級中等以下學校雙語部或雙語學校學生入學辦法」即可報名參加入學考試，通過考試者始得入學。

國際學校解碼

- 學費大致分為兩種學生身分收費：

  2020學年度學費

  1. 符合[科學園區高級中等以下學校雙語部或雙語學校學生入學辦法]第4-1條第1項第4款者為每學期NT$94,000每學年NT$188,000。預計未來4年，每年調漲NT$20,000。4年後，學費將為每學期NT$13,4000，每學年NT$268,000。

  2. 符合其餘條款者，依年段收費標準為：每學期為國小年段：NT$37,445；中學年段：NT$40,715；高中年段：NT$45,020。

聯絡資訊

學校地址：74409臺南市新市區三舍里大順六路12巷6號

雙語部電話：+886-6-505-2916分機7107

雙語部電子信箱：registration3@ms.nnkieh.tn.edu.tw

（資料來源：國立南科國際實驗高級中學）

【附錄4】

臺灣非學校型態實驗教育機構
辦理國際課程簡介

宜蘭縣聯合國際實驗教育機構
United Education International School (UEIS)

110學年度國際課程實施概況

開設時間	2020年		
開設國際課程	USA, AP		
開設教育層級	國一至高三(G7-G12)	招生對象	12–18歲
國際課程學生人數	90人	學生國籍數	4國
國際課程全職教師	16人	教師國籍數	7國
學校網址	https://www.ueis.ilc.edu.tw		

學校簡介

- 聯合國際實驗教育機構（UEIS）是美國大學理事會（College Board）正式認可的美國境外私立寄宿中學。UEIS成立目的是為因應國際化趨勢及提昇我國國、高中學生英文能力，讓學生能隨心所欲使用英語的自信。因此，UEIS非常重視協助學生了解自我的興趣或專長能力，引導規劃個人的升學計畫，逐步加強獨立思考與自主學習能力訓練。

- 學校位於風景宜人的宜蘭縣，首創全臺「全程教育」、「大學聯盟」，直升全球百大，提供世界一流大學升學捷徑。「大學聯盟」中的學校有多項特為UEIS畢業生而預設之大學入學獎學金及升學名額。同時，UEIS

也獨家採用美國高中學分制，適合頂尖學子，能夠在3年內完成4年的高中學業，提早進入大學！UEIS 100％畢業生直升世界各地的著名大學，90％ 畢業生被全美前百名大學錄取，80％ 以上畢業生被全美前50名的大學錄取並獲得高額獎學金。每位來到UEIS的孩子都可以踏出屬於個人最大的步伐，邁入全球百大，增加全球競爭力。

國際課程特色

UEIS提供全美語的學習環境，讓學生在臺灣就讀，與美國教育系統同步的美國中學課程無異。課程重點在精進語言能力，一般學科方面，讓學生藉由英語學習專業科目，為未來大學課業做準備。師資方面，UEIS引進世界一流大學、研究所畢業且母語為英語之外師，全程使用英語授課。外師在課程中也帶給學生不一樣的國際觀，協助學生逐步平穩融入北美教育體系，而且採用互動教學方式，培養學生批判式思考、分析研究、團隊合作與獨立簡報等北美大學必備的「生存技能」。UEIS課程尚包含課外考察、研討會、興趣社團、領袖培訓、社區義工及體育健身活動等，課內外學習結合激發學生興趣，發揮北美教育的優勢。課程難度同步美國高中，分為3級：正規課程 (Regular)、榮譽課程 (Honors)、以及大學先修課程 (Advanced Placement/AP)，能包容各種不同程度的學生學習。

學校行事曆

一學年有3個學期，每學年從8月開始，隔年5月結束，另加上暑假一個小學期。

學校設施

UEIS皆設有冷暖空調，上課場所包括一般教室、美術教室、科學實驗教室、音樂教室、閱讀室、會議室、室內體育館及師生餐廳。學生宿舍與教學大樓由空橋連結。男女宿舍分層管理，兩人一室套房，冷暖空調，

乾濕分離衛浴，採光良好。

課外活動

　　UEIS衡量每一位學生的個性與成長需要，成立各類型社團活動培養計劃，獨創的身心全面發展計畫成效卓越。為了實現這樣的培育目標，UEIS全面照顧教育的理念融入學業、社交、情感與體能發展中，每日課後豐富的各類社團活動，為學生創造輕鬆、有趣的教育環境。音樂、體育、舞蹈、戲劇、烹飪、馬術、高爾夫、生存遊戲等各類型社團讓他們充分培養才藝與天賦、拓展潛能，各種領袖培訓活動鍛鍊大家的時間管理、團隊合作與解決問題的技巧。

交通

　　UEIS提供交通車服務，每週一上午8：30臺北車站發車至宜蘭，週五下午3：30發車返回臺北車站。

制服

　　UEIS的學生穿著輕鬆不拘束的校服。校服包含整套長短袖上衣及褲子、運動外套。

寄宿

　　UEIS的學生集體住宿、集中管理，充分完善規劃學生課後的時間安排。UEIS宿舍大樓有70個雙人房供學生住宿使用，每人每學期住宿費約NT$50,000。

招生

• UEIS聯合國際實驗教育機構為申請制，先申請先審核，額滿為止。
• 申請程序：1.家長及學生預約參加完整的新生入學說明會。2.參加入學

起點評量及家庭面談。3.繳交入學申請費NT$15,000。順利完成以上3項後給予入學許可。

- UEIS每年學費為NT$480,000元，代收代辦費視個別學生學程規劃按學期另計。

聯絡資訊

學校地址：263032宜蘭縣壯圍鄉功勞村功勞路12-3號

新生諮詢專線：+886-2-2370-0199

電話：+886 -3-930-5908

電子信箱：info@ueis.ilc.edu.tw

（資料來源：宜蘭縣聯合國際實驗教育機構）

臺北市 VIS 世界改造實驗室實驗教育機構 VIS@betterworld lab Experimental Education Institution (VIS)

110學年度國際課程實施概況

開設時間	2019年		
開設國際課程	CANADA, AP		
開設教育層級	國一至高三(G7-G12)	招生對象	12–18歲
國際課程學生人數	159人	學生國籍數	14國
國際課程全職教師	16人	教師國籍數	8國
學校網址	https://vis.tp.edu.tw		

學校簡介

- VIS 世界改造實驗室實驗教育機構（VIS）於2019年7月完成立案，為六年一貫的國際實驗高中，提供北美課程架構、英語授課為主的全球教育，設有國中部與高中部，並與成立超過40年的北美最大寄宿中學，加拿大安大略省夥伴學校（Columbia International College 哥倫比亞國際學院）CIC獨家授權結盟，為CIC在台唯一夥伴學校，CIC認可就讀VIS期間的所有學分，高三前往CIC就讀，畢業時可取得安大略省高中畢業證書（OSSD）。此外VIS還有位於美國紐約、洛杉磯、泰國曼谷的夥伴學校，進行師資交流及學分互認。
- VIS邀請國立臺灣大學生物技術中心為學生提供實驗課程。在台大的實驗室，由 台大教授團隊親自授課。VIS教學特色為問題導向／專案式學習（Problem/Project Based Learning, PBL），透過多元文化背景的教師，向全球未來的領袖和創新者們提供與傳統高中不同的文理科教育。另外，本機構亦於2021年提出Council of International Schools（CIS）會員申請，目前已完成1/3的申請程序。

國際課程特色

　　VIS 為美國大學理事會（College Board）正式認證學校，學校編碼為694004，經授權可開授美國大學先修課程（Advanced Placement, AP）。此外，VIS成功向英國牛津大學考試院申請，為北市第一所英國牛津升學系統AQA認證，並同時成為英國文化協會（British Council）「全球夥伴學校聯盟（Partner Schools Global Network）」北市首間會員學校，與英國文化協會合作執行牛津考試局國際課程（IGCSE）與考試，培養學生更多元的國際視野。學生自10年級起，即可選修AP課程，VIS目前開設的AP課程有微積分、化學、物理、心理學、生物學、個體經濟學、總體經濟學、統計學、樂理學等科目。

國際學校解碼

學校行事曆

VIS每學年從8月開始、並在隔年6月結束。一學年有兩個學期。

學校設施

臺北市 VIS 世界改造實驗室實驗教育機構位於臺大行遠樓3、6樓，二層樓的教學空間共有10間教室，15-20人教室有7間、10-15人教室有3間，每間教室內皆有冷氣空調、投影設備。教學場域可靈活運用，讓師生於學習期間能有彈性討論的空間。

課外活動

VIS學生參加豐富多元的社團活動，包含以下項目：

氣候創業俱樂部	飛盤社	籃球社	羽球社	馬術社	吉他社	新聞社
紀錄片研究社	芭蕾舞社	桌遊社	美術社	點心社	登山社	樂團
日本文化研究社	模擬聯合國	游泳社	撞球社	烘焙社	動動社	
中東及北非政治經濟文化研究社			卡牌遊戲社		News Room	

交通

VIS鄰近捷運中正紀念堂站3號出口，步行約3分鐘，因此未提供交通車服務。

制服

VIS不要求學生穿著制服，但提供夏季校服為白色T-shirt，每件為NT$600元；冬季校服為灰色連帽外套，每件為NT$900元。學生僅需在參加大型校際活動或校外教學活動時穿著VIS校服。

寄宿

VIS位置交通便利，位於臺北市中心，因此未提供寄宿。

招生

歡迎對國際教育課程、PBL學習法及主動積極想要挑戰自我的學生加入VIS。入學程序包括以下步驟：

- 親師生面談：填申請表→審查→一對一面談→錄取公告及報到。
- 確定入學：繳交加入聲明書及新生入學申請費、學費。
- 資料填寫及繳交：填寫線上新生資料表、繳交原學校中英文成績單。
- 費用（一學期）：學費：NT$250,000；代收代辦費：視個別學生課程規劃另計。每學期提供學生獎學金申請，以鼓勵經濟弱勢學生，國高中階段（G7-G12）最高可申請共NT$1,200,000獎學金（每學期NT$100,000獎學金）。

聯絡資訊

學校地址：10093臺北市中正區羅斯福路一段97號（臺大行遠樓3、6樓）

電話：+886-2-2356-7978

電子信箱：info@vis.tp.edu.tw

（資料來源：臺北市VIS世界改造實驗室實驗教育機構）

桃園市有得實驗教育機構
Yoder International Academy (Yoder)

110學年度國際課程實施概況

開設時間	2019年		
開設國際課程	USA, AP		
開設教育層級	小六至高三(G6-G12)	招生對象	11–18歲
國際課程學生人數	140人	學生國籍數	6國
國際課程全職教師	18人	教師國籍數	7國
學校網址	https://www.yodertw.org		

學校簡介

　　桃園市有得實驗教育機構（Yoder）於2019年8月取得桃園市教育局立案證書，其前身為有得雙語中小學的國中部國際班（2016年成立）。Yoder成立的目的是提供大桃園地區學子一個另類的教育選擇，我們的目標在幫出國讀書的學生做好最佳的準備，其課程結構包括：一、保留臺灣國高中的國語和數學，二、導入美國國高中4主課（English, math, science, and social studies），以及 三、推動Yoder情境教育課程。在2020-2021學年，有得6-12年級共有101位學生。國際會員和認證的部分，Yoder已於2022年3月取得美國 Cognia 認證，可頒發經該組織認證的美國高中畢業證書另外，本機構亦提出Council of International Schools（CIS) 會員申請，目前已完成3/4的申請程序。有得實驗教育機構也是美國大學理事會（College Board）正式認證學校，學校編碼為694006，經授權可開授美國大學先修課程並舉辦AP考試（Advanced Placement, AP）及SAT考試。現也正在洽談成為 IELTS桃園地區的官方考場。

國際課程特色

Yoder的英文、數學、社會和科學4門核心課程，遵循美國課程標準，其他課程還包括本國的國文和數學以及具本校特色的情境課程。Yoder學生從6年級即開始上美國國中和高中課程。此外，在高中階段有得還開設了英文和科學的Honors和AP等進階課程。2021年共開設多門Honors課程供學生選修。

學校行事曆

每學年從8月開始、並在隔年6月結束。一學年有兩個學期。

學校設施

Yoder室內皆設有冷氣空調，上課場所包括：一般教室、美術教室、科學實驗室、乒乓球室、會議室、室內體育館（籃球、排球、羽毛球）及師生餐廳，並與臨近的有得雙語中小學共用圖書館、舞蹈教室、音樂教室、電腦教室、視聽教室、健康中心、生態池、禮堂、戶外足球場和籃球場等。

課外活動

Yoder學生參加豐富多元的課外活動，包括社團活動、音樂劇、體育競賽、出版學生刊物、參加區域性、全國性及國際性比賽等。每年都承辦寒假花東5天自行車及暑假中橫健行活動以及攀登合歡群峰。有得提供多種選修課程：

- 6-8年級　潛能開發課程：管弦樂、表演藝術、Graphic Design、English TV Study、English for Tourism。
- 6-12年級　情境課程：西洋劍、防身術、家政、百老匯歌劇、自主學習。
- 9-12年級　高中選修：Public speaking, web design & programing,

visual arts, computer science, statistics, marketing, psychology 等。

交通

　　Yoder提供交通車服務，費用依車程距離及乘坐的天數而有的不同，每學期約NT$6,000-26,000。

制服

　　Yoder的學生都必須按照規定穿著制服，校服可從學校商店購買。學校制服包含整套西裝上衣及褲子、裙子及體育服裝，價格約NT$10,000。

寄宿

　　學校不提供寄宿。

招生

- 歡迎對國際教育有興趣的學生加入Yoder實驗教育機構。入學程序如下：
    1. 完成申請表填寫，安排校園導覽。
    2. 參加校內英語能力鑑定及口試面談。
    3. 繳交試讀費，參加3天入班試讀。
    4. 順利完成以上3項並提交成績單、證件等資料後給予入學許可。
- Yoder實驗教育機構學費從6-12年級每年約為NT$300,000，包含課程費用、戶外教學、每學期語言能力追蹤鑑定及支持學生校內外活動課程費用。

2021-2022學年(一年)收費標準	
學雜費	G6-G12 NT$300,000
代收代辦費（午餐、制服、書籍、交通車、活動等費用）	約NT$50,000-100,000

聯絡資訊

學校地址：32065桃園市中壢區長春一路225號

電話：+886 -3 -452-3566

電子信箱：info@yodertw.org

（資料來源：桃園市有得實驗教育機構）

臺中市星光實驗教育機構
Starlight Experimental Education Institute (Starlight)

110學年度國際課程實施概況

開設時間	2020年		
開設國際課程	Finnish Phenomenon-based Curriculum, IBPYP		
開設教育層級	小一至國三(G1-G9)	招生對象	6–15歲
國際課程學生人數	116人	學生國籍數	7國
國際課程全職教師	11人	教師國籍數	8國
學校網址	https://www.starlight-edugrp.com		

學校簡介

　　星光教育集團在地深耕、穩健發展已逾20載，匯聚眾多的國際合作夥伴與豐富的教育資源，於2020年正式成立「星光實驗教育機構」

（Starlight）。採用全球通行無阻的IB國際文憑（International Baccalaureate）認證，以芬蘭「現象式學習」（Phenomenon-based Learning）的教育方式，引導學生針對有興趣且感到好奇的主題或現象，進行跨學科、跨領域、跨文化的專題研究，藉此培養學生的自主學習能力，賦予學習更多創新的思辨角度，激發更宏觀、永續共好的知識層面，期許孩子儲備更多面對未知世界的核心素養，讓他們在不同領域中皆能閃耀光芒，成為具備遠見及領袖特質的菁英人才。

國際課程特色

課程主要分成「核心課程」、「創新設計」、「藝術文化」、「自主學習」4大領域；各領域科目羅列如下：

領域	科目
核心課程	小學部：Unit of Inquiry (UOI) 探究專題 中學部：Individual and Society 個人與社會
	Language and Literature 英語文
	Chinese 華語文化
	Science 自然環境
	Math 數學探究
	Physical and Health Education 體能健康
創新設計	Design設計、Coding程式設計 (P4-M2)
藝術文化	Drama戲劇、Dance舞蹈、Music音樂、Choir合唱、Visual Art視覺藝術
自主學習	Flex Time彈性課程時間/ Advisory 學習輔導

此外，融入各領域核心價值，開設以下特色課程：

• NASA美國太空總署遠距課程、參與國際組織活動（SDGs, Eco

Training Centre, Plant for the planet, Life-Link Friendship School, Act Now）等。

- 依課程目標與單元主題特別規劃的戶外教學，如：淨灘、森林探索、企業參訪與服務學習等。

學校行事曆

每學年分為兩個學期。新學年從每年9月1日開始，至隔年6月底結束，7月份為暑假。寒假及農曆新年假期則參考人事行政局規定，另行公布。

學校設施

星光設施包含：普通教室、創意設計教室、科學實驗室、音樂藝術教室、小型足球場、籃球場、多功能活動中心(可做為視聽教室以及舞蹈、音樂、合唱練習等課程教室使用)、屋頂花園、接待室、會議室、圖書閱覽室、行政辦公室、午餐與烘焙廚房。

課外活動

星光有豐富多元的課外活動，包含各類型課後社團、兒童青少年合唱團。

交通

星光目前有校車接送豐原地區學生。

制服

星光學生須依規定於重要集會、活動穿著制服，學校制服包含西裝外套、襯衫及褲/裙子、領帶與徽章；體育課當日則需穿著學校體育服。

寄宿

星光不提供寄宿。

招生

- 入學程序為：招生說明會─家長面談─學生面談─入學同意書─註冊通知。
- 星光學雜費：小學部1-5年級每年約NT$226,000，中學部每年約NT$270,00
- 代收代辦費：包括上課用書、線上學習資源、課後社團活動、寒暑假營隊課程、餐費與單次收費之品項如：書包、帽子、夏季與冬季體育服、成套制服及衣領徽章等費用另計。

聯絡資訊

學校地址：408030臺中市南屯區大觀路23號

電話：+886-4-2389-1626／2389-1626

電子信箱：mmc.starlight@gmail.com

（資料來源：臺中星光實驗教育機構）

南投縣復臨國際實驗教育機構
Taiwan Adventist International School (TAIS)

110學年度國際課程實施概況

開設時間	2015年		
開設國際課程	USA, AP		
開設教育層級	國一到高三(G7-G12)	招生對象	12–18歲
國際課程學生人數	81人	學生國籍數	6國
國際課程全職教師	20人	教師國籍數	8國
學校網址	https://www.tais.tw		

學校簡介

　　復臨國際實驗教育機構（TAIS）提供給想要就讀美式全人教育，人文關懷與多元學習的孩子一個有別於臺灣教育的學習環境與教育新選擇。「愛與關懷」是TAIS辦學之核心，「學習必須是充滿樂趣的」（Learning should be fun）則為教學理念。TAIS提供7年級到12年級所需之自主學習與獨立思考之訓練，品格發展與學業成績並重，遵行小班、1：4低師生比原則，使用美國馬里蘭州Griggs International Academy（GIA）認證之國高中AP學程，包含生活技能訓練課程、生命教育與公益關懷、生涯探索與體驗、自主性學習訓練等，以培養學生成為未來世界所需要的人。

國際課程特色

　　TAIS遵循認證機構GIA的學年方式來上課，師資全面由美國復臨認可之合格各科專任教師進行英文授課與教學，並聘請中華民國國籍老師進行第二語言（中文課程）。除中文課程之外，其餘課程皆為全英文授課，

分為國中與高中課程。國中（7-8年級）採通識教育，包含：英文文學領域、數學等9大類領域課程。高中（9-12年級）則採「一人一課表」的因材施教制度選課，每一個學生必須修完指定之9大類必修及選修類課程學分即可申請畢業，另提供高階的大學預備課程（AP Courses）與大學預修課程（Dual Credit）給學業表現優異之學生加修，為前往夢想學校做好充分準備。

學校行事曆

每學年從9月開始至隔年6月中結束，每學年有兩個學期，各18週。

學校設施

TAIS校園佔地52公頃，國中部與高中部教室各一棟建築，教室內皆設有冷氣、電風扇、投影機等教學所需相關設備，並備有上課場域包含實驗室、家政教室、美術教室、活動中心、圖書館、學生餐廳、藝文中心、室內室外籃球場、羽球場、操場／戶外足球場、戶外體能探索場。男女宿舍各一，並配有愛心與耐心之男女舍監，每房四個床位，提供學生課後一個舒適的休息與學習空間，惟未經科任老師許可無法任意取得wifi或網路使用權，學生使用手機與3C時間有適當管制。

課外活動

學生需住宿，除社團活動外，留校週自週五下午起至週六晚上，將由外籍老師負責規畫一系列不同主題的生活教育的活動，每一留校週都有不同主題。每學期也定時舉辦國內與國外公益旅行，藉由服務他人認識自己並開發潛能，同時拓展生命的寬度與開啟國際觀，不同種類之社團，如籃球、排球、足球、乒乓球、藝術、His Hand天然療法、辯論社、Nerf、極限飛盤、射箭、棒球、游泳、手球、心靈雞湯等，則依每學期依據學生不同需求開設或新增。

交通

往返TAIS方式有三：1. TAIS備有返家專車，費用每學期約NT\$5,500（依每學期返家週數收費，已含在學費內）。2.由家長接送。3. 搭乘南投客運公車至台中高鐵站或台中火車站，轉乘高鐵或火車。

制服

TAIS學生皆須穿著制服，制服於新生註冊日當日丈量購買，費用約NT\$ 12,000（含在學費內）。

寄宿

TAIS為美式寄宿型中學，除父母或監護人居住在校園附近（埔里鎮、魚池鄉）區域可申請通勤，其餘皆須住宿，每兩週返家一次。

招生

TAIS歡迎想就讀美式全人教育之中華民國籍與外籍學生申請就讀，入學程序如下：

1. 至官網填寫申請表。並提供以下資料：
   • 護照影本（無國籍限制，但需有效期限半年以上）
   • 正式成績單（official transcript）
   • 護照尺寸彩色大頭照一張
   • 報名費NT\$1,000
2. 提前一週以電話或email與TAIS辦公室確認預約面談的日期（恕不接受無預約的校園參觀或面談）。居住在海外學生，可按上述步驟申請線上面談。
3. 面談日到校園或線上進行英文能力測驗（排課需要，非錄取依據）並與招生委員進行面談，一週後通知申請結果。

聯絡資訊

學校地址：555301南投縣魚池鄉瓊文巷39號（三育基督學院內）

電話：+886-49-2899-778／+886-49-2897-309

電子信箱：admissions@tais.tw

（資料來源：南投縣復臨國際實驗教育機構）

臺南市中信國際實驗教育機構
CTBC International Academy (CIA)

110學年度國際課程實施概況

開設時間	2017年		
開設國際課程	AP, CIA國際課程系統,中信金融管理學院大學先修課程		
開設教育層級	國一到高三(G7-G12)	招生對象	13–18歲
國際課程學生人數	85人	學生國籍數	5國
國際課程全職教師	15人	教師國籍數	3國
學校網址	https://ia.ctbc.edu.tw/		

學校簡介

中信國際實驗教育機構（CIA）教學理念是解構傳統教育，讓孩子勇敢嘗試探索創造，培養學生全人發展，採「以學生為中心」的教學模式，每學期開設近40門的課程，學生可依據自己的學習意願自由選課，進行「一學生一課表」啟發式學習，除課表上的學習內容外，學生還可利用空白時間提自學計畫，經與教師討論、家長認可後，可自訂學習科目及進度，學習成果經審核通過後亦核予學分；希望藉此打破教育框架，讓孩子從自由學習中找到熱情。課程以語文、科學、藝術、生活、運動、社會人

文等六大學群全方位建構而成，中信擁有豐富教師資源，注重外語教育，每學期開設40學分全英語授課課程。

國際課程特色

在國際課程特色方面，CIA除了英語聽說讀寫的全面提升外，也著重內容和語言整合學習（Content and Language Integrated Learning, CLIL），在文學、數學、科學、社會、藝術、運動等6大學群，皆有規劃全外師英文授課，幫助剛從中文授課環境轉換的同學逐步適應。此外，對於英文程度已有一定基礎的學生，在英文、數學、科學、社會等領域，CIA也積極申請美國大學先修課程（Advanced Placement, AP），未來能夠幫助通過AP考試學生，抵免美國大學學分。目前CIA已有多位畢業生錄取加拿大哥倫比亞大學UBC、比利時魯汶大學、荷蘭阿姆斯特丹大學、美國亞利桑那大學、美國愛荷華大學等歐美百大名校。

學校行事曆

每學年自8月開始、並在隔年6月結束。一學年有兩個學期，一學期18週。

學校設施

CIA室內學習空間皆設有冷氣空調，上課場所包括：一般教室、會議室、室內體育館及學生餐廳，並與臨近的中信金融管理學院共用圖書館、電腦教室、視聽教室、國際會議廳、高爾夫球場、戶外足球場、棒球場和網球場等。

課外活動

• CIA為學生打造琴房，重金禮聘留學歸國的音樂博士，定期小班制指導學生學習鋼琴、小提琴、豎笛、薩克斯風等，精進學生演奏技巧。CIA

與中信金融管理學院合作參與中信樂團，不定期安排各類管弦樂團展演，培養孩子成為優秀青年音樂家，增添個人自信及魅力。除了音樂教育，CIA非常重視學生運動發展。為培育學生擁有強健體魄，聘任專業教練指導學生如高爾夫球、網球、棒球、獨木舟等多種運動項目，更在校內打造高球練習場、高爾夫球場與獨木舟水道。從了解運動的歷史傳承，到基本動作練習及正式上場進行賽事，一系列循序漸進的課程讓學生皆能有傑出的運動表現。

- 在課外活動方面，為引導學生Think globally, act locally，CIA正積極申請愛丁堡公爵獎（The Duke of Edinburgh's Award, DofE）。DofE目的是鼓勵14到24歲的年輕人挑戰目標、實現自我的生命價值，通過活動參與促進學生的全面性發展，獲獎者申請大學、求職時都有被優先考慮的可能。

交通

CIA提供交通車服務，根據車程距離及乘坐的天數而有所不同，費用每月約NT$4,500-5,000。學生週末返家，也可以共乘計程車，彼此分攤費用。

制服

CIA無制服規定，學生可自由著裝，整潔大方即可。

寄宿

CIA提供學生住宿，每學期費用約NT$9,000（四人套房）、NT$18,000（雙人套房）。

招生

- 歡迎對國際教育有興趣的學生加入中信國際實驗教育機構。入學程序如

下：

1. 完成線上報名表填寫。
2. 通知進行面試。
3. 寄發錄取通知單，回寄所需入學資料。
4. 順利完成以上3項並提交所需入學資料後給予入學許可。

- 2021-2022學年學雜費：7-12年級（一學期）NT$125,000。代收代辦費籍（一學期）：住宿費NT$9,000、餐費NT$9,000（半餐）18,000（全餐）、住宿生書費NT$3,000。

聯絡資訊

學校地址：70963臺南市安南區台江大道三段600號

電話：+886- 6-287-2300

電子信箱：cia@office.ctbc.edu.tw

（資料來源：臺南市中信國際實驗教育機構）

[附錄 5]

臺灣公立高中附加式國際課程實施方式一覽表

城市	開辦年度	國家	外國教育機構	我國學校	抵免我國學分後應修學分/小時要求				修課方式及修課時數			非學分課程
					外國高中課程	外國大學先修課程	外國大學預修科	外國語言課程	臺灣實體授課	臺灣線上授課	臺灣線上授課	語言/論文/社區服務
臺北市	2017	美國	Fairmont Private School	中正高中	42學分 756小時	8學分 144小時			864 小時		(5週) 36小時	60小時
	2019	英國	The Northern Consortium (NCUK)	中正高中			·商業模組 ·藝術與設計模組、工程模組、科學模組各600 小時		600 小時		(2週) 60小時	60小時
				南港高中								
				育成高中								
				成功高中								
				萬芳高中								
				景美女中								
	2019	加拿大	Saskatoon International Online School	陽明高中	8學分730 小時				525 小時	105 小時	(4週) 100小時	
				百齡高中								
				明倫高中								

城市	開辦年度	國家	外國教育機構	我國學校	抵免我國學分後應修學分／小時要求				修課方式及修課時數			非學分課程
					外國高中課程	外國大學先修課程	外國大學預修科	外國語言課程	臺灣實體授課	臺灣線上授課	臺灣線上授課	語言論文／社區服務
	2019	英國	City College Plymouth	南湖高中			• 科學組 150學分/600小時 • 商業組 120學分/600小時				600小時	
	2020	英國	City College Plymouth	南湖高中 內湖高中 麗山高中 永春高中 大理高中 中崙高中 復興高中 大同高中 大安高工 南港高工			12學分/240小時		240小時			
	2020	加拿大	UMC High School – Main Campus	成淵高中	3-4學分 330-440小時	7-8學分 770-880小時		330-440小時			高三整年 1110-1320小時	20小時社區志工 +330-440小時語言課程

國際學校解碼

城市	開辦年度	國家	外國教育機構	我國學校	抵免我國學分後應修課學分／小時要求				修課方式及修課時數			非學分課程
					外國高中課程	外國大學先修課程	外國大學預修科	外國語言課程	臺灣實體授課	臺灣線上授課	臺灣線上授課	語言/論文/社區服務
新北市	2020	美國	Living World Lutheran High School	政大附中	10學分 484小時	4學分 216小時			700小時	200小時（自由參加）	(3-4週) 60小時（自由參加）	100小時（自由參加）
	2021	美國	Maine Central Institute	中正高中	116學分 1629小時				1379小時		出國兩次 每次4-5週250小時	
	2021	美國	San Mateo Colleges of Silicon Valley	和平高中 / 成功高中 / 西松高中 / 大同高中 / 永春高中 / 師大附中			30學分 540小時			540小時		
	2019	英國	City College Plymouth	中和高中			・商學 120學分 494小時 ・科學 120學分 541小時	4學分 72小時（自由參加）	4學分 72小時（自由參加）		出國一學期（5個月）商學 494小時 科學521小時	
				三重高中			・商學120學分494小時 ・科學120學分521小時				出國一學期（5個月）商學 494小時 科學521小時	

城市	開辦年度	國家	外國教育機構	我國學校	抵免我國學分後應修學分／小時要求				修課方式及修課時數			非學分課程
					外國高中課程	外國大學先修課程	外國大學預修科	外國語言課程	臺灣實體授課	臺灣線上授課	臺灣線上授課	語言／論文／社區服務
臺中市	2021	美國		光復高中 北大高中			商學 110學分 440小時 · 科學 120學分 480小時				出國一學期（5個月）· 商學440小時 · 科學480小時	
	2021	美國	Maine Central Institute	林口高中	3.5學分 300小時					54小時	120小時	126小時
	2019	加拿大	UMC High School	惠文高中	30學分 110小時		6學分 660小時	1-5學分 110-550小時			40學分1100小時	20小時社區志工
	2019	加拿大	Red Deer Catholic International	惠文高中	100學分 2500小時					高一高二 20學分 500小時	高三出國整年	
	2020	美國	Maine Central Institute	文華高中	3.5學分 330小時					210小時	120小時	
	2021	美國	Fairmont Private School	台中二中	16學分 288小時	12學分 216小時		10學分 180小時	504小時		180小時	
	2021	美國	Living World Lutheran High School	台中二中	4學分72小時	4學分72小時			144小時			
	2021	美國	Thornton Academy	台中女中	15學分 405小時					9學分 243小時	6學分162小時	

國際學校解碼

城市	開辦年度	國家	外國教育機構	我國學校	抵免我國學分後應修學分／小時要求				修課方式及修課時數			非學分課程
					外國高中課程	外國大學先修課程	外國大學預修科	外國語言課程	臺灣實體授課	臺灣線上授課	臺灣線上授課	語言/論文/社區服務
高雄市	2020	美國	Fairmont Private School	文山高中	4學分72小時 美國歷史	24學分432小時 AP微積分先修、AP微積分AB版、AP微積分BC版、AP物理學		24學分432小時 學術	864小時		72小時 美國歷史	
	2020	美國	Living World Lutheran High School	瑞祥高中 三民高中 林園高中		22學分440小時	12學分216小時		596小時		60小時	
	2021	美國	Living World Lutheran High School	鳳山高中	10學分484小時	4學分216小時			700小時 中英並用	200小時（自由參加）	3-4週 60小時（自由參加）	100小時（自由參加）

參考文獻

一、中文文獻

Anderson, B.（2011）。**想像的共同體：民族主義的起源與散布**（吳叡人，譯）。上海人民出版社（原著出版於1991年）。

大學辦理國外學歷採認辦法（2014）。https://law.moj.gov.tw/LawClass/LawAll.aspx?PCode=H0030039

中國強推統一教材，英國國際學校擬撤出（2021，4月19日）。**中央通訊社**。https://www.cna.com.tw/news/acn/202104190277.aspx

中華人民共和國（2010）。**國家中長期教育改革和發展規劃綱要（2010-2020）**。http://www.gov.cn/jrzg/2010-07/29/content_1667143.htm

中華人民共和國（2015）。**2015年教育事業發展統計公報**。https://www.cee.edu.cn/n171/n459/n472/c181291/content.html

中華人民共和國（2018）。**粵港澳大灣區發展規劃綱要**。https://www.bayarea.go

中華人民共和國中外合作辦學條例（簡稱中國大陸中外合作辦學條例）（2003）。http://www.jsj.edu.cn/api/index/sortlist/1-1002

中華人民共和國台灣同胞投資保護法實施細則（2020）。http://big5.www.gov.cn/gate/big5/www.gov.cn/zhengce/2020-12/26/content_5574383.htm

中華人民共和國外交部、中華人民共和國國家教育委員會關於外國駐中國使館開辦使館人員子女學校的暫行規定（1987）。http://www.fmprc.gov.cn/chn//pds/fw/lbfw/qita/t575876.htm

中華人民共和國國家教育委員會關於開辦外籍人員子女學校的暫行管理辦

法（1995）。http://www.fmprc.gov.cn/web/fw_673051/
lbfw_673061/qita_673075/t575935.shtml

中華人民共和國義務教育法（1986）。http://www.gov.cn/guoqing/
2021-10/29/content_5647617.htm

日本文部科學省（2005）。**外國人學校的現況**。http://www.mext.go.jp/
b_menu/shingi/chukyo/chukyo3/siryo/06070415/005.htm

日本文部科學省（2012）。**Education for Japanese children abroad**。
http://www.mext.go.jp/english/statistics/1302978.htm

日本文部科學省（2014）。**下村博文文部科學大臣記者會見錄**。http://
www.mext.go.jp/b_menu/daijin/detail/1343111.htm

日本文部科學省（2016）。**昭和59年文部省通知**。http://www.mext.
go.jp/b_menu/shingi/chukyo/chukyo3/siryo/06070415/005.htm

日本文部科學省（2017）。**國際IB全球化人才育成專家學者會議**。
https://ibconsortium.mext.go.jp/ib-japan/proposals/

日本文部科學省（2021）。**外國人學校**。https://www.mext.go.jp/
content/20211216-mxt_kokusai_19368_k.pdf%E9%A0%813?fbclid=I
wAR1YoE8C8SDoXVp8QdqsHuDvc7C1fpy8hCtVWfmIMEEtX_
pvmxo8X0VzvXQ

王惠堙（2015，3月6日）。印尼國際學校新規定不適用使館學校。**臺灣教
育研究資訊**。https://teric.naer.edu.tw/wSite/ct?ctNode=647&mp
=teric_b&xItem=1831758&resCtNode=453&OWASP_
CSRFTOKEN=U3DV-UW3F-B3P1-FW1E-ICR5-P53B-MZPP-BVJV

外國學生來臺就學辦法（2014）。http://edu.law.moe.gov.tw/EngLaw
Content.aspx?Type=C&id=43

外國僑民學校設置辦法（1975）。

全球化智庫、南南國際教育智庫研究院（2017）。**中國國際學校藍皮書：
一帶一路沿線地區中國國際學校發展戰略報告**。

印尼文化及中小學教育部（2015）。**國際學校名單**。http://www.paudni.kemdikbud.go.id/perijinan_spk.html

印尼外國教育機構與印尼合作經營教育機構管理規定（2014）。http://www.dikdas.kemdikbud.go.id/application/media/file/PAPARAN%20LPA.pdf

行政院（1983，3月14日）。**北美事務協調委員會與美國在台協會關於台北美國學校之協定說明簽呈**。行政院（台（72）外4556號）。臺北市。

吳祖勝（2003）。中國大陸《中外辦學條例》發展淺析。**展望與探索**，1(7)，86-101。

吳越（2021，12月17日）。**2021中國國際學校發展報告**〔主題演講〕。第七屆Vision of International Study Conference（VIS）國際教育發展大會，上海，中華人民共和國。

李志剛（1985）。**基督教早期在華傳教史**。臺灣商務印書館。

李英明（2004）。**國際關係理論的啟蒙與反思**。揚智文化。

私立高級中等以下外國僑民學校及附設幼稚園設立及管理辦法（2008）。http://law.moj.gov.tw/LawClass/LawOldVer.aspx?Pcode=H0060006&LNNDATE=20081231&LSER=001

私立高級中等以下學校外國課程部班設立辦法（2009）。https://law.moj.gov.tw/LawClass/LawHistory.aspx?pcode=H0060029

私立國民中小學校免除法令限制及回復適用實施準則（2009）。https://law.moj.gov.tw/LawClass/LawAll.aspx?pcode=H0070030

私立學校法（1974）。https://law.moj.gov.tw/LawClass/LawHistory.aspx?pcode=H0020001

坪谷・紐厄爾・郁子（2015）。**給孩子與世界接軌的教育：國際文憑與全球流動社會的教育改革**（莊雅琇，譯）。商周。（原著出版於2014年）

周志宏（2003）。**教育法與教育改革**。高等教育。

周志宏（2012）。**教育法與教育改革Ⅲ**。高等教育。

拐點（2022，1月9日）。載於**維基百科**。https://zh.m.wikipedia.org/zh-tw/Special:%E5%8E%86%E5%8F%B2/%E6%8B%90%E7%82%B9

邱玉蟾（2007）。**我國境內國際學校開放規範之研究**（未出版博士論文）。國立臺灣師範大學。

前瞻產業研究院（2021a，3月26日）。**2010-2020年中國獲認證國際學校數量情況**。https://x.qianzhan.com/xcharts/?k=%E5%9B%BD%E9%99%85%E5%AD%A6%E6%A0%A1

前瞻產業研究院（2021b，3月26日）。**2016-2020年中國三類獲認證國際學校數量情況**。Https://x.qianzhan.com/xcharts/?k=%E5%9B%BD%E9%99%85%E5%AD%A6%E6%A0%A1

前瞻產業研究院（2021c，3月26日）。**2020年中國各類國際課程分布情況**。https://x.qianzhan.com/xcharts/?k=%E5%9B%BD%E9%99%85%E5%AD%A6%E6%A0%A1

前瞻產業研究院（2021d，3月26日）。**2020年中國各類型國際學校課程分布情況**。https://x.qianzhan.com/xcharts/?k=%E5%9B%BD%E9%99%85%E5%AD%A6%E6%A0%A1

南韓有關外國人學校及外國人幼稚園之設立、經營規定（2016）http://www.law.go.kr/lsSc.do?menuId=0&p1=&subMenu=1&nwYn=1&section=&tabNo=&query=%EC%99%B8%EA%B5%AD%EC%9D%B8%ED%95%99%EA%B5%90%20%EB%B0%8F%20%EC%99%B8%EA%B5%AD%EC%9D%B8%EC%9C%A0%EC%B9%98%EC%9B%90%EC%9D%98%20%EC%84%A4%EB%A6%BD%E3%86%8D%EC%9A%B4%EC%98%81%EC%97%90%20%EA%B4%80%ED%95%9C%20%EA%B7%9C%EC%A0%95#undefined

南韓初中等教育法（2016）。http://law.go.kr/lsInfoP.do?lsiSeq=180678

&ancYd=20160203&ancNo=13943&efYd=20160804&nwJoYnInfo=Y
&efGubun=Y&chrClsCd=010202#0000

南韓教育部（2022a）。**南韓外國人學校數**。南韓教育統計服務網。
https://www.isi.go.kr/）

南韓教育部（2022b）。**韓國外國教育機構校數**。南韓教育統計服務網。
https://www.isi.go.kr/）

南韓經濟自由地區與濟州國際自由都市的外國教育機構設立、營運特別法
（2016）。http://law.go.kr/lsInfoP.do?lsiSeq=183495&lsId=&efYd=
20160529&chrClsCd=010202&urlMode=lsEfInfoR&viewCls=lsRvsD
ocInfoR#0000

姚瑤（2021，5月13日）。**港澳子弟學校（班）學生規模達3700人，下一
步如何建設？**廣東教育頭條。https://kknews.cc/education/
8yv99vq.html

洪鎌德（2003）。民族主義的緣起、議題和理論 - 最近有關民族主義的英文
文獻之簡介。**淡江人文社會學刊，15**，117-154。

科學園區高級中等以下學校雙語部或雙語學校學生入學辦法（2019）。
https://law.moj.gov.tw/LawClass/LawAll.aspx?pcode=H0070022

科學園區設置管理條例（1979）。https://lis.ly.gov.tw/lglawc/lawsingle
?000321AB998C0000000000000000000A000000002000000
^02801068071700^00000000000

泰國2007年關於學齡前、小學與中學的私立國際學校標準之規定
（2007）。http://www.moe.go.th/inter_school/index.html

馬來西亞外僑學校設立準則（2013）。http://www.moe.gov.my/index.
php/my/sumber/muat-turun/garis-panduan/category/bpswasta

馬來西亞國際學校設立準則（2015）。http://www.moe.gov.my/index.
php/my/sumber/muat-turun/garis-panduan/category/bpswasta

高級中等教育法（2013）。https://law.moj.gov.tw/LawClass/LawAll.

aspx?pcode=h0060043

高級中等以下教育階段非學校型態實驗教育實施條例（2018）。https://law.moj.gov.tw/LawClass/LawAll.aspx?pcode=H0070059

高級中等學校辦理實驗教育辦法（2014）。https://law.moj.gov.tw/LawClass/LawAll.aspx?pcode=H0060062

高級中等學校辦理學生國外學歷採認辦法（2013）。https://law.moj.gov.tw/LawClass/LawAll.aspx?pcode=H0060051&fbclid=IwAR2G-wSkL9snv06PyI-1JYTwg48VpV0r9vZYtShaVOUPyyi-h9k0rXA_y-s

國際學校你了解多少：是逐利還是教育（2013，5月23日）。**大公網**。http://edu.takungpao.com.hk/zxiao/q/2013/0523/1629322.html

國教署（2018）。**教育發展新契機-實驗教育三法**。教育部全球資訊網。https://www.edu.tw/news_Content.aspx?n=9E7AC85F1954DDA8&s=C5AC6858C0DC65F3

專科以上學校遠距教學實施辦法（2019）。https://law.moj.gov.tw/LawClass/LawAll.aspx?pcode=H0030038

張正藩（1981）。百年來中國私立學校之發展。載於張正藩（主編），**教育論衡**（頁182-206）。商務。

教育部（1961，6月16日）。**有關臺北美國學校向我國政府申請備案呈請鑒察**。教育部（台（50）國字第7356號）。臺北市。

教育部（1998，8月26日）。修正外國僑民學校設置辦法。教育部（台87參字第87094979號令）。臺北市。

教育部（2005，9月8日）。**所報貴府同意新竹荷蘭學校更改校名成立國高中部及遷校事已錄案備查請查照**。教育部（台文二字第0940121805號函新竹市政府）。臺北市。

教育部（2011a，12月29日）。**有關高雄韓國學校擬以高雄韓國學校運營委員會代替設立董事會機制乙案復如說明請查照辦理**。教育部（臺文二字第1000224602A號函高雄市政府教育局）。臺北市。

教育部（2011b，12月19日）。**有關臺北韓國學校未設立董事會乙案復如說明請查照辦理**。教育部（臺文二字第1000224602B號函臺北市政府教育局）。臺北市。

教育部（2011c，4月26日）。**100年私立學校法修法小組第一次會議_國際學校及公益董事議題**。教育部臺高（四字）第1000068824號。臺北市。

教育部（2021a）。英國學制手冊。載於國立暨南大學（主編），**各國學制手冊－歐洲**（頁4-28）。https://ws.moe.edu.tw/001/Upload/7/relfile/8317/78030/8e6c24c8-3981-4474-8af2-12242b68c996.pdf

教育部(2021b)。美國學制手冊。載於國立暨南大學（主編），**各國學制手冊－美洲**（頁4-35）。https://ws.moe.edu.tw/001/Upload/7/relfile/8317/78031/133566f4-ced4-4f46-a433-b5896d18faa9.pdf

教育部（2022）。**教育資源平台計畫目標**。教育部海外攬才子女教育資源平臺。https://epec.nnkieh.tn.edu.tw/app/website/index.jsp?_language=0

教育部國際及兩岸教育司（2022a，1月22日）。**各學年度3所大陸地區臺商學校學生人數**。https://depart.moe.edu.tw/ED2500/News_Content.aspx?n=D3605E84061900B3&sms=CE645272F8B775D3&s=388191AAFAA2F986

教育部國際及兩岸教育司（2022b，1月22日）。**大陸地區3所臺商學校各學年度高中畢業生返臺升學統計**。https://depart.moe.edu.tw/ED2500/News_Content.aspx?n=D3605E84061900B3&sms=CE645272F8B775D3&s=A8CD3AC3B112C7DF

教育部統計處（2022）。**高級中等以下學校實驗教育概況**。https://stats.moe.gov.tw/statedu/chart.aspx?pvalue=51

辜振豐（2003）。**布爾喬亞－慾望與消費的古典記憶**。果實。

黃凱靖、陳世明（2022，4月6日）。**國際學校遭控欠師薪水、無預警停課**

家長憂。TVBS新聞網。https://tw.news.yahoo.com/%E5%9C%8B
%E9%9A%9B%E5%AD%B8%E6%A0%A1%E9%81%AD%E6%8E%A
7%E6%AC%A0%E5%B8%AB%E8%96%AA%E6%B0%B4-
%E7%84%A1%E9%A0%90%E8%AD%A6%E5%81%9C%E8%AA
%B2-%E5%AE%B6%E9%95%B7%E6%86%82-121417960.html

新學說國際教育研究院（2016）。**2015中國國際學校發展報告**。

楊深坑（2013）。國際教育理念與實務之歷史回顧與前瞻。**比較教育，
74**，1-32。

經濟部國際貿易局（2017）。**服務貿易總協定**。WTO入口網。http://
www.trade.gov.tw/cwto/Pages/List.aspx?nodeID=434

實驗高級中學申請設立辦法（2000）。http://edu.law.moe.gov.tw/
LawContent.aspx?id=FL008832

臺中市政府（1970，4月11日）。**為該校申請立案轉希知照由**。臺中市政
府（府教國字第1781號函馬禮遜學校）。臺中市。

臺北駐大阪經濟文化辦事處福岡分處派駐人員（2015，8月10日）。日本
政府積極推動IB國際文憑認定校。**國際教育訊息電子報，85**。
https://teric.naer.edu.tw/wSite/ct? ctNode=655&mp=teric_b&xIte
m=2037631&resCtNode=453&OWASP_CSRFTOKEN=U3DV-
UW3F-B3P1-FW1E-ICR5-P53B-MZPP-BVJV

臺灣法國文化協會（2019）。**Who we are**。Alliance française de Taïwan。
https://www.alliancefrancaise.org.tw/who-we-are-zh/

趙永茂、陳銘顯（2010）。台灣科學園區發展政策的區域治理問題與府際
關係轉變。**府際關係研究通訊，11**。https://research.ncnu.edu.tw/
proj5/newsletter/%E7%AC%AC11%E6%9C%9F/newsletter_11.
html

趙萱（2015）。外籍人員子女教育政策研究：以上海為例。**現代基礎教育
研究，19**，75-84。

劉懿萱（2021，11月14日）。畢業對接美大學 新北首推「技職高中雙聯學制」昨開課。**聯合報**。https://udn.com/news/story/6885/5889503

潘星華（2013）。新加坡設立國際學校的多面意義。**新加坡教育雙語雙月刊，3**，30-33。

駐印尼代表處派駐人員（2014，12月6日）。印尼政府新規定造成國際學校一片混亂。**國家教育研究院國際教育訊息電子報，67**。http://fepaper.naer.edu.tw/index.php?edmno=67&content_no=3683

駐泰國經濟文化辦事處（2002，9月12日）。泰國擬減稅以提高國際學校水準。**臺灣教育研究資訊**。https://teric.naer.edu.tw/wSite/ct?ctNode=647&mp=teric_b&xItem=1158694&resCtNode=453&OWASP_CSRFTOKEN=U3DV-UW3F-B3P1-FW1E-ICR5-P53B-MZPP-BVJV

駐泰國代表處教育組（2004，12月27日）。國際學校今年可望為泰國創收60億銖收益。**臺灣教育研究資訊**。Http://teric.naer.edu.tw/wSite/ct?ctNode=647&mp=teric_b&xItem=1161440&resCtNode=453&OWASP_CSRFTOKEN=X2PG-5MOP-RLYF-ZTQA-XXAG-T7ZH-79F0-ZEQV

駐泰國代表處教育組（2019，2月27日）。泰國發布正規國際學校標準措施。**臺灣教育研究資訊**。https://teric.naer.edu.tw/wSite/ct?ctNode=647&mp=teric_b&xItem=2040913&resCtNode=453&OWASP_CSRFTOKEN=U3DV-UW3F-B3P1-FW1E-ICR5-P53B-MZPP-BVJV

駐泰國經濟文化辦事處（1999）。**泰國文教簡訊**。教育部。

駐馬來西亞代表處教育組（2017，7月20日）。馬來西亞擬成立創新時代大學學院。**國際教育訊息電子報，130**。https://teric.naer.edu.tw/wSite/ct?ctNode=655&mp=teric_b&xItem=2026086&resCtNode=45

3&OWASP_CSRFTOKEN=U3DV-UW3F-B3P1-FW1E-ICR5-P53B-MZPP-BVJV

駐馬來西亞臺北經濟文化辦事處（2012，6月20日）。對本地學生放寬國際學校固打條列。臺灣教育研究資訊。Https://teric.naer.edu.tw/wSite/ct?ctNode=647&mp=teric_b&xItem=1172555&resCtNode=453&OWASP_CSRFTOKEN=U3DV-UW3F-B3P1-FW1E-ICR5-P53B-MZPP-BVJV

駐韓國代表教育組（2014，5月23日）。南韓決修法允許外國學校與韓國學校合作在境內設新校。**臺灣教育研究資訊**。https://teric.nae r.edu.tw/wSite/ct?ctNode=647&mp=teric_b&xItem=1810853&resCtNode=453&OWASP_CSRFTOKEN=U3DV-UW3F-B3P1-FW1E-ICR5-P53B-MZPP-BVJV

駐韓國代表處文化組（2005，3月29日）。經濟雖不景氣，韓國小留學生仍持續增加。**臺灣教育研究資訊**。https://teric.naer.edu.tw/wSite/ct?ctNode=647&mp=teric_b&xItem=1161628&resCtNode=453&OWASP_CSRFTOKEN=CVPK-H1TA-ZV68-ZATT-Z9NT-XZYM-CORL-A3AJ

駐韓國臺北代表文化組（2010，10月13日）。南韓放寬設校條件以引進更多外國學校於其自由經濟區。**臺灣教育研究資訊**。http://teric.naer.edu.tw/wSite/ct?ctNode=647&mp=teric_b&xItem=1168807&resCtNode=453&OWASP_CSRFTOKEN=X2PG-5MOP-RLYF-ZTQA-XXAG-T7ZH-79F0-ZEQV

駐韓國臺北代表文化組（2011，9月20日）。全南韓48所外國人學校，韓國籍學生逾三分之一。**臺灣教育研究資訊**。https://teric.naer.edu.tw/wSite/ct?ctNode=647&mp=teric_b&xItem=1170530&resCtNode=453&OWASP_CSRFTOKEN=U3DV-UW3F-B3P1-FW1E-ICR5-P53B-MZPP-BVJV

魯育宗（主編）（2018）。**國際學校在中國：培養具備全球競爭力的學生**。中國人民大學出版社。

學校型態實驗教育實施條例（2014）。https://law.moj.gov.tw/LawClass/LawHistory. aspx?pcode=H0070060

親子天下（2022，2月23日）。**實驗教育是什麼？我的孩子適合實驗教育嗎？** https://www.parenting.com.tw/article/5092101

錢志龍（2020，10月30日）。**中國教育國際化現狀及發展趨勢分析報告**。中教投研。https://mp.weixin.qq.com/s/fi8Z8XQOk0tEQEhhfVRDuA

濟州國際學校設立經營條例（2016）。http://law.go.kr/ordinInfoP.do?urlMode=ordinScJoRltInfoR&viewCls=ordinInfoP&ordinSeq=1214983&chrClsCd=010202&v Sct=%EC%A0%9C%EC%A3%BC%ED%8A%B9%EB%B3%84%EC%9E%90%EC%B9%98%EB%8F%84%20%EA%B5%AD%EC%A0%9C%ED%95%99%EA%B5%90%20%EC%84%A4%EB%A6%BD&conDatGubunCd=ubun=KLAW

蘇玉龍、林志忠、黃淑玲、楊洲松（2010）。**海外臺灣學校在馬來西亞、印尼、越南發展與改進之研究**。教育部委託專案報告。國立暨南國際大學。

蘇婭（2016，8月12日）。**五花八門的中國國際學校**。FT中文網。https://big5.ftchinese.com/story/001068855?archive

二、外文文獻

Agence pour l'Enseignement Français à l'Etranger（AEFE）. (2022). *AEFE brochure*. http://www.aefe.fr/sites/default/files/asset/file/aefe-brochure-enseignement-francais-etranger-2015-2016-chinois.pdf

Allen, K. (2002). Atolls, seas of culture and global nets. In M. Hayden., J.

J. Thompson & G. Walker (Eds.), *International education in practice: Dimensions for National and International School* (pp. 129-144). Routledge. https://doi.org/10.4324/9780203416983

Anttila-Muilu, S. (2004). Globalised education: The international baccalaureate. *International Research in Geographical and Environmental Education, 13*(4), 364-369. https://doi.org/10.1080/14724040408668457

Apple, M. (2000). Between neoliberalism and neoconservatism: Education and conservatism in a global context. In N. Burbules & C. A. Torres (Eds.), *Globalisation and education: Critical perspectives* (pp. 57-78). Routledge. https://doi.org/10.4324/9781315022642

Bagnall, N. (2007). *International schools as agents for change*. Nova Science Publishers, Inc.

Bagnall, N. (2012). National or Global: The Mutable Concepts of Identity and Home for International School Students. *Prospects, 42*(2), 177-190. http://dx.doi.org/10.1007/s11125-012-9226-x

Bereday, G. S. F., & Lauwerys, J. A. (Eds.). (1964). *The Year Book of Education 1964*. Evans Brothers Limited.

Breuilly, J. (1993). *Nationalism and the state*. University of Chicago Press.

Brickman. W. W. (1950). International education. In W. S. Monroe (Ed.), *Encyclopedia of educational research* (pp. 617-627). Macmillan.

Brickman. W. W. (1962). International relations in higher education, 1862-1962. In W. W. Brickman & S. Lehrer (Eds.), *A case syudy of higher education: Classical citadel To collegiate colossus* (pp. 208-39). Society for the Advancement of Education.

Brummitt, N., & Keeling, A. (2013). Charting the growth of international schools. In R. Pearce (Ed.), *International education and schools: Moving beyond the First 40 Years* (pp.25-36). Bloomsbury Academic. https:// doi.org/10.5040/9781472553034.ch-002

Brock, C. (2011). *Education as a global concern*. Bloomsbury Publishing. http://dx.doi.org/10.5040/9781350091146

Bunnell, T. (2008). International education and the 'second phase': A framework for conceptualizing its nature and for the future assessment of its effectiveness. *Cpmpare, 38*(4), 415-426. https://doi. org/10.1080/03057920701420841

Bunnell, T. (2011). The International Baccalaureate Middle Years Programme after 30 years: A critical inquiry. *Journal of Research in International Education,* 10(3), 261-274. http://dx.doi.org/10.1177/ 1475240911423604

Bunnell, T. (2012). *Global education under Attack: International Baccalaureate in American*. Peter Lang Verlag. http://dx.doi. org/10.3726/978-3-653-01797-7

Bunnell, T. (2015). The 'Yew Chung model' of international education: The scope for investigation and research. *Journal of Research in International Education,* 14(3), 258-270. http://dx.doi. org/10.1177/1475240915615785

Bundesverwaltungsamt. (2013). *German school management worldwide*. http://www.bva.bund.de/SharedDocs/Downloads/EN/ZfA/zfa_ german_school_management.pdf?blob=publicationFile&v=3.

Burbules, N. C., & Torres, C. A. (2000). Globalization and education: An introduction. In N.C. Burbules & C.A. Torres (Eds.), *Globalization and education: Critical perspective* (pp. 1-28). Routledge. https://doi. org/10.4324/9781315022642

Cambridge, J., & Thompson, J. (2004). Internationalism and globalization as contexts for international education. *Compares, 34*(2), 161-175. https://doi.org/10.1080/0305792042000213994

Clark, N. (2012, August1). *Understanding transnational Education, Its growth and implications*. World Education News and Reviews. https://wenr.wes.org/2012/08/wenr-august-2012-understanding-transnational-education-its-growth-and-implcations

Coffield, F. (Ed.). (2000a). *Differing visions of a learning society: Research findings* (vol. 1). The Policy Press.

Coffield, F. (Ed.). (2000b). *Differing visions of a learning society: Research findings* (vol. 2). The Policy Press.

Cognita schools. (2019). *About Cognita*. https://www.cognita.com/about/

Contact Singapore. (2017). *International school guide 2014*. https://www.contactsingapore.sg/en/investors-business-owners/why-singapore/living/education

Coulby, D. (2000). *Beyond the national curriculum: Curricular centralism and cultural diversity in Europe and the USA*. Routledge Falmer. https://doi.org/10.4324/9780203132197

Crossley, M., & Watson, K. (2003). *Comparative and international research in education: Globalization, context and difference*. Routledge Falmer. https://doi.org/10.4324/9780203452745

Epstein, E. H. (1994). Comparative and international education: Overview and historical development. In T. Husen & T. N. Poslethwaite (Eds.), *The international encyclopedia of education* (pp. 918-923). Pergamon.

Fox, E. (1985). International schools and the international baccalaureate. *Harvard Educational Review, 55*(1), 53-68. https://doi.org/10.17763/

haer.55.1.cl26455642782440

France Diplomatie. (2022). *The French education model abroad*. http://www.diplomatie.gouv.fr/en/french-overseas/article/the-french-school-system-abroad-a.

Gems Education. (2019). *About us*. http://www.gemseducation.com/organisation/about-us/gems-around-the-world/middle-east-north-africa/

Gellar, C. A. (1981). International education: Some thoughts on what it is and what it might be. *International Schools Journal, 1*, 21-26.

Gellar, C. A. (2002). International education: a commitment to universal values. In M. Hayden., J. Thompson & G. Walker (Eds.), *International education in practice: Dimensions for National and International School* (pp. 30-35). Routledge. https://doi.org/10.4324/9780203416983

Green, A. (1990). *Education and state formation: The rise of education systems in England, France and the USA*. St Martin's Press.

Griffin, R. (1999). Nationalism. In R. Eatwell & W. Anthony (Eds.), *Contemporary political ideologies* (2nd Ed.) (pp. 152-179). Pinter. https://doi.org/10.4324/9780429038839

Hayden, M. C. (2006). *Introduction to international education: International schools and their communities*. Sage. http://dx.doi.org/10.4135/9781446213292

Hayden, M. C., & Thompson, J. J. (1995). International schools and international education: A relationship reviewed. *Oxford Review of Education, 21*, 327-345. https://doi.org/10.1080/0305498950210306

Hayden, M.C., & Thompson, J. J. (1998). International education: Perceptions of teachers in international schools. *International Review of Education, 44*(5/6), 549-568. https://doi.org/10.1023/

A:1003493216493

Hayden, M. C., & Thompson, J. J. (2008). *International schools: growth and influence*. UNESCO.

Hayden, M.C., & Thompson, J. J. (2013). International schools: Antecedents, current issues and metaphors for the future. In R. Pearce (Ed.), *International education and schools-moving beyond the first 40 year* (pp. 3-23). Bloomsbury. https://doi.org/10.5040/9781472553034.ch-001

Hayden, M.C., & Wong, C. S. D. (1997). The international baccalaureate: International education and cultural preservation, *Educational Studies*, *23*(3), 349-362. http://dx.doi.org/10.1080/0305569970230302

Held, D., Mcgrew, A., Goldblatt, D., & Perraton, J. (2000). Rethinking globalisation, In D. Held & A. McGrew (Eds.), *The global transformations reader* (pp. 54-60). Polity Press.

Hill, I. (1994). *The International baccalaureate: Policy process in education* [Unpublished doctoral dissertation]. University of Tasmania.

Hill, I. (2000). Internationally-minded schools. *International Schools Journal*, 20(1), 24-37.

Hill, I. (2001). Early stirrings: The beginnings of international education movement. *International Schools Journal*, 20(2), 11-22

Hill, I. (2007). Multicultural and international education: never the twain shall meet? *Review of Education*, *53*, 245-264. http://dx.doi.org/10.1007/s11159-007-9048-x

International Baccalaureate (2013). *How is the International Baccalaureate funded?* http://www.ibo.org/who/slidef.cfm

International Baccalaureate (2019). *The IB by country*. About the IB - International Baccalaureate® (ibo.org)

International Baccalaureate (2021). *About the IB: Our mission*. https://www.ibo.org/about-the-ib/

International Baccalaureate (2022a). *Why the IB is different*. https://www.ibo.org/benefits/why-the-ib-is-different/

International Baccalaureate. (2022b). *The IB by country*. About the IB - International Baccalaureate® (ibo.org)

International School Consultancy (2014). Data on international schools. https://iscresearch.com/data/

International School Consultancy (2022). *International School data*. https://iscresearch.com/

International School of Beijing. (2022). *About ISB*. https://www.isb.bj.edu.cn/ab

International Schools Database. (2022). *Singapore*. https://www.international-schools-database.com/in/singapore?filter=on

InterNations (2017). *International Schools in Singapore*. https://www.internations.org/singapore-expats/guide/16084-family-children-education/international-schools-in-singapore-16074

Jonietz, P. L. (1991). A philosophy of international education-an interview with Robert Blackburn, Deputy Director of the International Baccalaureate Office, London, 25/9/89. In P. L. Jonietz & D. Harris (Eds.), *Word yearbook of education 1991: International l Schools and International Education* (pp.217-223). Kogan Page. https://doi.org/10.4324/9780203080344

Kanno, Y., & Norton, B. (2003). Imagined communities and educational possibilities: Introduction. *Journal of Language, Identity, and Education, 2*(4), 241-249. http://dx.doi.org/10.1207/S15327701JLIE0204_1

Kenworthy, L. S. (1951). The schools of the world and education for a world society. In C. O. Arndt & S. Everett (Eds.), *Education for a world society* (pp. 199-230). Harper & Brothers.

Knight, J. (2008). *Higher education in turmoil*. Sense Publishers. http://dx.doi.or g/10.1163/9789087905224

Langford, M. (1998). Global nomads, third culture kids and international schools. In M. Hayden & J. J. Thompson (Eds.), *International education: Principles and practice* (pp. 28-43). Kogan Page. https://doi.org/10.4324/9780203046005

Leach, R. J. (1969). *International schools and their role in the field of international education*. Pergamon Press.

Lengyel. E. (1951). Internationalism in education. In A. H. Moehlman & J. S. Roucek (Eds.), *Comparative education* (pp. 594-620). Dryden Press.

Leggate, P. M. C., & Thompson, J. J. (1997). The management of development planning in international schools. *International Journal of Educational Management. 11*(6), 269-273. http://dx.doi.org/10.1108/09513549710186894

Levy, J. S. (1986). Organizational Routines and the Causes of War. *International Studies Quarterly*, 30(2), 193-222. http://dx.doi.org/10.2307/2600676

Lowe, J. (1999). International examinations, national systems and the global market. *Compare, 29*(3), 317-330. http://dx.doi.org/10.1080/0305792990290309

Lowe, J. (2000). Assessment and educational quality: Implications for international schools. In M. Hayden & J. J. Thompson (Eds.), *International schools and international education* (pp. 15-27). Kogan Page. https://doi.org/10.4324/9780203761304

Mattews, M. (1988). *The ethos of international schools* [Unpublished doctoral dissertation]. University of Oxford.

Meyer, A. E. (1949). *The development of education in twentieth century.* Greenwood Press.

Mckenzie, M. (1988). Going, going, gone … global! In M. Hayden & J. J. Thompson (Eds.), *International education: Principles and practice* (pp. 242-52). Kogan Page. https://doi.org/10.4324/9780203046005

Ministry of Education Malaysia. (2021). *Quick Fact.* http://www.moe.gov.my/v/IPS-di-Malaysia

Ministry of Education Singapore. (2017, October 2). *International students studying in our mainstream schools.* https://www.moe.gov.sg/news/parliamentary-replies/20171002-international-students-studying-in-our-mainstream-schools

Ministry of Education Singapore. (2021, October 4). *Interest and demand for international schools from Singaporeans.* https://www.moe.gov.sg/news/parliamentary-replies/20211004-interest-and-demand-for-international-schools-from-singaporeans

MLF (2017). *School Network.* http://www.mlfmonde.org/

Murphy, E. (2000). Questions for the new millennium, *International Schools Journal, XIX* (2), 5-10.

Nisbet, I. (2014). International education and national education-can they co-exist? *International Schools Journal,* 33(2), 72-78.

Nord Anglia Education. (2019). *About us.* http://www.nordangliaeducation.com/about-us/about-nord-anglia-education

Office of Overseas Schools (2022). *Assisted schools.* US Department of States. https://www.state.gov/bureaus-offices/under-secretary-for-management/bureau-of-administration/office-of-overseas-schools/

Peterson, A.D.C. (1972). *The International baccalaureate: An experiment in international education*. George G. Harrap and Co. Ltd.

Phillips, J. (2002). The third way. *Journal of Research in International Education*, *1*(2), 159-181. http://dx.doi.org/10.1177/147524002764248121

Pollock, D. C., & Van Reken, R. E. (2001). *Third culture kids: The experience of growing up among worlds*. Nicholas Brealey.

Preece, J. (2006). Beyond the Learning society: the learning world? *International Journal of Lifelong Education*, *25*(3), 307-320.

P-TECH (2022). *Our school in Taiwan*. https://www.ptech.org/tw/p-tech-network/our- schools/twn/

Reich, R. B. (1988). *Education and the new economy*. National Education Association.

Reich, R. B. (1992). *The work of nations: Preparing ourselves for 21st century capitalism*. Vintage Books.

Reinicke, W. H. (1998). *Global public policy: Governing without government?* Brookings Institution Press.

Renaud, G. (1974). *Experimental period of the international baccalaureate: Objectives and results*. UNESCO.

Richards, N. (1998). The Emperor's new clothes? the issue of staffing in international schools, In M. Hayden & J. Thompson (Eds.), *International Education: Principles and Practice* (pp.173-83). Kogan Page. https://doi.org/10.4324/9780203046005

Sabanadze, N. (2010). *Globalization and nationalism: The cases of Georgia and the Basque Country*. Central European University Press.

Scanlon, D. G. (Ed.). (1960). *International education: A documentary history*. Teachers College.

Seton-Watson, H. (1977). *Nations and states*. Methuen. https://doi.
org/10.4324/9780429047671

Shibata, M. (2005). Education, national identity and religion in Japan in
an age of globalization. In D. Coulby & E. Zambeta (Eds.), *World year
of education 2005: Globalization and nationalism in education* (pp.
89-113). Routledge Falmer. https://doi.org/10.4324/9780203023815

Singapore Private Education Act. (2011). http://statutes.agc.gov.sg/
aol/search/display/view.w3p;ident=d9205d36-5999-4f4e-bf05-
01465f86234d;page=0;query=DocId%3Aa6864196-4636-4c7f-854a-
8123512fba84%20Depth%3A0%20Status%3 Ainforce;rec=0#P1I-
Skelton, M. (2002). Defining 'international' in an international
curriculum. In M. Hayden., J. Thompson & G. Walker (Eds.),
*International Education in Practice: Dimensions for National and
International School* (pp. 39-54). Routledge. https://doi.
org/10.4324/9780203416983

Smith, A. D. (2001). *Nationalism: Theory, ideology, history*. Polity.

Spahn, B. A. (2001). *America and the International Baccalaureate:
Implementing the International Baccalaureate in the United States, a study
of three schools*. Oxford University Press.

Spring, J. (2004). *How Educational ideologies are shaping global society*.
Lawrence Erlbaum. Associates, Inc. http://dx.doi.
org/10.4324/9781410610454

Stager, M. B. (2009). *Globalization: A very short introduction*. Oxford
University Press.http://dx.doi.org/10.1093/actrade/
9780198849452.001.0001

Starr, S. F. (1979). International high schools: their time has come, *Phi
Delta Kappan, 60*, 743-744.

Sylvester, B. (2002). The 'first' international school. In M. Hayden., J. Thompson & G. Walker (Eds.), *International education in practice: Dimensions for National and International School* (pp. 3-17). Routledge. https://doi.org/10.4324/9　780203416983

Taaleem Education. (2019). *TESC schools.* http://www.taleem-edu.com/en/managing-school/the-message

Taipei European School (2017a). *The AEFE.* https://taipeieuropeanschool.com/index.php?id=54

Taipei European School (2017b). *German school Taipei brochure in English.* https://taipeieuropeanschool.com/fileadmin/user_upload/germansection/about_us/welcome_from_the_head/TES_-_Deutsche_Sektion_English_Version.pdf

Terwilliger, R. I. (1972). International schools-cultural crossroads. *The Educational Forum, 36*(3), 359-363. http://dx.doi.org/10.1080/00131727209338990

The American School in Switzerland (TASIS). (2017). *TASIS mission statement.* https://www.tasis.com/about

The Commissioner of Law Revision Malaysia. (2006). *Laws of Malaysia: Educationact 1996 act 550.* http://planipolis.iiep.unesco.org/upload/Malaysia/Mal aysia_Education_Act_1996.pdf

The new local. (2014). *The Economist,* 81-82.

United World College. (2022a). *What is UWC.* https://www.uwc.org/about

United World College. (2022b). *School & Colleges.* https://www.uwc.org/schools

United World College. (2022c). *Our curriculum.* https://www.uwc.org/academiclife

UNESCO. (2022). *Inbound internationally students*. http://data.uis.unesco. org/In dex.aspx

Useem, R. H. (1976). Third Culture Kids, *Today's Education*, *65*(3), 103-105.

Vestal, T. M. (1994). *International education: Its history and promise for today*. Praeger.

Walker, G. (2012). Tea and oysters: metaphors for a global education. *International Schools Journal*, *31*(2), 8-17.

Wooton, F. (1929). The international school of Geneva. *School and Society*, 30, 23-5.

World Peace Foundation (2022). *About*. https://web.archive.org/web/20170802193859/http://fletcher.tufts.edu/World-Peace-Foundation/About

Yamato, Y. (2003). *Education in the market place: Hong Kong's international schools and their mode of operation*. Comparative Education Research Centre: The University of Hong Kong.

Yamato, Y., & Bray, M. (2006). Economic development and the market place for education. *Journal for Research in International Education*, *5*(1), 57-82. http://dx.doi.org/10.1177/1475240906061864

Zambeta, E. (2005). The survival of nationalism in a globalized system. In D. Coulby & E. Zambeta (Eds.), *World Yearbook of Education 2005: Globalization and nationalism in education* (pp. 59-88). Routledge Falmer. https://doi.org/10.4324/9780203023815

國家圖書館出版品預行編目資料

國際學校解碼（收錄臺灣各校最新資訊）：從概念、現況、省思到未
來，最完整的國際學校導覽 / 邱玉蟾 著.-- 初版.-- 臺北市：商周出版，
城邦文化事業股份有限公司出版：英屬蓋曼群島商家庭傳媒股份有限
公司城邦分公司發行, 民111.07
　　面；　公分

ISBN 978-626-318-330-8 (平裝)

1.CST:教育制度　2.CST:教育政策　3.CST:國際學校　4.CST:文集

526.107　　　　　　　　　　　　　　　　　　　　　111008859

國際學校解碼（收錄臺灣各校最新資訊）：
從概念、現況、省思到未來，最完整的國際學校導覽

作　　　　者	邱玉蟾
企 劃 選 書	陳名珉
責 任 編 輯	劉俊甫

版　　　　權	黃淑敏、吳亭儀
行 銷 業 務	黃崇華、周丹蘋、賴正祐
總 　 編 　 輯	楊如玉
總 　 經 　 理	彭之琬
事業群總經理	黃淑貞
發 　 行 　 人	何飛鵬
法 律 顧 問	元禾法律事務所　王子文律師
出　　　　版	商周出版
	城邦文化事業股份有限公司
	臺北市中山區民生東路二段 141 號 9 樓
	電話：(02) 25007008　傳真：(02) 25007759
	Blog：http://bwp25007008.pixnet.net/blog
	E-mail：bwp.service@cite.com.tw
發　　　　行	英屬蓋曼群島商家庭傳媒股份有限公司城邦分公司
	臺北市中山區民生東路二段 141 號 2 樓
	書虫客服服務專線：(02) 25007718、(02) 25007719
	服務時間：週一至週五上午09:30-12:00；下午13:30-17:00
	24 小時傳真專線：(02) 25001990、(02) 25001991
	劃撥帳號：19863813；戶名：書虫股份有限公司
	讀者服務信箱：service@readingclub.com.tw
	城邦讀書花園：www.cite.com.tw
香港發行所	城邦（香港）出版集團有限公司
	香港灣仔駱克道193號東超商業中心1樓
	E-mail：hkcite@biznetvigator.com
	電話：(852)25086231　傳真：(852) 25789337
馬新發行所	城邦（馬新）出版集團【Cité (M) Sdn. Bhd.】
	41, Jalan Radin Anum, Bandar Baru Sri Petaling,
	57000 Kuala Lumpur, Malaysia.
	Tel: (603) 90578822　Fax:(603) 90576622
	email:cite@cite.com.my

封 面 設 計	周家瑤
排　　　　版	新鑫電腦排版工作室
印　　　　刷	高典印刷有限公司
經 　 銷 　 商	聯合發行股份有限公司
	電話：(02) 2917-8022　傳真：(02) 2911-0053
	地址：新北市231新店區寶橋路235巷6弄6號2樓

■ 2022年（民111）7月初版　　　　　　　　　Printed in Taiwan

定價450元

城邦讀書花園
www.cite.com.tw

廣　告　回　函
北區郵政管理登記證
台北廣字第000791號
郵資已付，免貼郵票

104台北市民生東路二段141號2樓

英屬蓋曼群島商家庭傳媒股份有限公司　城邦分公司

- -

請沿虛線對摺，謝謝！

書號：BK5198	書名：國際學校解碼	編碼：

讀者回函卡

線上版讀者回函

感謝您購買我們出版的書籍！請費心填寫此回函卡，我們將不定期寄上城邦集團最新的出版訊息。

姓名：＿＿＿＿＿＿＿＿＿＿＿＿＿＿＿＿＿＿　性別：□男　□女

生日：西元＿＿＿＿＿＿年＿＿＿＿＿＿月＿＿＿＿＿＿日

地址：＿＿＿＿＿＿＿＿＿＿＿＿＿＿＿＿＿＿＿＿＿＿＿＿＿

聯絡電話：＿＿＿＿＿＿＿＿＿＿　傳真：＿＿＿＿＿＿＿＿＿

E-mail：

學歷：□ 1. 小學 □ 2. 國中 □ 3. 高中 □ 4. 大學 □ 5. 研究所以上

職業：□ 1. 學生 □ 2. 軍公教 □ 3. 服務 □ 4. 金融 □ 5. 製造 □ 6. 資訊

　　　□ 7. 傳播 □ 8. 自由業 □ 9. 農漁牧 □ 10. 家管 □ 11. 退休

　　　□ 12. 其他＿＿＿＿＿＿＿＿＿＿＿＿＿＿＿＿＿＿＿＿＿

您從何種方式得知本書消息？

　　　□ 1. 書店 □ 2. 網路 □ 3. 報紙 □ 4. 雜誌 □ 5. 廣播 □ 6. 電視

　　　□ 7. 親友推薦 □ 8. 其他＿＿＿＿＿＿＿＿＿＿＿＿＿＿＿

您通常以何種方式購書？

　　　□ 1. 書店 □ 2. 網路 □ 3. 傳真訂購 □ 4. 郵局劃撥 □ 5. 其他＿＿＿＿

您喜歡閱讀那些類別的書籍？

　　　□ 1. 財經商業 □ 2. 自然科學 □ 3. 歷史 □ 4. 法律 □ 5. 文學

　　　□ 6. 休閒旅遊 □ 7. 小說 □ 8. 人物傳記 □ 9. 生活、勵志 □ 10. 其他

對我們的建議：＿＿＿＿＿＿＿＿＿＿＿＿＿＿＿＿＿＿＿＿＿＿

＿＿＿＿＿＿＿＿＿＿＿＿＿＿＿＿＿＿＿＿＿＿＿＿＿＿＿＿＿

＿＿＿＿＿＿＿＿＿＿＿＿＿＿＿＿＿＿＿＿＿＿＿＿＿＿＿＿＿